期货高手必赚秘籍
期货突破战术

一阳◎著

Futures Esoterica

中国经济出版社
CHINA ECONOMIC PUBLISHING HOUSE
北 京

图书在版编目（CIP）数据

期货高手必赚秘籍：期货突破战术／一阳著．
北京：中国经济出版社，2024．12．-- ISBN 978-7
-5136-7996-1

Ⅰ．F713.35

中国国家版本馆 CIP 数据核字第 20245UA020 号

责任编辑　高　鑫
责任印制　马小宾
封面设计　久品轩

出版发行　中国经济出版社
印 刷 者　宝蕾元仁浩（天津）印刷有限公司
经 销 者　各地新华书店
开　　本　710mm×1000mm　1/16
印　　张　16.25
字　　数　240 千字
版　　次　2024 年 12 月第 1 版
印　　次　2024 年 12 月第 1 次
定　　价　68.00 元
广告经营许可证　京西工商广字第 8179 号

中国经济出版社　**网址** http://epc.sinopec.com/epc/　**社址** 北京市东城区安定门外大街 58 号　**邮编** 100011
本版图书如存在印装质量问题，请与本社销售中心联系调换（联系电话：010-57512564）

前言

突破，让机会无所遁形！

在投资市场中，像笔者一样的各路高手都有自己操盘时的拿手绝活儿，有的高手喜欢抄底摸顶，有的高手喜欢在分时图中操作，有的高手喜欢在调整低点时寻找机会……不管这些高手平日喜欢进行何种类型的操作，他们都必然会使用一个相同的操盘方法，那就是突破交易技巧。

为什么所有的高手都会如此注重突破操作呢？这是因为突破是价格波动过程中的必见现象，价格想要成功地上涨，就必须越过某个高点，不越过这个高点便不可能引发一轮持续上涨的行情。同理，价格想要持续下跌，就必须向下跌破某个低点，否则下跌行情便无法顺利展开。无法越过高点或低点，价格就只能在某个区间内窄幅震荡，而这一过程是很难给投资者带来可观收益的。

区间震荡低点虽然在技术上有许多共性，但也有很多差异，行情的启动点却无论如何也绕不过突破这一道关隘，盯住突破位所在，便是盯住了未来有可能出现的大机会。

虽然也有许多假突破，但只要使用了正确的方法进行处理，碰上假突破时也仅亏小钱，而一旦突破为真并引发一轮行情，成功突破带来的大盈利将会远超假突破导致的小亏损了。正是机会点位可以提前确立，并且完全可以做到小亏换大赚，因此，笔者以及其他各路高手才都会非常注重突破这一项重要的操盘技术。

不管您之前是否进行过突破操作，只要认真阅读本书并严格按要求进行操作，笔者相信，一旦大的机会出现在您面前，便再也无法逃脱了。

若读者朋友们需要学习更多内容，敬请关注微信公众号“一阳聊财经”，微信中搜索或下方扫码添加关注。“一阳聊财经”公众号中每天都有投资方法、交易理念等实战学习资料的更新，希望这些公开的视频课程及文字教学资料可以进一步帮助各位读者朋友树立正确的交易理念及提高对市场的认知。如您需要进一步学习核心操盘方法与策略，我们还有多种极富实战性的内部直播培训课程，您可报名学习以提高自己的操盘水平。

最后，为回报各位读者朋友的支持，凡购买本书的，均可与我方联系并获得以下两项福利：

1. 联系助教领取随书赠送的 20 个期货投资技巧内部教学视频，以及本书附录“突破实战测试题”答案，以帮助您进一步加深对市场的理解！

2. 可免费参加一次我方举办的周末现场宠粉课程，面对面地学习提高、面对面地答疑解惑。

笔者团队交流联系方式：

电话及微信：18832021888

领取随书赠送的视频课件（QQ）：2892429300（孙助教）。

微信公众号“一阳聊财经”，每天都有实战资料更新，扫描下方二维码订阅。

一阳聊财经

2024 年 5 月 1 日

目录

1
突破操作须知

每一种操盘手法都有其特点。使用某个方法进行操作，首先要了解它的特点，提高对这个操作方法的综合性认识；其次是掌握该套方法的使用细节与核心要点；最后是了解这个方法的适用环境等辅助类要点，这些因素融合在一起，才可以形成一套完整的操盘模式。

突破操作是实战操作中投资者使用频率很高的一种操盘技巧，有一些高手使用突破方法成功地捕捉到了大量的机会，但也有一些投资者使用突破方法进行操作却屡遭失败，其中最重要的就是对突破操作的认识不够、对突破操作的细节认识不全、对突破操作的适用环境不懂。

但笔者相信，在您阅读完本书之后，随着您对突破认识的提升、操作流程与细节的掌握，您的突破操作一定可以实现：以小亏损为代价换取成功突破带来的大幅收益。那么，我们一起先来了解突破操作的相关知识吧。

1.1 突破是必见形态

市场中有许多种技术形态，比如 W 底和 M 头形态，头肩顶和头肩底形态，等等。除此之外，还有许多不同类型的走势，比如调整低点支撑走势，以及本书讲解的重点突破走势。在诸多走势形态中，有的属于必见形态，有的属于常见形态，而有的则是少见形态。

必见形态是指价格想要上涨或下跌，就必须形成的某种走势。这种技术走势不出现，上涨或下跌行情便不可能出现，这是价格涨跌无法绕过的一道槛。市场中的必见形态种类并不多，突破走势便是其中一种。因为突破走势是任何一位投资者，在任何交易周期K线图中必然见到的走势，因此，必须掌握必见形态的操作方法。

价格若想上涨，必然会对某个高点进行突破；价格若想下跌，也必须对某个低点进行突破。在突破了前高点或前低点之后，上涨行情或下跌行情才会由此展开。如果价格无法越过之前的高点或低点，便只能在某个箱体之内来回震荡，而无法形成趋势行情。

常见形态是指价格走势中，经常会见到的技术形态，但这些技术形态不是必然见到的。比如上涨过程中的缩量调整走势，这种技术形态经常见到，但并不是每一次调整都必然是缩量的，所以，它不能称为必见形态，只能说它是经常见到的技术形态。该类形态虽然不是必见形态，但由于出现的频率很高，投资者也必须掌握其操作方法。

少见技术形态是指在价格波动过程中虽然会出现，但并不是经常出现的走势，比如毫无征兆的突发性上涨或杀跌走势，再比如各种大级别的底部或顶部形态。因为大级别的底部与顶部只有在一轮完整的上涨行情或下跌行情结束时才会出现，因此，既不是必见形态，也不是常见形态，而是较少出现的形态。若在日K线上进行抄大底操作，在单一品种上可能两三年都未必会见到一次，这种操作的机会非常难得。

明白突破是必见形态之后，对投资者的意义便是：要积极寻找处于突破或临近突破关口的走势，并时刻盯紧。若是价格所处位置较为理想，也可以提前画线下单或是设置条件单，以便机会出现时，自动完成交易。

对于必见技术形态与常见技术形态，投资者一定要掌握其全部操作细节；对于少见技术形态，因为大多时候派不上用场，所以，不应投入太多的精力，而是要把95%以上的精力放在必见形态与常见形态上。只有这样才可以获得更高的收益。

在图1-1中，价格出现了一轮连续下跌的行情，在下跌的过程中，最明显的一个技术特征就是K线总是不断地向下创出新低。一次次创新低的走势意味着一次次突破形态的形成，由此可见，价格想要延续性下跌，突破走势就必然会出现，并直至价格再也无法向下创出新低为止。

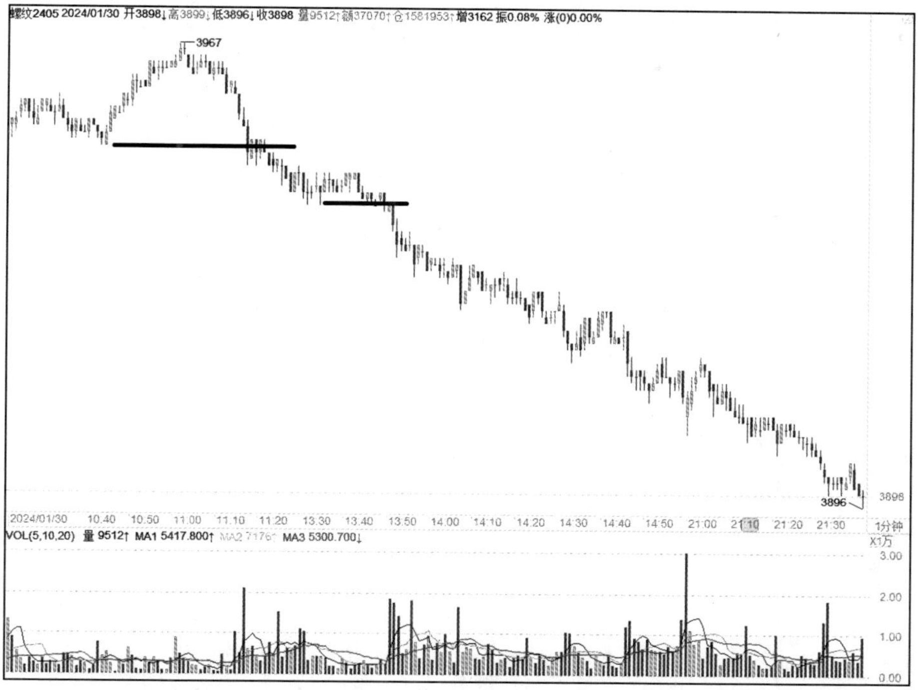

图 1-1　螺纹 2405 合约 2024 年 1 月 30 日 1 分钟 K 线走势图

突破形态在 1 分钟短周期 K 线图中，每天都会见到数次，若是多品种操作，每天至少会有十次的操作机会。突破形态既属于必见技术形态，又属于常见技术形态，因此，突破操作方法是投资者必须熟练掌握的一项技能，这是捕获获利机会的一大利器。

在图 1-2 中，价格出现了一轮持续上涨的行情，从 K 线的走势来看，价格在上涨时保持着调整之后再创新高的走势，每一次价格向上创出新高都引发了新一轮的上涨行情。可见，突破走势是价格波动过程中必然会见到的一种技术现象。

突破走势总是发生在调整之后，所以，想要做好突破操作，一定要从调整走势中提前去发现机会。同时，随着调整走势的出现，价格临时的回落也将突破点清晰地暴露了出来，更利于投资者发现突破点的具体入场价格。能够提前发现机会，确定精准的入场价格，行情出现时又必然会见到这一技术现象，想要赚钱就一定要掌握好突破操作的各项技术要点。

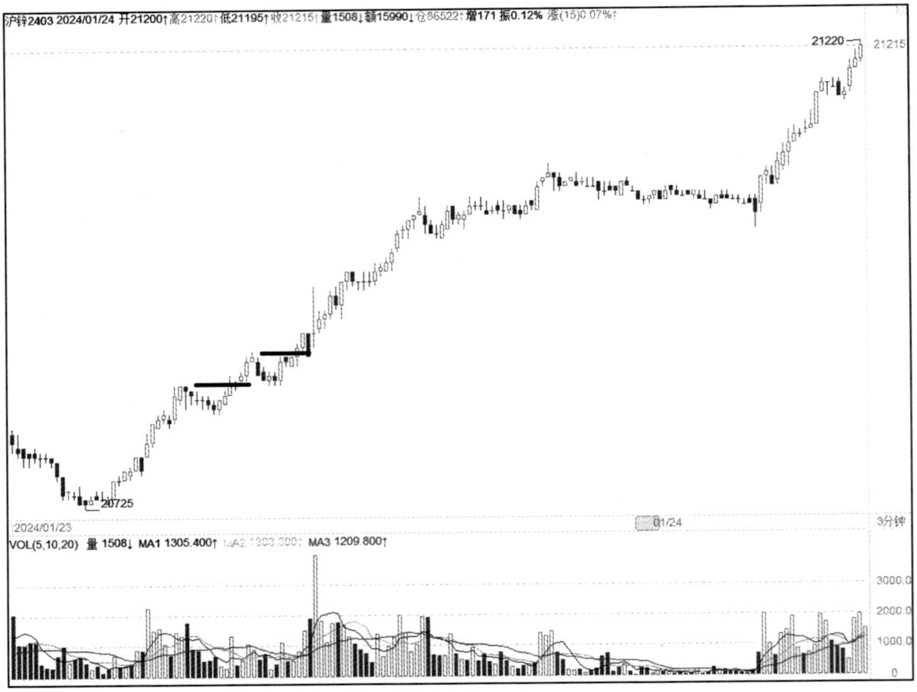

图 1-2 沪锌 2403 合约 2024 年 1 月 23—24 日 3 分钟 K 线走势图

在图 1-3 中，价格形成了一轮持续性下跌的行情，在价格下跌过程中，必然会出现反弹走势。反弹走势也是一种必见形态，只不过反弹的具体形态是无法预估的，有的反弹变成了反转，有的反弹较为猛烈，有的反弹则较上涨幅度很小，不同的反弹幅度有着不同的操作策略。因此，反弹虽然是必然出现的，但不像突破有统一的创新低时的入场理由，反弹的入场理由则是多种多样的。

反弹走势出现之后，就必然会出现向下创新低的突破走势，无论形成怎样的反弹形态，价格总是向下创出新低，这便是所有突破走势一致的表现。随着反弹的出现，创新低的点位已经事先暴露了出来。因此，只要当前所处的价格位置合适，投资者就可以提前画线下单，一旦突破形成便可自动完成交易。突破操作更为注重的是位置，只要价格处于好的位置，创新低的走势都可以积极地进行操作。

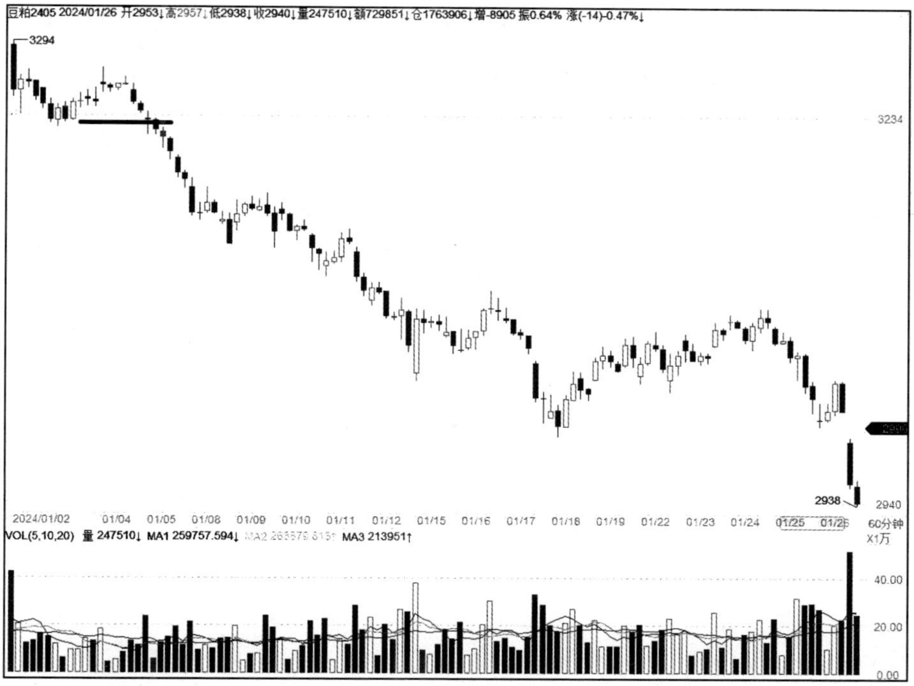

图 1-3　豆粕 2405 合约 2024 年 1 月 60 分钟 K 线走势图

在图 1-4 中，价格下跌到底部后出现了第一轮的反弹走势，若是反弹结束后价格还继续下跌，那么，第一次的反弹便会构成一个重要的高点，而后促使价格继续下行。同时，也要留意价格下跌结束后的进一步上涨，此时要做的交易策略就是：盯紧反弹高点，看突破走势是否出现。

一旦突破走势形成，便意味着上涨行情将会延续，这将是下跌行情转为上涨行情的一大信号。见底后第一轮上涨后的调整若不敢参与操作，担心价格继续回落，也可以不在此处入场，可以耐心地等待突破走势出现再做打算。这就是利用突破走势必见形态的原理制定的操作策略。如果价格涨不上去而继续下跌，则不会出现突破走势，但若价格继续上涨，则突破走势必将出现，突破成为判断上涨行情能否出现的重要参照。

无论是迅猛的单边涨跌行情，还是缓慢的涨跌行情，调整与反弹走势是必然见到的，而调整与反弹出现之后，突破走势也将会是必见的技术形态，并且还有着统一的入场理由与可以事先得知的精确的入场具体价位。

所以，在判断调整低点或反弹高点感到难度较大时，突破点位则需要重点关注并积极地提前制订操作计划。

图 1-4　白糖 2405 合约 2023 年 10 月—2024 年 2 月日 K 线走势图

1.2　突破操作是重要的盈利手段

当价格下跌到底部之后，一轮新的上涨行情展开时，常规买点的顺序为：抄底买点、调整买点、突破买点、追涨买点。当价格下跌到底部时，下跌行情与上涨行情的转换区间提供了抄底的机会，就未来的上涨行情而言，抄底买点是做多成本最低的点位，也是盈利空间最大的做多点位。抄底操作成功之后，价格出现了第一轮上涨，此时的上涨往往是主力资金建仓引发的，在价格见底之后的第一波上涨区间，其实也是有追涨买点的，追涨买点从底到顶可以贯穿整个上涨行情，但它没有明确且统一的入场点位。

第一轮上涨行情结束之后价格将会出现调整走势，此时的调整便带来了调整买点，虽然价格的调整形态多种多样，却也有着极为明显的共性，掌握这些技术共性便可以很好地在调整低点处抓住入场做多的机会。相比抄底买点，此时的调整买点持仓成本要高一些，但就未来价格的进一步上涨而言，调整买点的买入成本也是较低的，并且该点位距离主力资金的平均建仓成本非常近。

调整结束之后，价格便继续上涨，因不出现上涨行情，之前入场做多的主力便无法实现盈利。但在具体分析时，投资者可以将突破点作为重要的参照，如果价格迟迟没有形成突破的走势，要么是主力资金还没有做好发动行情的准备，要么是主力资金根本就没有入场。调整低点入场做多虽然占据了成本的优势，但是，若价格没有形成突破也是无法实现盈利的。而一旦突破出现，往往意味着主力资金做好了拉升价格的准备，此时就是价格起飞之前最后一个有着统一标准的入场点了。

错过了抄底买点的机会还有调整买点的机会，错过了调整买点的机会则还有突破买点的机会，一旦这三大有着统一标准的入场机会都错过了，便只能在价格后期的上涨过程中进行追涨操作了。追涨操作最大的问题是入场点没有统一的标准，投资者可以于任意时间进行追涨操作，投资者的持仓成本分布处于散乱的状态，而不会像抄底买点、调整买点与突破买点一样集中在某一个具体的价格处。因此，突破买点将是顺势交易过程中最后一个有着统一标准的入场机会。

当然，一轮上涨行情中将会有多次调整与多次突破走势的出现，并不会只有一次机会，只是从有着统一标准的入场点的顺序上探讨，突破买点是顺势操作最后一个入场机会。一旦错过了突破买点，最好换品种进行操作，或是耐心等待下一次调整走势的出现，不然便只能进行追涨操作了。虽然追涨操作也是一种正确的操作方式，但由于入场的具体点位无法做到统一，入场点往往是混乱的，这一次在这个点位追进，下一次在另一个点位追涨，做得次数多了容易将平稳的心态搞乱，从而使得耐心缺失，一见价格下跌便想追卖，一见价格上涨便又想追涨，追来追去入场点始终没有统一的标准，也就不可能实现稳定的收益了。

在图 1-5 中，价格出现了一轮持续性的震荡下跌行情，对于这种下跌与反弹交替出现的行情，多个中途入场点可以确保投资者把握住盈利的机会。

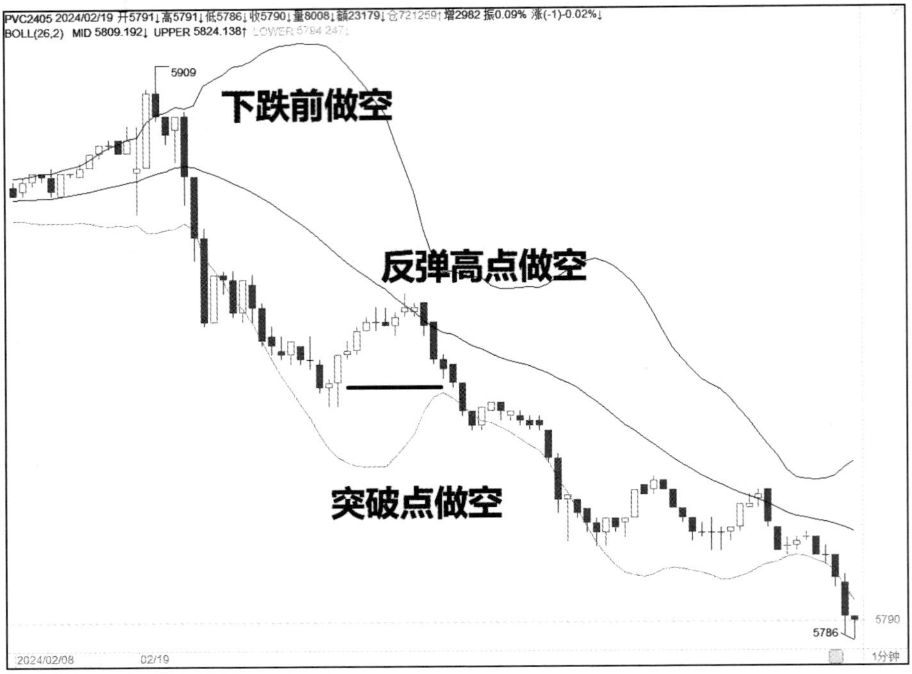

图 1-5　PVC2405 合约 2024 年 2 月 19 日 1 分钟 K 线走势图

下跌行情第一个入场点自然来自高点附近，只不过有的时候高点会形成标准的技术形态，有的时候高点并没有适合的入场形态。图 1-5 中的高点便是如此，理论上高点做空是最适合的，但是因为不符合操作的技术形态，所以无法在高点处完成开仓操作。

没有高点的入场机会，便只能等待中途的顺势做空点了，而第一个符合常规操作的顺势入场点便是逢高做空卖点，该点位出现的机会需要借助价格的反弹才能够抓住，若价格没有形成反弹上涨的走势，便没有好的入场机会。从图 1-5 来看，价格反弹到了布林线指标中轨压力位时，恰好给投资者带来了极好的逢高做空的机会。因为入场点价格较高，所以很容易在价格后期回落的过程中获得大幅的收益。

如果错过了逢高做空的机会，或是价格的走势并不规范没有提供该机会，在顺势操作过程中，投资者便只能在突破点等待入场机会了。只要价格形成下跌的走势，突破是必然会见到的技术现象，这是价格下跌的必由之路，在该点位设防，机会是绝对跑不掉的。虽然牺牲了部分盈利空间，开仓的点位相比反弹高点较低，但由于确定性比较高，且入场点可以提前做出判断，所以该点位的操作投资者必须高度重视。

在图 1-6 中，价格下跌见底之后出现了一波非常经典的震荡上涨行情，这种上涨模式在市场中经常见到，属于常见技术形态。投资者想要实现稳定盈利，就必须多投入精力研究这些常见技术形态以及必见技术形态的技术共性，每一次市场重复这些技术走势，都意味着给掌握了其技术特征的投资者带来了一次轻松获利的大好机会。

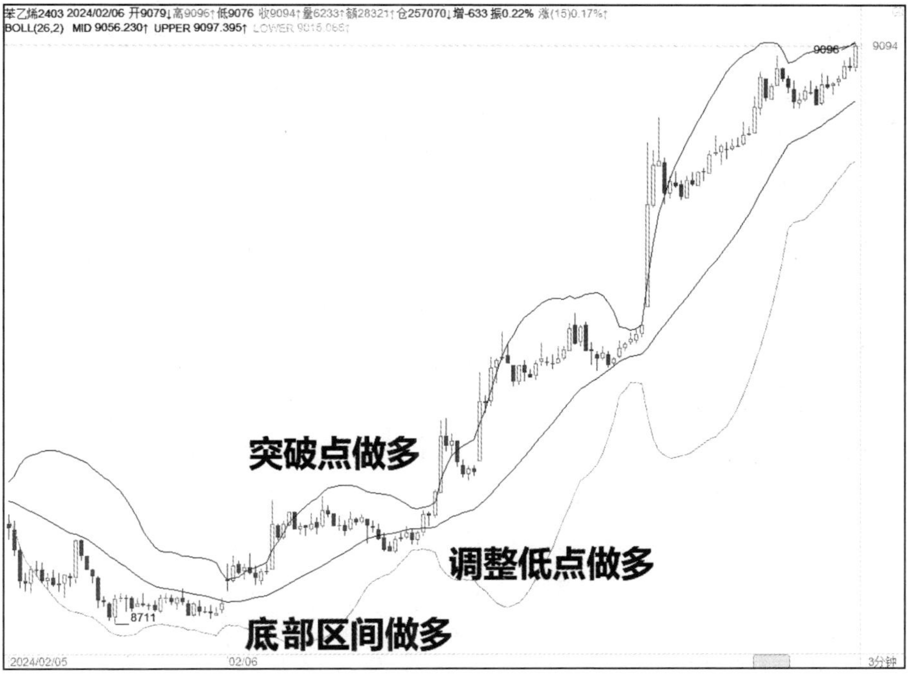

图 1-6　苯乙烯 2403 合约 2024 年 2 月 6 日 3 分钟 K 线走势图

价格见底之后曾出现明显的底部技术形态，但因进行的是短周期 K 线的操作，并不提倡进行隔夜操作，所以，上一个交易日临收盘前形成的底部形态并不适合进行操作。然而从技术走势而言，价格起涨之前的确出现了符合要求的底部可操作形态。抄底操作是一轮上涨行情开始时成本最低的操盘模式，运用正确的持仓技巧，可以通吃整个上涨行情，底部买点是收益最大的入场位，这也是许多投资者非常重视底部的重要原因。

若投资者因各种原因错过了底部的入场机会，或不想进行逆势操作，则可以耐心等待上升趋势确立之后的顺势入场机会，这些顺势过程中的入场机会是大概率出现甚至必然出现的，完全不用担心会错过上涨行情。价格上涨以后必然会出现调整的走势，因此，在布林线指标中轨拐头向上的过程中，只要见到调整走势的出现，便可以积极地寻找入场机会。健康性质的调整虽然会使得价格暂时回落，但此时价格的下跌却是良性的，不仅不会破坏上升趋势，反而会对上升趋势的延续起到很好的促进作用。再加上入场的成本较低，这就使得投资者必须重视调整出现时的操作时机。

在调整结束价格继续上涨的过程中，下一个有着统一入场口径的机会便在突破处，突破入场位在价格开始调整的时候其实就已经形成了，只要价格越过调整时的高点就意味着入场时机的到来，该点位是可以提前做出判断的。调整低点的做多模式属于常见形态，它不是必然见到的，但突破入场点却不同，突破走势是必见形态，只要价格上涨，就必须对当前的高点或之前某个高点形成突破，不形成突破就无法出现延续性上涨的走势，因此，对于突破点位投资者必须高度重视。

价格形成突破之后，下一个顺势的操作机会便是追涨买点了，由于追涨买点不具备统一入场口径的特点，因此，笔者不建议读者朋友们使用这种方法进行操作。第一次追在了 A 处，第二次追在了 B 处，第三次追在了 C 处，入场点可能遍布整个上涨阶段，追来追去很容易把心态搞乱。同时，因为入场点是分散的、没有统一位置的，也很容易让投资者养成胡乱操作的坏习惯。虽然追涨的确是一种正确的操盘方法，但它却并不适合广大的普通投资者使用。

在图 1-7 中，价格于低点处形成了一个小型的双底结构，第二个下跌的低点比最低点明显抬高，这是最经典的一种底部技术形态，只要出现在价格连续下跌后的低位，投资者就可以积极地考虑入场抄底做多。在位置符合要求、技术形态也符合要求的情况下，抄底买点因为持仓成本最低，所以更容易让投资者获得高额的投资收益。

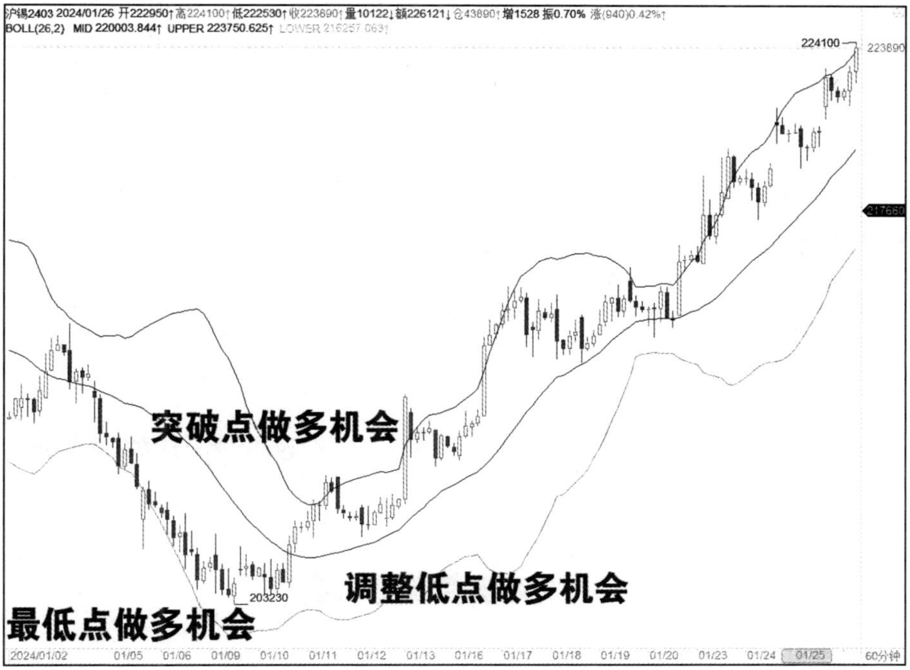

图 1–7　沪锡 2403 合约 2024 年 1 月 60 分钟 K 线走势图

底部确立价格形成上升趋势之后，调整的走势也将会随之到来，一旦出现调整，投资者便可以对健康形态的调整走势积极进行做多，而对有破坏性的调整走势进行放弃。就持仓成本而言，调整低点入场操作是顺势操作过程中成本较低的，特别是上升趋势确立之后的第一次调整持仓成本更占优势，这也是笔者建议读者朋友们必须对调整低点加以重视的原因。不过，虽然调整低点入场成本较低，但相比抄底入场点位，持仓成本还是要高一些的。

调整结束之后价格往往会继续上涨，接下来有着统一标准的入场点位便是突破位，若是价格涨不上去，突破走势也就不会形成了，但只要价格还能继续上涨，突破走势必定会见到，突破走势是为数不多的必见技术形态。常见形态要投入大量的精力研究其技术特征，必见形态则更需要重视，它们都是可以给投资者带来持续性盈利机会的走势，谁重视它们，谁的获利效果就会更好。

在图 1-8 中，价格上涨到高点之后，形成了一个大双顶的技术形态，价格波动形态规律性明显，因此，高点做空的机会肯定是可以把握住的。能在高点区间做空，自然要比下跌过程中的各种顺势入场点更占据成本的优势。当然，规律性明显的顶部形态是可遇不可求的，并不是每一次高点区间的技术形态都会给投资者留下做空的机会，但只要碰到了技术特征明显的顶部形态，就一定要大胆地入场做空。

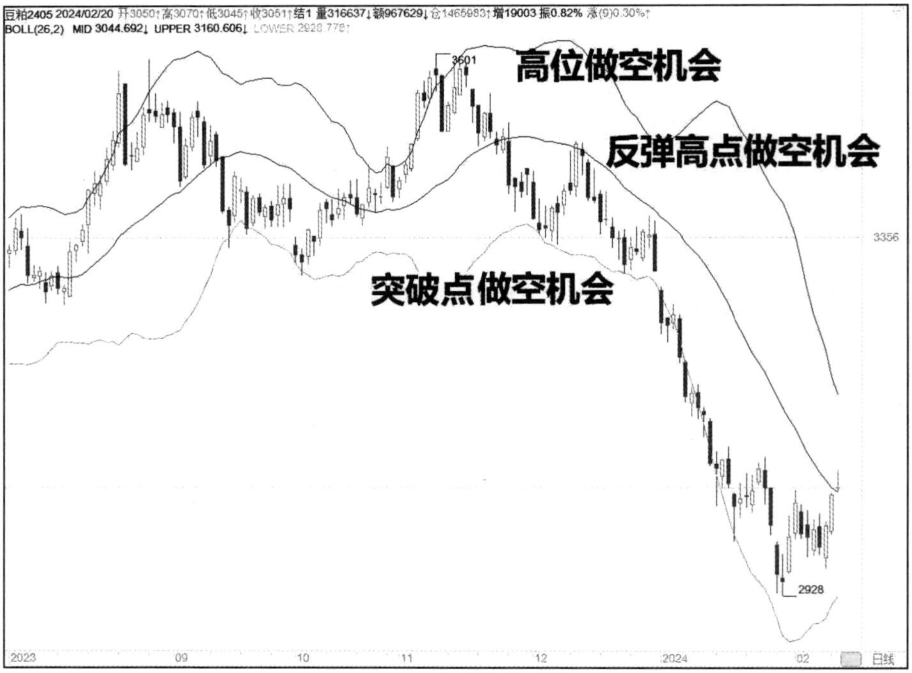

图 1-8　豆粕 2405 合约 2023 年 9 月—2024 年 2 月日 K 线走势图

顶部形态形成后价格便如期出现了下跌的走势，一旦布林线指标中轨形成下降趋势，投资者就一定要坚信：反弹走势必定会出现。对那些反弹时上涨幅度较小、上涨温和、阳线实体较小的走势一定要积极操作，而对那些反弹时上涨幅度较大、反弹上涨迅猛、反弹上涨时收出大阳线的走势则要坚决放弃，虽然其中也可能存在获利的机会，但在多方力量较大的情况下，做空操作是不适合积极进行的。

反弹结束后若下降趋势可以延续，价格必定会突破反弹形成时的低点，随着创新低突破走势的出现，这一轮下跌行情也将再度展开。因为创新低的点位随着反弹上涨的出现已经清晰地停留在那里，投资者有足够的时间提前做出判断，并可利用交易软件提前画线下单或设条件单，一旦价格达到突破点便可自动成交，获利的机会也就不会错过了。

在日常操作时，有着统一入场口径的操作方法可以确保投资者的交易行为不混乱，在哪里开仓都有着清晰具体的要求，只要不符合操作要求便不能进行操作。如此一来，投资者的交易行为便会变得理性且克制，减少了大量不必要的混乱操作，获利的能力自然会大幅提升。

1.3 突破操作手法的成本问题

不同操盘方法有着不同的入场点位，在一轮行情中因为入场的时间先后不同、入场的位置不同，所以，不同操盘方法的持仓成本也都是不一样的，甚至有的时候，这个操盘方法的止损位恰恰是另一个方法的入场位。了解不同操盘方法的成本位，可以帮助投资者在正确的时机与市场环境下选择与之匹配的操盘方法，比如，在市场涨跌力度非常小的情况下，却要选用持仓成本较高的操盘方法进行操作，想要获利难度是很大的，因为市场涨跌力度小导致价格涨一点儿或是跌一点儿马上便会反抽，若持仓成本不占优势，一个反抽就容易打破止损位。若在此时选用持仓成本占优势的操盘方法进行操作，就算价格上涨或下跌的幅度不大，多少也能留下一些利润或是平手出局，至少不会亏着出局。这也正是了解不同操盘手法持仓成本差异的重要原因。

在一轮行情下跌到底部并具备了做多的条件时，各种抄底操作的持仓成本最具优势，抄底方法往往要去捕捉下跌末期或上涨初期的机会，因此，一旦未来行情转为上涨，获利的幅度将会是巨大的。虽然成本占据绝对的优势，但抄底操作很多时候都是逆势操作，所以，对入场点的各种细节要求非常具体，没有掌握正确抄底技巧的核心细节而盲目去进行抄底操作，将很容易买在价格下跌的中途而并不是真正的底部。因此，抄底与摸顶操作不适合经验较少、操盘能力不足的投资者。

在上涨行情确立之后，另一个具有成本优势的入场点就是调整的低点处，价格上涨之后必然会出现调整走势，大多数的调整都是以回落的方式进行的，从而给投资者提供了一次难得的逢低做多的机会。趁调整低点做多，趁反弹高点做空，是顺势操作过程中最为常用的操作手段，也是实现稳定盈利的根本保障，投资者一定要在此方面多下苦功。只不过价格调整与反弹的形态多种多样，投资者同时需要制定应对强势调整、温和调整、中等力度调整形态的具体操盘方案，只要掌握了这几种类型调整低点的核心技巧，不管价格如何调整，都可以轻松地捕捉到未来价格再次上涨的盈利机会。

抄底买点与调整低点买点占据成本优势，而突破买点持仓成本优势并不明显，因为它买在前一轮上涨行情的高点处，在价格刚刚越过前高点时入场，如果价格后期上涨的延续性较差，则很容易产生亏损。许多投资者想要进行突破操作，但非常担心碰到假突破，就是因为一旦假突破形成，回头去看，自己恰恰买在了高点处，这是突破操作的一大弊端。但凡事有弊必有利，突破操作的持仓成本最不占优势，但该入场点的位置却可以提前发现，并且突破形态是必见形态，价格想要上涨，必须见到突破现象，这与调整低点是常见形态有着本质的区别，常见形态不是必见形态，不是必然出现的，投资者只能期望调整低点形成，而突破形态则完全不必担心到底会不会形成，只要能上涨就一定会形成。因此，虽然持仓成本不占优势，但有着可以提前发现，以及必然会形成的两大优势，投资者也应当在合适的位置积极地进行突破操作。

在图 1-9 中，价格上涨到高点后形成了 A 字顶形态，这种说跌就跌的顶部形态是不会给投资者留出高点摸顶做空机会的。除非投资者一路上涨一路摸顶，赶巧了正好做空在最高点，否则，用正常的操盘方法是很难在最高点区间入场的。摸顶操作基本上都是要在次高点入场，实际操作时，不要总想着做空在最高点。当然，从持仓成本的角度来看，若能在最高点处做空，空单的持仓成本自然是最具优势的。

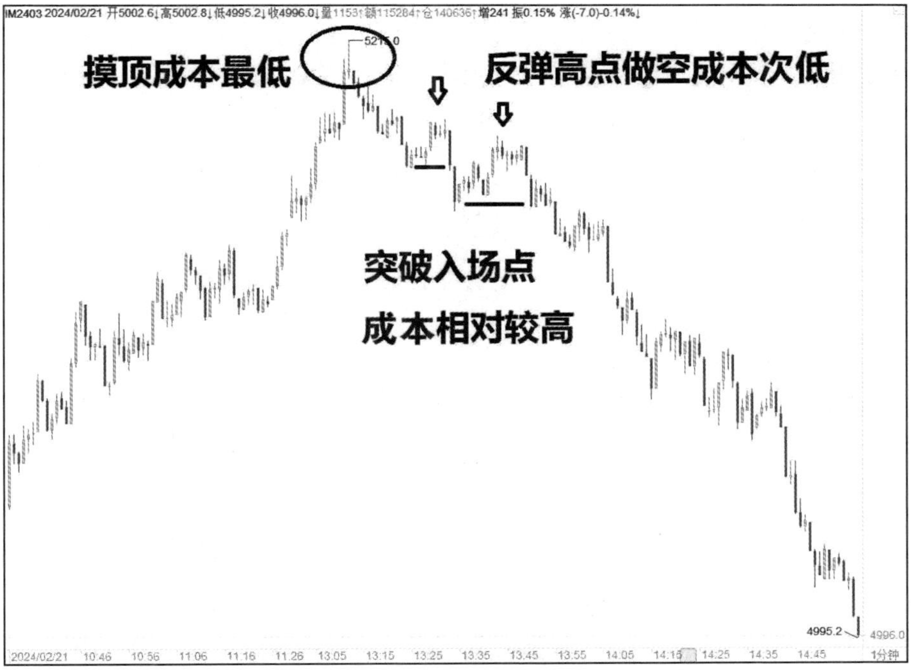

图 1-9　IM2403 合约 2024 年 2 月 21 日 1 分钟 K 线走势图

顶部形成之后价格开始下跌，在下跌的过程中出现多次反弹的走势，从价格后期的下跌来看，每一次的反弹高点都是下跌中途极好的入场位。就局部走势而言，这些反弹高点都称得上是高价，低买高卖是赚钱的根本，顶部的区域肯定是高卖最合适的位置，但下跌中途反弹的高点自然也属于高卖的范畴，因此，当下降趋势形成时，做空成本次高的反弹高点的做空机会一定要把握住。

反弹结束之后，价格往往会延续当前的大趋势方向下行。只要价格继续下跌，突破走势就必然会出现。从突破的入场位来看，在局部区间入场点位是较低的，一旦碰到假突破的走势，很容易被再次出现的反弹上涨打掉止损。就算相比之后的下跌走势来看，突破点位只能说是适合的入场点，而不能说是较高的入场点。之所以在不占成本优势的突破点入场操作，只是因为这是价格想要继续下跌却无法绕过的点。

在图 1-10 中，价格于底部区间形成了一个左高右低常见的破位式底部形态，这种走势是所有底部形态中最为常见的技术现象，这种破位式的底部形态很容易让投资者看到下跌的最低区间。运用这种抄底方法，历史上笔者曾捕捉到了许多期货品种以及股票的底部大机会，并且多次在最低点还未形成时便发表了前瞻式的分析文章与视频帮助投资者提前布局，读者朋友们未来可以继续关注笔者对于市场最新底部大机会的提示。之所以重视底部的机会，就是因为它可以让投资者买在上涨行情的起点，通吃未来整个上涨行情，见底上涨在不浮盈加仓的情况下轻轻松松便可获得两三倍以上的大收益。

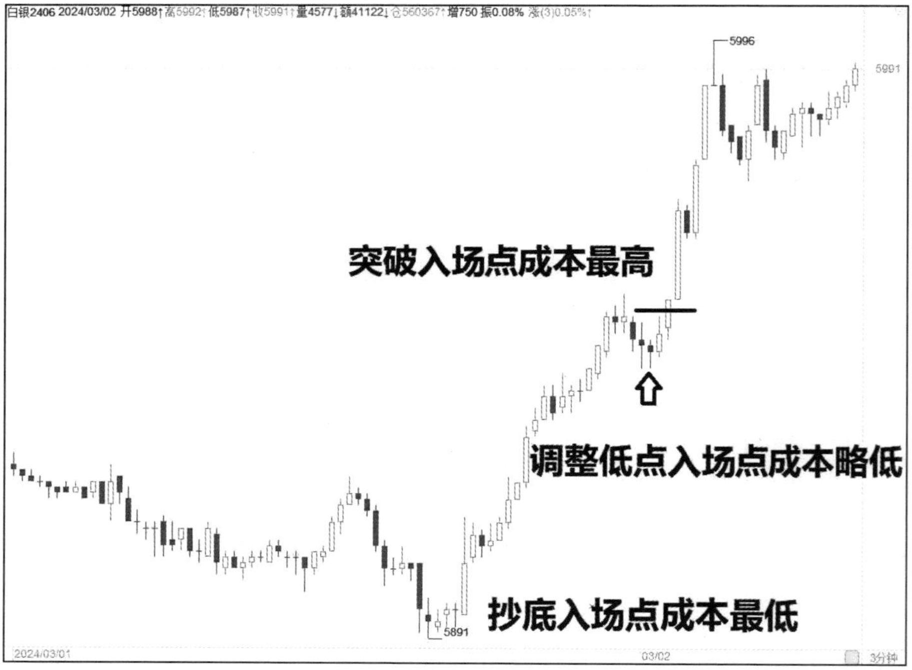

图 1–10　白银 2406 合约 2024 年 3 月 1—2 日 3 分钟 K 线走势图

在上涨行情确立之后，下一个有着统一入场标准且持仓成本具有优势的入场点便位于调整低点区间，不管价格以什么方式调整，不管价格调整回落时跌得深或浅，相比后期的上涨走势而言，调整区间都是非常好的逢低做多区间。哪怕价格后期形成假突破的走势，因为持仓成本较低，也很难亏钱出局，最差的操作效果无非就是平手出局。因为持仓成本占优势，并且上涨过程中会有多次调整的出现，所以，对调整低点逢低做多机会的把握，必须成为投资者重要的获利能力与手段。

调整结束之后价格会再度上涨，此时便迎来了突破入场点。结合局部走势来看，突破入场点就是前一波上涨行情的高点，在前一波上涨行情延续的时候，高点区间肯定不能介入，只不过随着一次调整走势的出现，很好地释放了做空的动能，因此，虽然突破入场点与前高点的价格一样，但在调整出现之后却可以入场了。从图 1-10 中的走势来看，相比抄底入场点与调整低点入场点，突破入场点的持仓成本明显高了很多。

在图 1-11 中，价格上涨到高点之后，形成了一次小双顶的顶部形态，随着规范性的高点形态出现，于高点区间做空的机会也就到来了。之所以有许多投资者热衷于抄底摸顶的操作，就是希望可以在行情刚刚开始的点位入场，以此捕捉到赚大钱的机会，看中的就是摸顶操作方法极具优势的持仓成本。

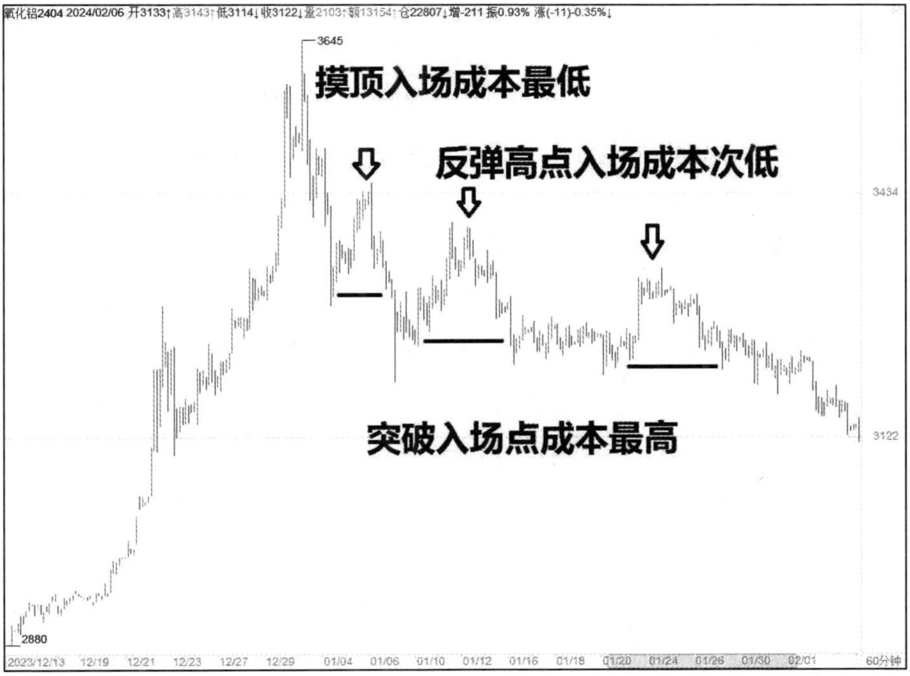

图 1-11 氧化铝 2404 合约 2023 年 12 月—2024 年 2 月 60 分钟 K 线走势图

顶部确立之后价格出现了连续震荡下跌的走势，下跌途中出现了多次反弹，每一次反弹的出现都给投资者提供了难得的逢高做空机会。虽然这些反弹高点的位置无法跟顶部相比，但相比后期走势，反弹高点其实就是一个个的小顶部，在这些位置入场做空，自然可以获得可观的收益，因为反弹高点空单的持仓成本都属于次低状态。

反弹结束后价格继续下跌，在图 1-11 中虽然有突破点的入场机会，但由于价格形成的是窄幅震荡的走势，这就使得突破操作的获利效果变得很差。价格的确形成了必见的突破走势，但并未在突破形成后走出连续性下跌的行情，随着下一次反弹的出现，前两次的突破操作都要止损出局。之所以前两次的突破操作要亏损出局，主要原因就是突破点做空的入场成本不占优势，过高的空单持仓成本很难应对窄幅的波动以及随后的反弹。突破有它鲜明的优势，但较高的持仓成本也是它突出的缺点。

在图 1-12 中，价格在底部并没有形成规范的技术形态，这对于投资者来说，想要抓住最低点就要承担风险，最稳妥的做法是主动错过这些没有规律的低点走势，低点要稳妥操作，而不是去赌。就算底部没有操作也并不影响后期的获利，因为上升趋势中调整低点的做多机会是大概率会出现的。面对底部正确的操作思路是：有规范的技术形态就积极操作，若没有规范的技术形态就主动错过，等待上涨中途调整低点再去操作，没必要对底部的操作过于执着。

在上涨过程中，价格出现了多次调整走势，每一次调整低点的到来都给投资者带来了一次新的入场机会，就局部走势来看，调整低点就是当时的底部，持仓成本自然会具有优势。不管价格涨跌的力度是大是小，逢调整低点做多、逢反弹高点做空的操盘手法都是通用的，原因就是持仓成本具有优势，而突破手法在市场涨跌力度较小的情况下是不宜使用的，原因就是持仓成本较高，难以在小幅度波动过程中实现稳定的收益。

价格在上涨中途也有多次突破走势的出现，从后期的走势来看，突破点的入场位置往往处于一波上涨行情的 1/3 处左右，在调整低点做多可以通吃每一个小波段的行情，而突破点只能拿下一个小波段 2/3 的盈利空间。面对同样的行情，止损风险基本一致，但调整低点与突破点所带来的收益却有较大的差异，这是投资者在使用突破手法进行操作时必须知晓的事情。

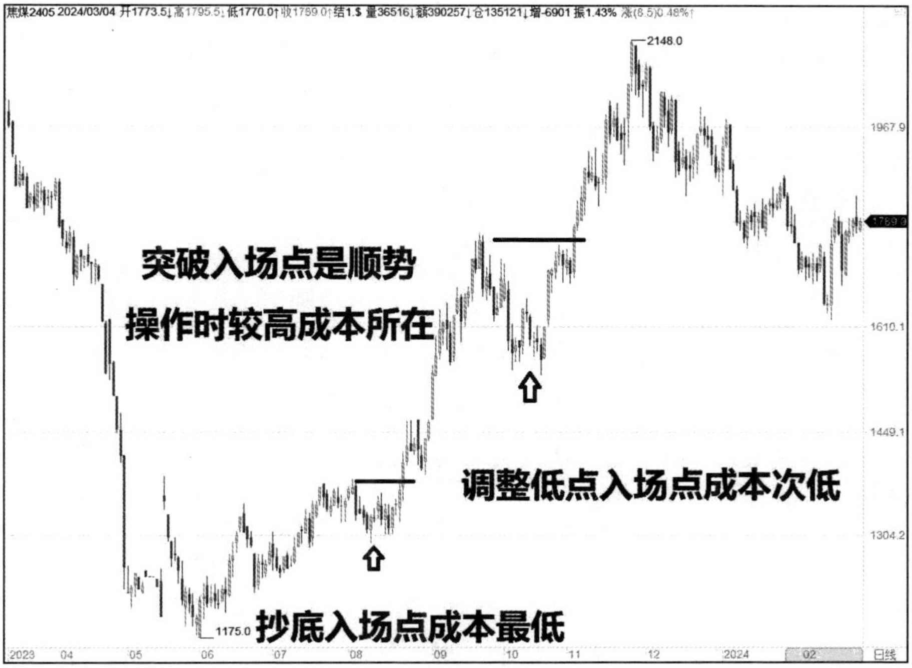

图 1-12　焦煤 2405 合约 2023 年下半年日 K 线走势图

了解突破操盘手法的成本特点，可以更好地指导投资者的实际操作。因为持仓成本高，所以，表现呆滞的期货品种便不适合采用突破手法进行操作，以及在市场涨跌力度很小的情况下也不适合运用突破操作手法。突破操作适用于表现活跃的期货品种，以及市场涨跌力度较大的环境。

1.4　突破操作的机会次数

不同的操作方法因为入场位置的不同，持仓成本有很大的差别。同样，不同的操盘方法对技术形态的要求不同，这就使得操作机会的出现次数也将会有很大的差别。以抄底摸顶的方法为例，虽然这种操作方法持仓成本最具优势，可以通吃未来整波行情，但标准的底部与顶部技术形态却是非常少见的，就一个品种而言，形成一次重要的底部或是顶部差不多需要两年的时间。所以，笔者常说，抄底摸顶操作不应作为主要的获利手段，它们只是顺势操作做到了极限，碰巧赶上了好的技术形态时才有必要去考虑的事情。价格波动过程中90%以上的时间都保持着方向明确的趋势性波动，只有不到10%的时间才会构筑成底部或顶部区间，所以，投资者在精力分配方面，必须把90%以上的精力放在顺势操作上，把不到10%的精力放到抄底摸顶操作上，经常进行抄底摸顶的投资者是绝无可能赚到钱的，因为分配错了精力。

底部与顶部形态属于少见技术形态，而突破则属于必见技术形态，同时又经常出现，这就是要对突破走势加以重视的主要原因。就一个品种而言，一轮上涨行情或下跌行情，少则会给投资者提供两三次的操作机会，多则会提供五六次甚至更多次的突破交易机会，因此，足以满足投资者日常操作的需要。

在短周期K线图中，只盯一个品种平均下来每天会有4~8次的突破交易机会，筛减掉一些不符合操作要求的突破走势，每天也能有2~4次的交易机会，这样的操作频率既不很低，也不是很高，就像钓鱼一样，不停地有鱼上钩钓起来没意思，但一直没有鱼咬钩也很没意思，每间隔一定的时间便钓上一条鱼，这样才有钓鱼的乐趣。一个方法如果交易次数过多，容易让投资者失去耐心变得浮躁；一个方法如果交易次数过少又会令交易变得索然无味，适中的交易频率是最好的，既享受了交易的快乐，又有利于保持平稳的心态。

而在日K线图中进行操作，在同时关注多个品种的情况下，基本上每个月都会有一两次以上的交易机会，这对于长周期K线来讲，交易机会足够多了。就算这一次操作止损出局，当月马上便会有返本的机会。

较少交易机会的方法要少分配精力去关注，而机会次数适中的交易方法一定要多加重视。机会出现时有真有假，但足够多的交易次数，使得投资者在这一次亏损之后，马上可以找到新的有可能翻身的机会。所以，对于交易次数适中的操盘方法，投资者一定要多投入精力集中关注。

在图1-13中，价格形成了一轮持续上涨行情，价格上涨的时间越长，留给投资者中途入场的操作机会也就越多。每当调整走势出现时，投资者就要意识到，未来价格的波动将会提供两个操作机会，一是调整低点的操作机会，但这种机会对调整的形态有要求，若是形成小幅度、短时间的调整，可能也没有好的入场机会；二是必然会见到的突破操作机会，不管调整的具体形态如何，只要价格上涨之后收出了阴线，也就有了突破操作的机会。

图 1-13　尿素 2405 合约 2024 年 3 月 1 日 1 分钟 K 线走势图

从图 1-13 中的走势来看，在白天总共 4 个小时的交易时间内，出现了多次突破的走势，图 1-13 中为读者标注了 8 次非常明显的突破交易机会，除此之外还有一些形态较小的突破交易机会。整个上涨过程有十几次突破的操作机会，就 4 个小时的开盘时间而言，真可谓机会遍地。

当然，在价格上涨的高位形成的突破，实际操作过程中肯定是要放弃的，这样计算的话，在以合适位置为前提的情况下，当天适合进行突破操作的机会便只有 4 次（上涨初期阶段），平均一小时一次突破的交易机会，这样的操作频率既不是太高，也不是太低，是非常适中的。

在图 1-14 中，价格出现了一波单边震荡上涨的行情，这种走势是强势品种常见的技术形态，很容易为投资者带来较大的收益，因此，需要多花精力研究这种上涨行情的运行规律。

图 1-14　豆粕 2405 合约 2024 年 2 月 29 日—3 月 1 日 3 分钟 K 线走势图

价格在上涨过程中出现了多次调整的走势，但许多调整都只是象征性的回落，价格回落的幅度小，并且延续的时间较短，面对这种调整形态，逢低做多操作便很难执行下去了，因为价格根本不提供符合要求的回落低点入场机会。面对这种小幅度调整的技术形态，便只能用突破的方法进行操作了，小幅调整说明多方力量强大、空方力量虚弱，在多方占据优势的情况下进行突破操作是最适宜的时机，从图 1-14 中的走势来看，突破操作捕捉机会的能力还是非常棒的。

在这一轮单边上涨过程中，行情给投资者提供了 8 次进行突破操作的机会；去除高位不太适合操作的位置，这一轮上涨行情给投资者提供了 5 次中低位的操作机会。在价格整体涨幅不大的情况下进行突破操作自然更容易实现大的收益。

在图 1–15 中，两个月的交易时间内，价格出现了一轮下跌与一轮持续性震荡上涨的行情，在此期间行情给投资者提供了两次逢高做空以及多次逢低做多的机会。正常情况下，只要有调整低点的入场机会也就会有突破点入场的机会。两种操盘方法若都掌握住操作的核心要点，获利的机会是不可能错过的。

图 1–15 甲醇 2405 合约 2024 年 1—2 月 60 分钟 K 线走势图

图 1–15 中显示的下跌时间较短，只有 2 次空单突破的操作机会；而上涨的过程中，则有 5 次突破操作的机会。对于长周期 K 线而言，位置不太重要，因为只要价格略做上冲，产生的空间也足够止盈位上移了，这一点与短周期 K 线的操作有很大不同，短周期 K 线操作中是必须放弃不好位置处的操作机会的。

两个月的时间共 7 次突破交易的机会，基本上每周都会有一次突破形态的出现，就长周期 K 线来说，这样的操作频率已经是非常理想了，既不会因机会太多让投资者手忙脚乱，也不会因为机会太少而总是看着或大或小的机会从身边溜走，适中的交易机会可以让投资者时刻保持旺盛的斗志。

在图 1-16 中，价格主要以下跌为主，在震荡下行的过程中，逢反弹高点的做空、创新低时的突破点做空，都可以帮助投资者把握住盈利的机会。可见，懂的操盘方法越多，盈利机会便越是难以逃脱。

图 1-16　玉米 2405 合约 2023 年 8 月—2024 年 2 月日 K 线走势图

在半年的时间里，行情总共给投资者提供了 6 次交易的机会，平均每个月都有一次进行突破操作的机会，对于日 K 线趋势交易而言，这样的操作频率已算得上是比较高的了。就单一品种而言，在日 K 线上进行操作平均下来一年也就是十几次的操作机会，而在图 1-16 中，仅突破一种操作手法就有了 6 次的机会。只有足够多数量的操作机会，才不会让投资者总是错过机会，而机会虽多，但又不会过于频繁的交易则是更为理想的实战状态。

在长周期 K 线中进行操作，由于时间周期被大大地拉长，投资者有足够的分析决策时间，因此，建议多品种盯盘，利用操盘信号出现的时间差去捕捉更多规范技术形态所提供的获利机会，必见形态突破操作只是长周期K线操作方法中的一个，主要起到对重要交易机会的拦截作用，因为它必然出现，并且可以提前确定入场点位，所以，在长周期K线中，突破操作手法必不可少。

1.5 突破操作不等于追涨

突破操作相比逢调整低点做多操作以及抄底操作，其入场点是卡死的，固定在一个具体的价格处，只有在这个价格开仓才是真正的突破操作。突破价位没到就开仓，这不是突破操作，是在价格向突破位行进中的追涨操作，价格越过了突破点才发现并进行的操作，就属于标准的追涨操作了，因为突破点已经被错过了。不管是调整低点还是行情的最低点，不同的处理手段会使得具体的开仓点位略有区别，但这些方法的操作性质都是一样的，逢低做多买点以及抄底买点是一个小区域的概念，只要在这个小区域内完成开仓操作就可以，并不是卡死在某一个具体的价格上，这与突破操作有着极大的不同。

进行做多操作时，低于突破价格的操作是追涨性质的，赌的是未来突破的形成。高于突破点位的操作也是追涨性质的，赌的是上升趋势可以延续。如此一来，追涨性质操作的持仓成本就可能遍布整个上涨过程，这一次手快一些，追涨的成本可能会比较低，下一次手慢了一些，追涨操作持仓成本则可能比较高。在具体入场点位上不具有统一的技术标准，这是追涨操作与突破操作的区别。

虽然突破操作与追涨操作的持仓成本相比找低点操作的高，但突破操作并不等同于追涨，原因就是突破操作有着统一的入场标准，卡死了具体的入场点位，这是追涨操作所不具备的。

在图1-17中，价格在上涨过程中调整回落的幅度非常小，对于这种上涨形态简单的走势，想要捕捉调整低点进行操作是不可能实现的。只有运用突破操作方法才可以在短时间、小幅度调整出现时把握住未来的盈利机会。

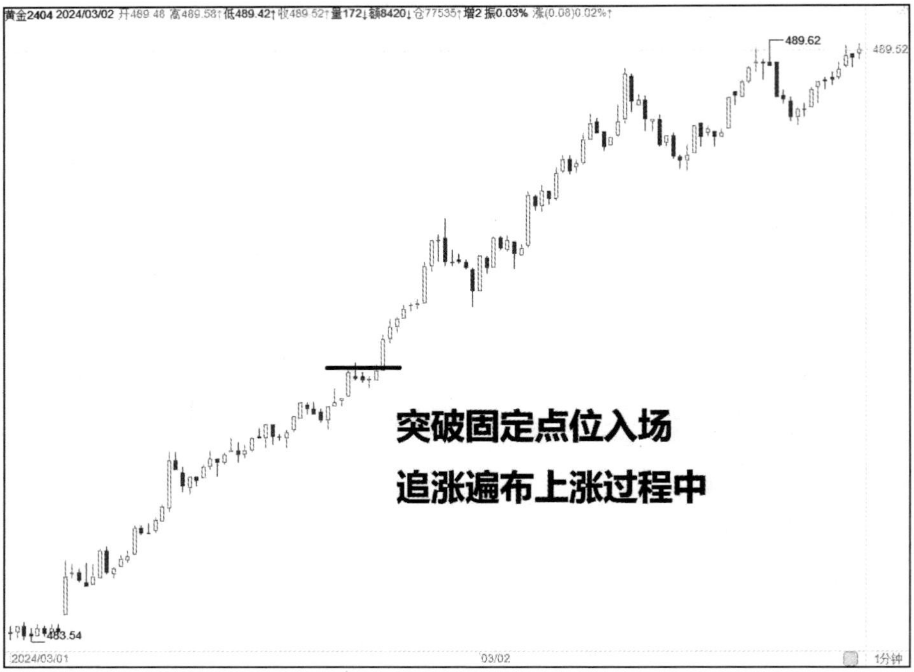

图 1-17　黄金 2404 合约 2024 年 3 月 1—2 日 1 分钟 K 线走势图

对于突破操作来说，看似在价格向上创新高的时候入场操作，好像跟看到创新高就追进的行为一致，但两者的操作动机却是完全不同的。突破是在价格越过前高点时进行的操作，而追涨是在价格处于任何状态下见到上涨便进行的买入操作。追涨操作往往不管价格所形成的形态，只要有上涨动作便追进，交易的行为多是由情绪驱动，而不是因规范的技术形态形成所产生的。

追涨操作虽然是一项正确的交易手段，但它对投资者自身技术素质、自身情绪的控制能力要求很高，绝大多数普通投资者并不适合进行追涨操作。相比追涨操作，有着统一入场标准的突破操作就非常适合广大普通投资者使用了，操作行为是否规范可以很容易做出判断。

在图 1-18 中，价格形成了一波震荡下跌的走势，整个下跌行情中其实留给投资者的机会并不多。有一次有规模的反弹走势，该反弹高点可以入场做空，而后便是标注处的突破点以及下跌不久后的一次小突破点，除了这三次入场点便没有了其他好的入场机会。

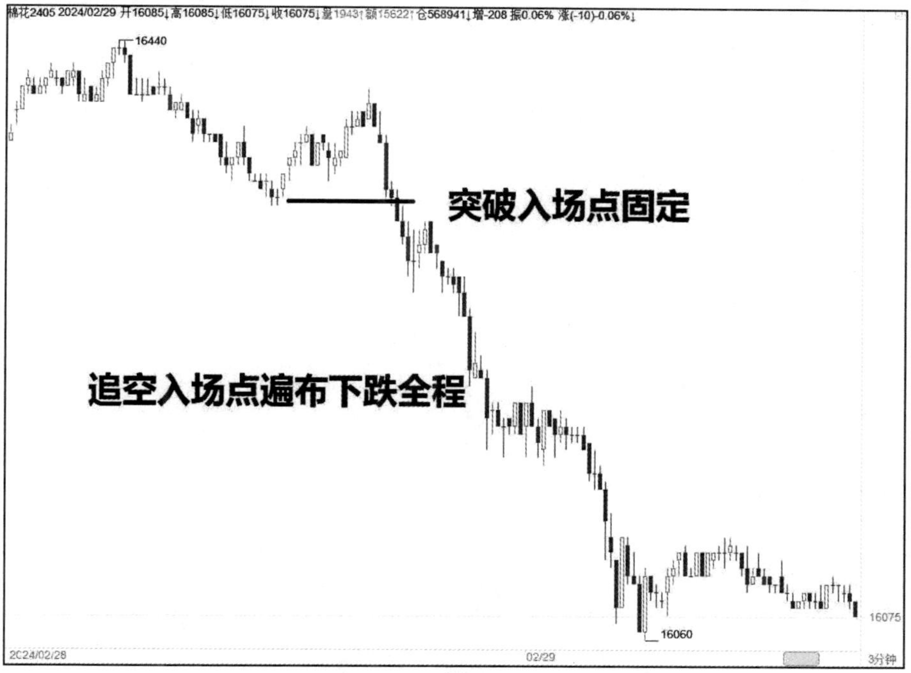

图 1-18 棉花 2405 合约 2024 年 2 月 28 日 3 分钟 K 线走势图

进行规范性的操作就是这样，对技术形态的要求很高，有些时候还要主动放弃一些机会，所以，可操作的机会因受到技术条件的约束而不会太多。但对于追空操作而言，操作机会则会很多，下跌过程中任何一根阴线都可以成为追空操作的入场点，任何位置也都可以在急躁情绪的支配下进行追空操作。所以，追空操作是没有太多讲究的，想追就可以追，操作的随意性比较大，这也是笔者不建议广大普通投资者养成追涨追空操作坏习惯的主要原因。

突破入场点就在价格跌破前低点的那一个价位处，追空入场点可以遍布整个下跌过程。追空入场点虽然也可能正好落在突破点上，但追空的操作动机是看到了价格下跌担心错过机会所以追进，而突破操作的动机则是看到价格对前低点形成了技术上的破位，所以入场操作，两者之间的差异非常明显。

在图 1-19 中，价格形成了整体宽幅震荡下跌的走势，虽然波动形态较为复杂，但其中依然存在着符合要求的逢反弹高点做空以及突破点做空的多次操作机会。

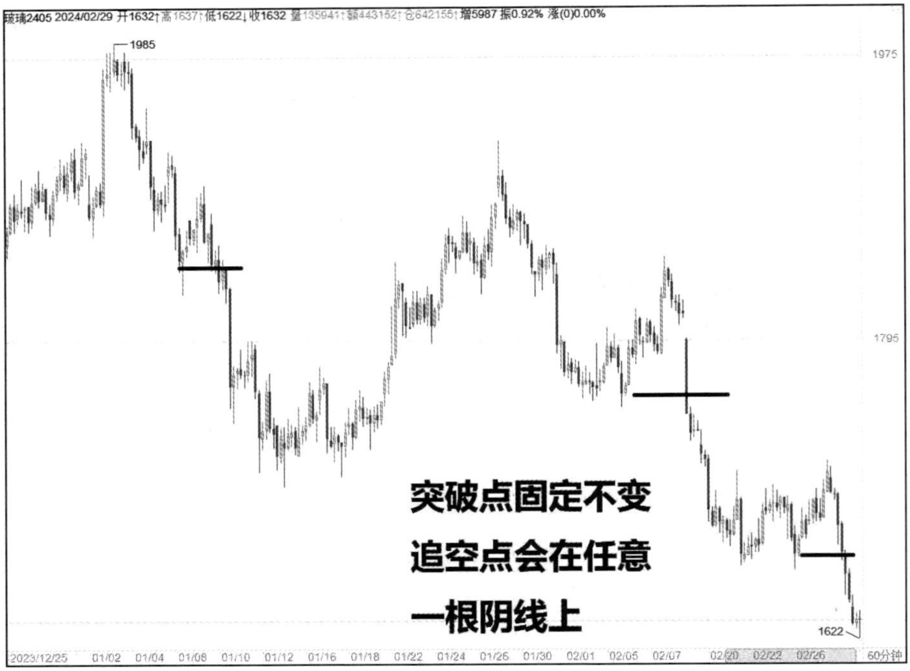

图 1-19　玻璃 2405 合约 2024 年 1—2 月 60 分钟 K 线走势图

常规的操作方法都有一个共性，那就是交易标准统一，这一次操作是这个技术标准，下一次操作还是这个技术标准，所有的操作都是同样的技术标准，价格的技术形态可能多种多样，但操作的技术依据却只有一个或几个，使用者并不会因为价格的变化而改变操作的标准。但追涨操作则不属于常规操作，它是在错过机会之后的补救措施，为了抓住价格后期有可能继续上涨的机会，采取的过于激进的操作手段。

突破操作卡着价格向下创新低的点进行操作，没有创出新低绝不出手开仓，而追空操作则可能在任何一根阴线上，也可能在某一根阴线的任何部位上进行。所以，突破操作与追空操作的持仓成本虽然都不是最为理想的，但操作的性质却有着本质的区别。

在图 1-20 中，价格出现了一波上涨行情后便随之转为下跌，在这一涨一跌的过程中，调整与反弹的幅度都非常小，这种情况下是无法进行逢调整低点做多与逢反弹高点做空的，这两轮行情中只能用突破的操作方法才可以捕捉到交易的机会，这就是常见形态与必见形态的区别。调整低点与反弹高点是常见形态，但它们却不是必然会出现的，当它们没有提供符合条件的操作机会时，必见形态的突破走势就可以给投资者提供获取收益的机会了。

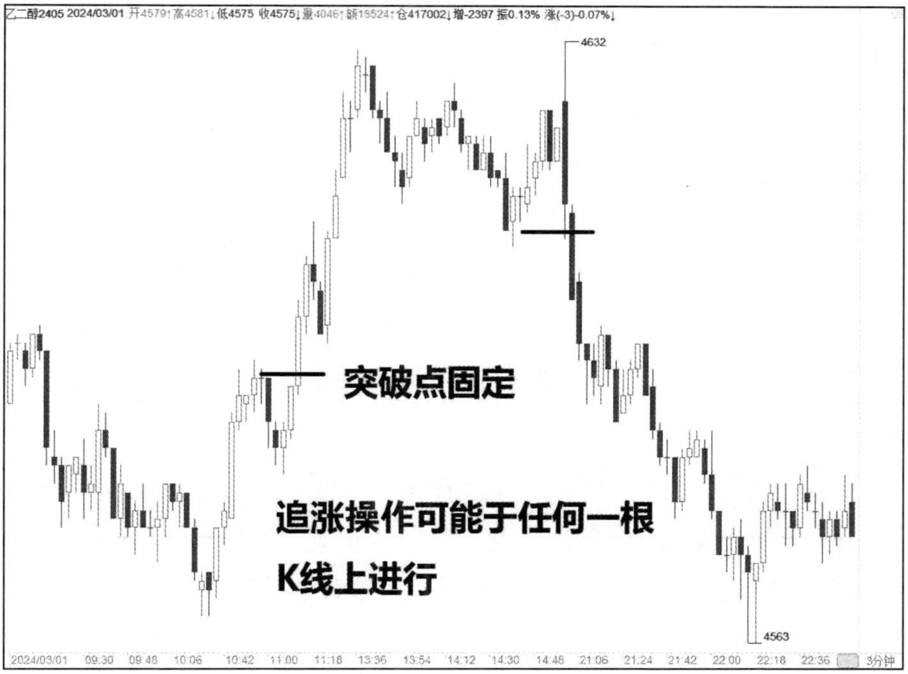

图 1-20　乙二醇 2405 合约 2024 年 3 月 1 日 3 分钟 K 线走势图

从图 1-20 中的走势来看，只要调整走势出现，突破的操作机会也就必然会存在，除非价格不再继续上涨或下跌，只要行情可以延续，突破走势就一定会给投资者带来或高或低收益的机会。同时，因为突破点是随着调整的出现而形成的，所以，入场点位被卡得死死的，就在价格向上越过前高点时的那一刻。

相比限定入场点位的突破操作，追涨以及追空操作的自由度就高多了，只要看到价格有继续上涨或下跌的迹象，便可以入场操作，无须理会当前的技术形态以及所处的位置如何，有起涨以及下跌迹象就可以成为追涨与追空的操作理由。因为没有统一标准的点位入场，因此，追涨操作的买点可能遍布整个上涨过程，追空操作的卖点则可能出现在任意一根阴线上。

突破不是追涨、追空操作，因为它对技术形态有要求，不能随意进行，错过突破点便不能再进行操作，而追涨与追空专门就是在错过入场点时采取的迫不得已的操作手段，由此也可以看出，突破与追涨和追空之间有明显的差异。

1.6 大机会都由突破点引爆

投资者都想把握住大机会，因为只有大机会才可以带来超额的利润，不管是日内波动性的大机会，还是日 K 线级别的大机会，只要技术形态形成，大概率都可以走出一大波的行情，哪怕投资者只捉住其中一半的行情，收益率也将会是非常可观的。

顶部与底部形成时，容易给投资者带来大的获利机会，这是一轮上涨趋势或下跌趋势结束之后的反转点，是新一轮行情的起点，收益率自然是较高的。只不过大级别的顶部与底部出现的次数较少，单一品种一两年才有可能见到一次，但是，一旦某个品种形成了重要的底部与顶部，只要掌握了核心的交易细节，在不加仓的情况下，少则可以赚到两三倍的收益，多则将会赚到数倍甚至十几倍的巨大收益。这也是顶部与底部虽然出现的机会少，但依然要重点关注的主要原因。

而另一个容易带来大机会的形态便是上涨行情出现或是下跌行情出现之后，形成的调整或反弹走势，调整的低点与反弹的高点都容易带来大的获利机会，不管是日内投机还是长周期 K 线的趋势性交易都是如此。这种交易机会比较多，多品种进行关注的话，1 分钟 K 线与 3 分钟 K 线每天都会有多次交易机会，30 分钟 K 线、60 分钟 K 线以及日 K 线每周都会有交易的机会。

只不过顶部与底部、调整低点与反弹高点的机会属于跟踪式的，投资者无法提前发现，只能跟随着价格的波动，什么时候发现了技术形态的形成，什么时候再做出操作的反应。如果投资者没有足够的盯盘时间，有时候会错过机会。而突破操作则可以弥补这个缺点，因为突破点位是永久不变的，上涨后只要价格调整了下来，突破点也就随之暴露了出来，因此，在调整过程中完全可以提前画线下单或是提前设置条件单，这样一来，只要价格形成了突破便可以自动开仓，并且还可以在开仓的同时自带止损与止盈。哪怕没有时间盯盘，投资者也照样可以在规定的点位完成操作，这是进行抄底摸顶与逢低做多、逢高做空操作所不具备的优势。

从历史上任何一轮大行情的发展来看，主要的上涨或下跌过程全都发生于突破走势形成之后，大的机会都是由突破点引爆的，这是因为：一旦价格向上形成了突破，便意味着多方占据了绝对的上风，空方彻底溃败，在多方占据优势的情况下，自然容易乘胜追击，不断扩大战果，因此，行情延续的概率将会是极高的。而对于严格执行操作纪律的投资者来说，价格向上创新高往往会打掉空方的止损，同时还会令止损出局的空方改变操作思路转为多头，从而为上涨行情添油加力，使得上升趋势获得更多的资金推动。

因此，只要价格形成突破，投资者就要抱着宁信有大行情，也不可轻易错过的态度进行操作。如果没有大行情，而是形成了一次假突破，无非就是一次小亏损而已，若大行情一旦出现，一波行情就可以令资金倍数级增长，这样的大机会又岂能轻易地放过？

在图 1-21 中，价格出现了一轮大幅下跌的行情，就日内波段操作来讲，这样的下跌方式已属于超大的行情了，毕竟 K 线周期的不同，价格涨跌幅度将会有很大的差异，不能用长周期 K 线一波行情的涨跌幅度来对比日内短周期 K 线行情的涨跌幅度。

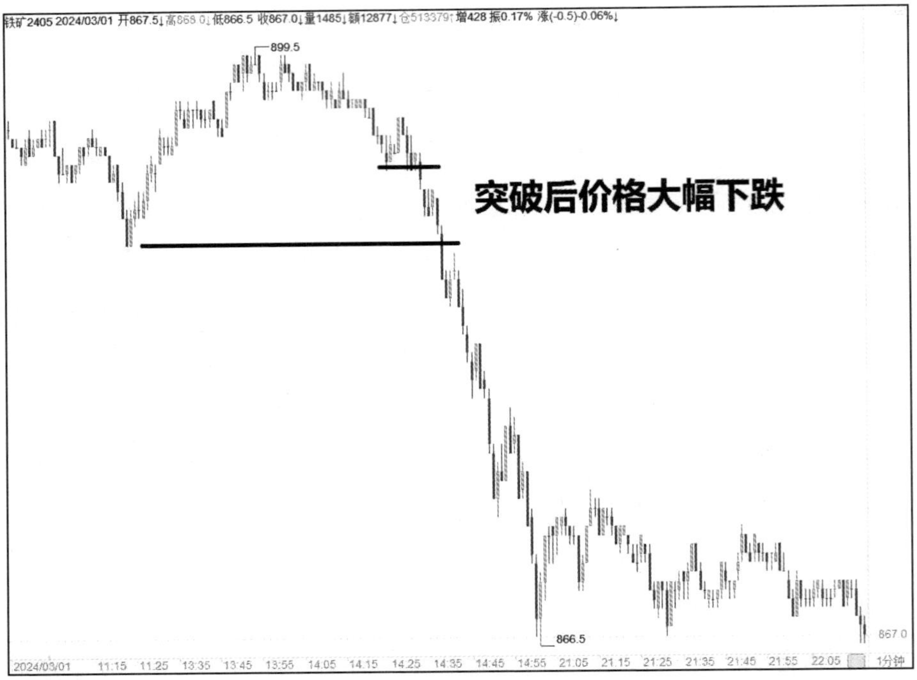

图 1-21　铁矿 2405 合约 2024 年 3 月 1 日 1 分钟 K 线走势图

从价格的整体走势来看，走势较为流畅，整个下跌过程没有过多震荡式的波动，虽然反弹走势出现多次，但每一次反弹的幅度都很小且持续的时间很短，想在反弹高点进行做空是很困难的，这样的走势只能在突破点进行截击。

在主要的下跌阶段，价格都是在第一次突破了局部低点，以及向下跌破了前期重要低点之后，随着突破走势的出现，奠定了空方的优势地位，在多方彻底溃败的情况下，空方自然会不断巩固自己的优势地位。多空的争夺便是这样，一方的溃败必然会迎来对方更加猛烈的攻击，所以，当突破走势出现时，特别是下跌初期出现突破走势时，就要意识到：价格未来很有可能会形成一轮非常不错的行情。如果大行情没有出现，要么小亏出局，要么小赚出局，代价都是很小的，而一旦捉到大行情，当天的操盘工作便可以提前结束了。

在图 1-22 中，价格形成了一轮震荡上涨的行情，上涨过程中价格给投资者提供了多次逢调整低点入场做多的机会，以及多次突破的机会，这是市场常会提供的两大常见获利机会。但是，相比突破走势，适合操作的调整低点的机会并不是每次都会出现的，因为调整低点做多机会只属于常见形态，而不像突破走势一样属于必见形态。

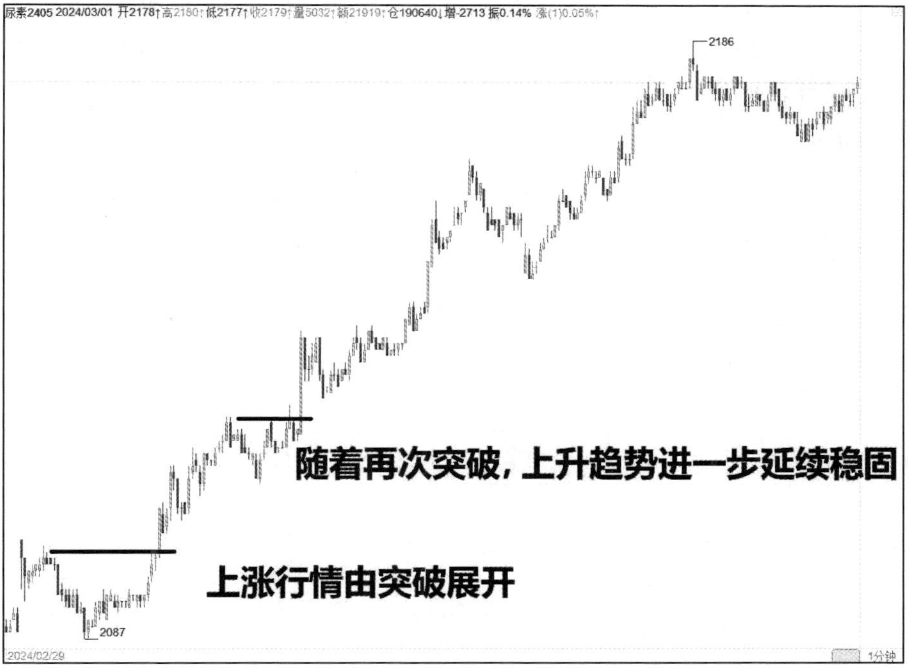

图 1-22　尿素 2405 合约 2024 年 2 月 29 日—3 月 1 日 1 分钟 K 线走势图

在一轮上涨行情中，突破走势虽然会出现多次，但只有上涨初期阶段的突破才值得操作，在价格上涨高位区间的突破最好主动放弃。因为在上涨的高位主力资金已经实现了不菲的收益，一旦主力开始出货，买入的投资者很容易变成接盘者而产生风险。上涨的初期阶段主力资金获利幅度很小，没有顺利出货的空间，因此，这些位置入场操作的安全性才会更高。

在上涨的初期阶段，价格先是突破了开盘时的高点，当天第一次创新高的突破走势向投资者宣告上涨行情的开始，第一道横盘的突破走势成为当天最佳的入场点位。在随后的调整过程中形成的突破点，成为上涨行情中第二个最佳的入场点，此时主力资金虽然已有所获利，但获利幅度并不大，再加上价格再次创出新高，空方已彻底溃败，多方向上推动价格的阻力是非常小的，所以，突破的形成总是会点燃价格继续上涨的热情，投资者大好的获利机会随着向上创新高突破的形成由此确立。

在图 1-23 中，价格于下跌初期的走势较为复杂，若逢反弹的高点进行做空，操作还是比较顺利的，虽然在震荡阶段赚得并不多，但也不会亏损。而如果进行的是突破操作，则会连续被打止损，这是因为在价格震荡的过程中，虽然波动重心不断向下，但价格很容易刚创出新低就展开反弹，在打掉突破操作的止损后会重新下跌，因此，突破操作在这种波动重心震荡缓降的走势中很容易遭受打击。

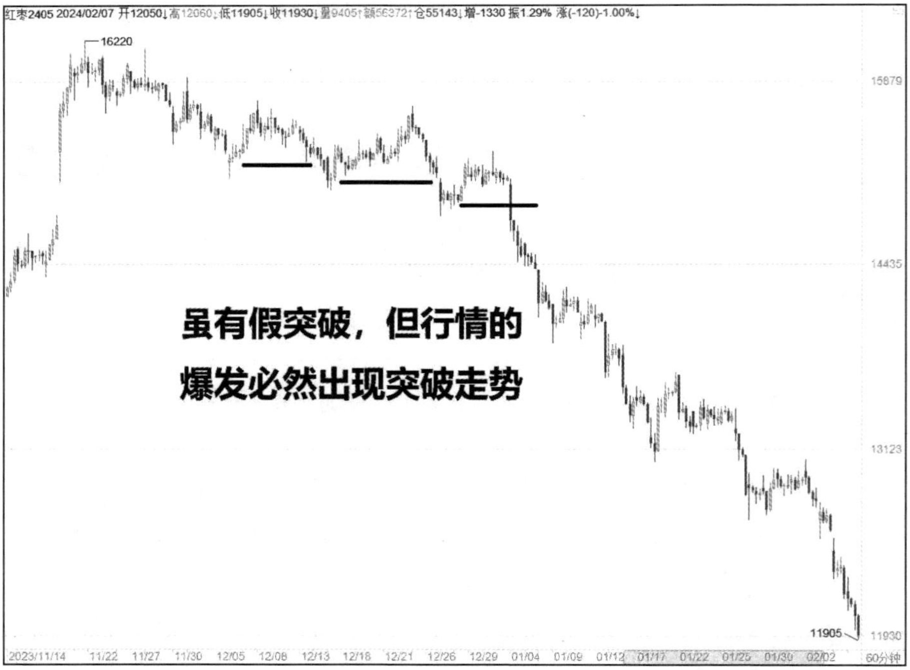

图 1-23　红枣 2405 合约 2023 年 11 月—2024 年 2 月 60 分钟 K 线走势图

之所以在下跌初期进行突破操作有时很容易连续失败，主要原因就是主力资金往往会在该区间进行建仓操作，此时主力会刻意控制价格下跌的速度。在主力建仓完毕之前，凌厉的下跌走势便很难出现，所以，该区间对于突破操作来说，是常见的风险区，只能控制好止损，在真正的行情到来之前不至于亏损太多。

在经过了较长时间震荡且主力资金顺利建仓完毕之后，价格终于形成了单边下跌的行情，这是主力资金的主要获利阶段，所以，价格的表现往往会是方向明确的单边走势。而这一轮主要下跌行情的起点仍然是在价格向下创出新低的点位，如果此时主力不着急赚钱，那么，突破便很难形成，或是形成了以后马上又会涨回去，从而给投资者带来一次假突破的风险，而一旦主力资金决定开始发动行情，成功的突破走势就必定会出现，投资者只要在这个重要的行情引爆点入场，就可以跟随主力捉住一波大幅度的获利行情。只不过我们不知道主力到底在什么时候才会发动总攻行情，所以，只要发现价格形成了明确下降趋势的时候，就要坚定地进行参与，碰到假突破就愿赌服输亏个小钱，一旦赶上主力开始发动行情便可实现大幅度的收益，相比收益，不管几次假突破导致的多次亏损都是不值一提的。

在图 1-24 中，价格形成了一轮持续时间较长的震荡上涨行情，每上涨一定的幅度，调整走势便会随之出现，调整结束之后，价格又会继续上涨，这样的技术形态无论在何种周期的 K 线图中都是极为常见的。投资者在学习操作方法的时候，一定要把注意力放在技术形态本身上，而不必去管这个技术形态是何种周期的 K 线，也不必去管形成这个形态的是哪个期货品种，因为任何技术形态都会在各种周期的 K 线走势中出现，任何期货品种、股票都会形成该技术形态。技术形态走成功则可以获利，走失败则会产生亏损。

在价格上涨过程中，调整低点必须重视，该点位既容易引爆一轮上涨行情，又可以给投资者提供具有优势的低成本入场机会。但调整低点的入场机会必须认真盯盘才能把握住，因为谁也不能提前得知真正的调整低点到底在哪里，只能在盯盘的过程碰到了再去采取行动。很多投资者在看盘的过程中总是错失机会，就是因为大多数的方法都属于跟随式的，万一有事暂时无法盯盘就将错失机会，而不能像突破点一样，入场位置就在那里固定不变。

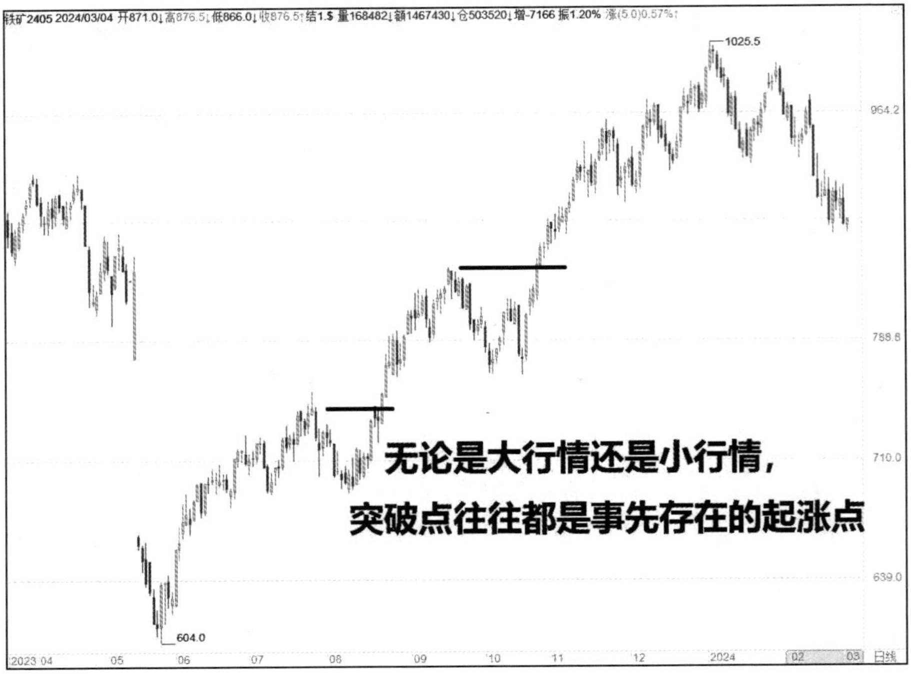

图 1-24 铁矿 2405 合约 2023 年 4 月—2024 年 3 月日 K 线走势图

进行突破操作，只要价格出现调整的走势从而把突破点暴露出来，便可以画线下单并附带止损，如果价格继续调整并给出了好的调整低点入场机会，则可以在调整低点处入场操作，这样更加合适。若价格没有给出好的低点调整机会，或快速地向上形成了突破，则可以自动在突破点完成操作，从而把握住行情将要展开的大好时机。

如果价格一直在突破点下方震荡，大行情是不会出现的，而大行情想要出现，就必须攻克当前高点这第一道关卡。所以，突破点是大行情展开所绕不过去的关键点。在中低位的突破点进行操作，就是主动以假突破的小亏损为代价，去换大行情展开时真突破的大盈利，一次成功的盈利将可以覆盖掉许多次的小亏损，盈利与亏损的差值非常大。未来的操作中，希望各位读者朋友树立起这样的操作理念：把突破点视为一轮行情的启动点，无惧假突破的干扰，只要位置正确，突破走势形成便积极操作，这样才可以把未来有可能出现的大行情握在手中。

1.7 重要位置必须盯紧

价格在波动过程中，临近各种可操作的技术点位时，都可以称为处于重要的位置，价格在这些位置有可能走失败而给投资者带来亏损，但只要投资者止损设置得当，便不会产生大风险；而一旦技术形态走成功，便往往会出现一波较大的行情，可以让投资者以较小的亏损换来较大的盈利，因此，当价格处于重要点位的时候，投资者必须高度重视。

临近突破的点位自然也是一个重要的关键点，由于突破点是事先存在的，完全可以提前做出判断。若当前价格距离突破点位较远，则可以再多等待一下；若价格距离突破点很近，就一定要做好随时形成突破而入场操作的准备。重要的点位可以等它正好形成入场形态时再做出反应，但前提是该品种必须是投资者一直关注的，如果一边挑选着一边观察其走势，在价格正好处于可以入场操作的点位时，投资者未必正好观察到这一现象，所以必须提前观察，提前判断。而这样的操作与分析方法只适合入场点位固定不变的技术形态，逢调整低点做多、逢反弹高点做空的方法并不适合，抄底摸顶操作方法也不适合，因此，只有突破操作方法才最适合。

价格形成突破走势，有些时候一次突破便展开了一轮大行情，这是实战操作最希望出现的走势。但有时一次突破并没有成功，第二次甚至第三次突破形成时才顺利地走出一轮行情，这样的现象不仅在突破形态上会时常遇到，任何一种入场形态都必然会出现这样的现象，对于此现象正确的处理方式便是：只要价格处于好的位置，一定要盯紧，哪怕这一次的操作没有成功，下一次在该价格处再度形成入场信号时还要继续坚定入场进行操作，绝对不能因为一两次的失败而放弃在好位置处的操作，对于好位置处的交易机会，一定要有锲而不舍追逐的态度。

在图 1-25 中，一波上涨行情彻底扭转了之前价格的震荡下跌走势，由于价格只形成了一波上涨，正常情况下，新趋势延续上涨的概率往往大于重新转为下跌的概率，因此，投资者此时应当以做多的态度面对价格第一波的上涨以及随后的调整。

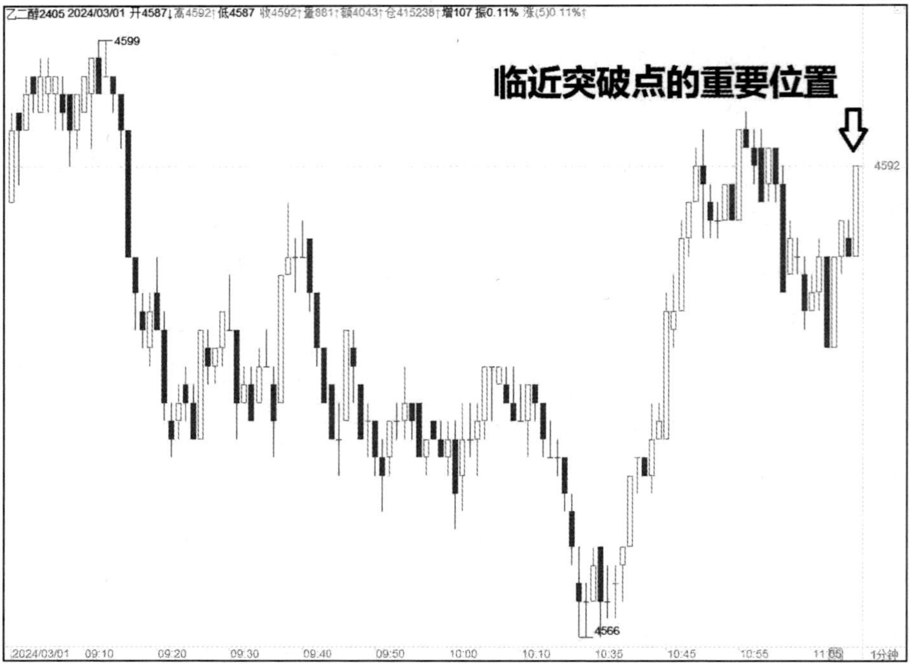

图 1-25　乙二醇 2405 合约 2024 年 3 月 1 日 1 分钟 K 线走势图

其实调整区间价格已经给投资者提供了逢调整低点做多的交易机会，当调整有结束迹象并且 K 线离第一波上涨的高点越来越近时，投资者就应意识到，又一个重要的关键点位快要来到了。突破的高点在哪里是可以事先确定的，并且该点位有着固定不变的特征，实战操作时，只要价格一出现向下回落的调整，就要提前做好应对突破操作的准备。

临近突破点时，价格有可能形成真实的突破，并使上升趋势得以延续，从而实现盈利，这也是预期中的走势形态。也可能价格形成了一次假突破形态，但只要后期的价格仍然能在前高点位置形成第二次或是第三次的突破形态，便都可以参与其中进行操作。实战操作中，第一重要的就是位置，第二是技术形态，好的位置出现了好的形态必定要进行操作。

价格形成了明确的下降趋势之后，于图 1-26 中右侧形成了一次反弹的走势，对于这种下降趋势中第一次形成的反弹走势，一定要重点关注。趋势的方向一旦形成往往会延续下去，价格只跌了一波，行情显然还没有走完，因此，应当密切留意反弹高点带来的做空机会。

图 1-26　棉花 2405 合约 2024 年 2 月 27—28 日 3 分钟 K 线走势图

随着一根大阴线的出现，价格明确了反弹的结束，并且大阴线收盘价已经逼近前低点的突破位，对于类似的技术形态要再度进行重点关注，一是这是一个常规的存在操作机会的点位，二是该点位很容易引发一轮新的下跌行情，因为突破的形态就是一轮新下跌行情即将开始的信号。所以，对于这种逼近突破位，但还没有形成突破的走势，一定要积极关注，若能事先发现，无疑就把握住了未来的一轮行情。

正好达到突破位或是已经完成突破走势的品种，只适合已开仓的投资者持仓，对于空仓投资者来说，这样的走势已没有操作的价值。只有那些并未形成突破，只是临近突破点、马上就要形成突破的技术形态才值得投资者重点关注，在这个关口，如果价格一次突破成功则最好，但也一定要事先做好价格有可能无法一次成功突破，需要两次甚至三次在该点位连续作战的心理准备，只要价格在该区间还没有走出趋势性行情，就应当盯紧机会绝不能放跑。

在图 1-27 中，价格下跌结束之后，在低点经过一番震荡，上升趋势终于形成。随着图 1-27 中右侧部分连续三根阴线的出现，将突破高点清晰地暴露了出来，只不过突破最终是以高开的方式完成的，这就使得投资者丧失了入场的机会。不管在何种周期进行操作，都会碰到价格以高开或低开的方式直接越过突破点的走势，面对这样的走势只能放弃对其突破的操作，进行突破操作一定得要求价格是以连续波动的方式越过突破点。

图 1-27　沪镍 2405 合约 2024 年 1 月 22 日—2 月 21 日 60 分钟 K 线走势图

之后再一次的调整又将突破高点清晰地暴露了出来，在价格距离突破高点较远时，则不必去管突破是否形成，此时应当重点关注调整低点做多的机会。而当价格调整结束并且有了上涨迹象时，随着价格离突破点越来越近，这个时候投资者就要密切留意了，如果价格还将继续调整，则 K 线都将会在高点下方震荡，若价格想要展开上攻行情，则必然会向上完成突破，因此，在价格临近突破点时，一定要以积极的态度面对。

因为价格所处的位置较好，整体并未出现大幅度的上涨，没有任何透支未来上涨空间的迹象，在这种初期上涨的阶段，只要是有统一标准的可操作形态，都要积极地参与交易，不管当前的开仓是否成功，只要价格没有摆脱该区间就要采取连续作战的操作精神，这一次操作没有成功，下一次则继续入场，直到行情要么彻底涨起来，要么转为下跌丧失做多的机会。

在图 1-28 中，价格形成了区间震荡的走势，高点逐渐降低，但低点也有抬高的迹象，整体形态没有过于明显的趋势方向。面对这样的走势，于回落的低点或是上涨的高点都不宜进行操作，调整低点做多以及反弹高点做空的前提就是有明确的方向指引，在失去方向指引的情况下，投资者只能盯住突破位去观察价格有可能朝哪个方向前进。

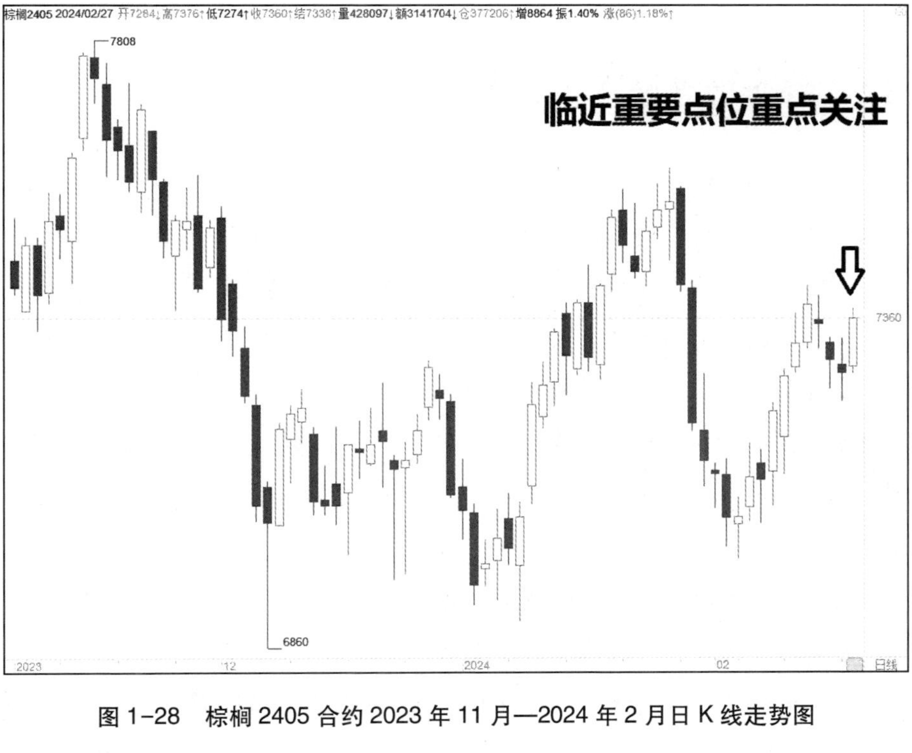

图 1-28　棕榈 2405 合约 2023 年 11 月—2024 年 2 月日 K 线走势图

如果价格向上突破重要高点则意味着未来的趋势将会向上，向下跌破重要低点则意味着未来的趋势将会向下，先盯住重要的高点与低点是区间震荡操作时常用的方法。在向上突破重要高点之前，价格于图 1-28 中右侧形成了一次小级别的突破形态，虽然波动方向并不清晰，但只要越过高点或是越过低点，进行突破操作是没有任何问题的。这种突破称为开创式突破，它的作用就是由此开创出来一轮新的行情（开创式突破将会在后面的章节中进行讲解）。

三根星 K 线的调整暴露出了突破高点，而调整结束的阳线则逼近了突破点位，在价格即将突破的情况下，投资者必须高度重视。在日 K 线的操作过程中，每天中午收盘以及下午收盘后，都必须把所有品种的日 K 线浏览一遍，看看谁临近了重要的突破点位，要把其作为首选目标品种重点关注，一旦盘中形成突破走势，就要第一时间入场进行突破操作，以此及时地把握突破形成后有可能出现的高盈利的机会。

1.8 历史性新高必须重视

突破走势可以在任何位置出现，如上涨或下跌的初期阶段、中期阶段以及末期阶段，也可以在单边趋势中出现，还可以在各类箱体震荡之中出现。不管什么位置的突破，只要创出新高或创出新低，就意味着技术形态与入场信号的出现，只不过入场的位置不同，能赚取的收益也是有差别的。上涨初期形成突破的盈利幅度，肯定要超过上涨末期突破走势形成时的盈利幅度，所以，想要实现更好的收益，一定要在好的位置入场操作，用同样的方法，付出同样的精力，好位置与差位置的收益有着极大的差异。

有一种位置的创新高或创新低走势一定要高度重视，那就是价格创出历史性新高的点位。正常情况下，价格都会在一个大箱体之内运行，因为任何商品的供需都处于相对平衡的状态，价格的极端表现虽然一定会出现，但却是极小概率的事情。从历史行情来看，一旦价格将要出现极端行情，最大的技术特点就是价格创出了历史新高或是新低。价格到了历史上从未见过的位置，这是不正常的事情，不正常的背后必然是供需出现了极大的分歧，而这种分歧往往会延续一定的时间，分歧的出现对于投资者来说就是千载难逢的暴利机会。

突破历史新高当然也会有假突破，但从以往的走势来看，凡是突破历史新高或历史新低的品种（特别是突破历史新高的），都会产生一轮非常夸张的巨幅行情。因为存在着极大的获利机会，自然有必要重点关注。当然也需要明白一点，这种技术现象可不是常见形态，它比普通底部与顶部形态出现的次数更少。

在图 1-29 中，价格曾于 2016 年出现过一次创出上市新高的走势，由于此时的 K 线数据量并不够多，所以，按常态化的突破进行操作便可以。同样，上市后的一轮大幅下跌行情同样要按常态空单突破面对。创历史新高这件事，一定要有数量较多的 K 线数据来配合才有效。

图 1-29　沪锡主力连续合约 2015—2024 年日 K 线走势图

经过几年的震荡之后，于 2020 年末价格再度向上创出历史性新高，此时由于 K 线的数量已经足够多，因此，应当把它当作重要位置的突破来看待，绝对不能等闲视之。在价格向上创出了历史性新高以后，一轮疯狂上涨的行情随之出现，为投资者带来了几十倍收益的超大机会。

如果突破后的历史性行情是假的，无非就是一次正常的小止损而已，若只是一轮一般规模的行情，那就按常态操作去面对就可以，但若赶上了一次大的机遇，一波行情可能就可以使资金提升一个量级，甚至说改变个人的命运也不为过。因此，只要有足够多的 K 线数据，一旦某个品种创出历史性的新高，请一定要重视！

在图 1-30 中，上市时的价格就是未来数年的高点，之后的 K 线在上市首日价格之下运行了很长的时间，其间有两次想要进行突破，均没有成功，在坚定执行止损操作的前提下，就算价格形成了假突破也只是一次常态化的小亏损，这种小亏损可谓是随处可见，并不会因为价格处于较为重要的位置而出现风险加大的现象。

图 1-30 不锈钢主力连续合约 2019—2024 年日 K 线走势图

经过两次上冲无果之后，价格于 2021 年年中再度突破上市以来的高点，第三次终于完成了突破，不管是该品种自身供需出现了问题，还是整个市场呈现了明显的牛市氛围，只要创出历史新高，就视为价格的波动对于多空双方来说产生了巨大的分歧，否则，为何其他时间段没有这种分歧，而偏偏此时才产生严重的分歧？投资者只要知道这个位置是一个关键位就可以，至于是什么原因导致的，则不必太关心，因为价格的变化已经全部包含了我们已知和未知的各类消息。

价格创出历史新高之后，同样也走出了一波大的上涨行情，出现了翻倍的走势，对于股票来说，价格翻倍行情并不是什么大行情，但对于期货来说，别说翻倍行情了，就是价格上涨 50%都称得上是一大波行情，因为期货带杠杆，价格翻倍时对应的收益至少是 10 倍级别的，若进行浮盈加仓的操作，赚上几十倍都完全有可能。对于有机会获得 10 倍甚至几十倍收益的关键位置，投资者又岂能不去重视。

在图 1-31 中，上市之后价格便出现了连续下跌的走势，这与当时的经济环境和市场熊市氛围有着极大的关系。下跌中途价格也出现了数次常态化的空头突破走势，按正常的技术要求来进行操作，完全可以实现不菲的收益。随后虽然产生了连续几年的上涨行情，但价格始终在上市首日的下方进行波动，这说明价格始终处于常态波动状态之下。绝大多数的时间，价格都会在一个较大的箱体之内运行，因为商品价格的波动都是相对平稳的。

经过了一段时间的震荡之后，受疫情影响该品种供应出现了问题，在国内市场受国际市场通胀影响的牛市氛围推动下，价格突破了上市以来的高点，这是该品种上市以来首次创出历史新高，这是一个必须重视的技术现象，在价格创出历史新高的时刻，不管在什么位置做多的投资者全部赚钱，所有做空的投资者全部亏损，多空分歧达到了极致。常态化波动过程中，价格上涨时也会有低成本的空单处于盈利状态，而很少会出现所有做空的投资者都亏钱的现象，只有在创出历史新高的情况下，才会形成标准的一半投资者赚钱、一半投资者亏损的极端现象。

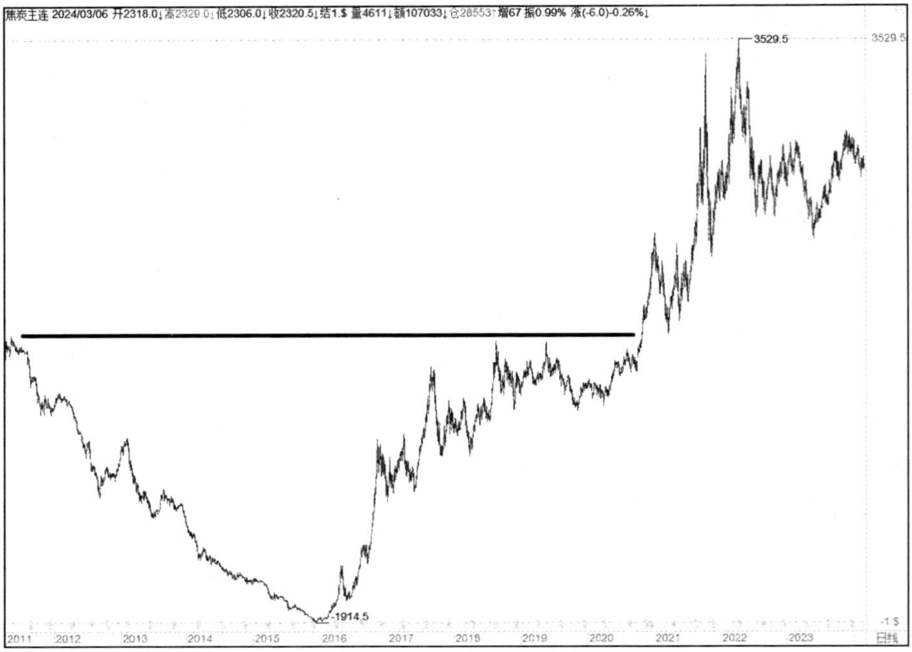

图 1-31　焦炭主力连续合约 2011—2024 年日 K 线走势图

一旦价格向上创出历史新高，这种趋势延续的概率将会是极大的，多头将会不断巩固自己的优势地位，直到空方彻底认输为止。因此，在有盈利做保护的情况下，投资者一定要在此时贪一把，一个巨大的机会若没有赚到钱，便不能轻易地离场出局。

在图 1-32 中，价格创出了上市以来的新高，由于缺少足够的 K 线数据做参照，这种突破现象只适合视为常态的技术突破，不宜预估行情会有较大的变化，只按照常态的技术手段进行操作便可。

该品种的巨幅上涨得益于战争因素，极端事件导致价格波动产生了极端的变化，连续涨停板这种现象放在股票市场中并不稀奇，能够连续涨停的个股数量非常多，但在期货市场中除了 2008 年的国际金融危机许多品种连续跌停外，便很少见到价格出现连续涨停的现象了，类似走势在期货市场中真的是屈指可数。该案例也可以为投资者提供一个操作的经验：一旦某品种出现了极端事件，那么，它的价格也将很容易走出极端行情，不管价格是上涨还是下跌，都将会给投资者带来暴富的机会。只不过面对极端事件时，一定要胆大心细，稍有犹豫可能就会错过大好的机会。

图 1-32 集运欧线主力连续合约 2023 年 8 月—2024 年 3 月日 K 线走势图

对于上市时间较长的期货品种，可以盯紧它们历史上价格的上限与下限，提前做好预警工作；对于上市时间较短的期货品种，也可以盯紧它们技术上创新高或创新低的走势，虽然无法预估会走出多大的行情，但肯定也会存在赚钱的机会，就按常态技术方法一步步地持仓即可。但不管是什么性质的突破，它都是可以入场的信号，形态失败都只会亏小钱（在严格止损的情况下），而一旦形态成功，则可以获得不菲的收益。

1.9 突破操作别看支撑与压力

许多投资者在进行操作时，都喜欢看支撑位与压力位，这本身是正确的操作方法，许多操盘技巧其实都参照了支撑位与压力位而衍生出各种交易细节。只不过有不少投资者运用支撑与压力的方法是完全错误的，在错误应用的情况下自然不可能获得好的交易效果。支撑与压力正确的使用方法为：上升趋势看支撑，若支撑位失守趋势便有转变的可能；下降趋势看压力，压力位失守下跌便可能结束。而许多投资者则是上升趋势看压力，结果眼看着价格不断上涨自己却不敢入场，生怕价格受压而出现回落。下跌时又看支撑，但支撑位一个都没有生效而价格却不断下跌，从而亏损累累。关于支撑位与压力位，笔者在《一年十倍的期货操盘策略》系列中详细讲解过，读者朋友们可以自行翻阅。

上升趋势之所以不看压力位，而是着重支撑位，是因为价格上涨的意义就是向上突破一道又一道的压力位，价格到达压力位时虽也会象征性调整一下，但最终价格还是要继续上涨的，所以，上升趋势看压力位只能自己吓自己，在开仓时、持仓时变得胆怯。

而在价格面临突破的关口，更是不要看支撑与压力位，多单向上突破时，本身就是要突破前高点的压力，从而产生一轮新的上涨行情，若上升趋势中过于注重压力位，就不敢进行突破操作了。同理，下跌过程中，就是要跌破前低点支撑的，若看到支撑位就在眼前而不敢操作，就只能错过大好的下跌行情了。因此，在进行突破操作时，一定不要去理会支撑位或压力位，一切以服从技术形态为主，只要突破的技术形态形成便坚决入场操作。

在图 1-33 中，下跌行情结束之后价格转为上升趋势，在上涨的过程中标注处有两次调整的走势，从整体走势来看，价格之所以产生调整就是因为上涨到了前高点的压力位处。前高点的位置囤积了一定量的套牢盘，价格运行到此容易遭受抛盘的打压，这就是压力位形成的原因之一，而价格的调整则正是对压力位的回应。

那当价格运行至压力位时应当出局吗？如果在下降趋势中，价格反弹至压力位是一定要出局的；但当上升趋势形成时，不仅不应当出局，反而还要在价格向上突破压力位的时候积极地入场进行操作，因为上升趋势的作用之一就是不断地向上突破压力。许多投资者之所以总是错过行情，其中一个原因就是在上升趋势中，面对所谓压力位时畏手畏脚。

在上升趋势中，有时价格会干净利索地完成对压力位的突破，有时则会像图 1-33 一样，价格以主动调整的形式去完成突破，但这并不意味着压力位有效，反而价格的主动调整可以很好地化解前高点的抛压，当抛压化解后便能更好地推动价格的进一步上涨。

图 1-33　沪镍 2405 合约 2024 年 2 月 28 日 1 分钟 K 线走势图

在图 1-34 中，2024 年 2 月 19 日价格开盘之后便出现了连续下跌的走势，因为价格多数情况下都是在一个大区间之内波动，所以，下跌过程必然会到前高点或前低点这些重要的支撑位，支撑位与压力位需要重视，不能无视，但要分场景，上升趋势中的支撑位才要重视，下跌行情中的支撑位则无须理会。

因为前高点或前低点涉及了入场资金的成本，价格运行到此往往会有所反应，从图 1-34 中的走势来看，价格两次到达了前低点的位置，并且都出现了反弹的走势，看似价格下跌之后受到了支撑，但这只是下跌过程价格运行到重点位置的正常反应，可以理解为一种蓄势行为，为的是化解前低点处持仓资金所产生的“浮力”。一番蓄势之后价格并未转为上涨，而是继续下行，两次前低点重要的支撑位一次都没有发挥扭转趋势的作用。

这对于实战操作的启迪是：如果错过了价格的下跌，在前低点一旦价格出现反弹上涨，便可以留意此时做空的机会，待形成反弹高点之后一定要坚决入场，因为下跌趋势中所谓的支撑位是不靠谱的，价格都会将其击破。

图 1-34　热卷 2405 合约 2024 年 2 月 6—20 日 3 分钟 K 线走势图

在图 1-35 中，价格见底形成上涨之后，第一次的反弹其实正好位于前期低点附近，此时之所以没有做出标注是因为价格还并没有形成明显的上升趋势，而是依然保持着下降趋势，这个时候放弃做多操作是正确的。

随着上涨的进一步延续，价格到前期第一个高点位置时再度出现调整，如果不看后面的上涨走势，此时的确有一些受压见顶的迹象，但在上升趋势中，压力位是不必理会的，因为价格将会向上突破一道又一道的压力位，直到上升趋势中的支撑位无法再托住价格为止。此时不仅不用理会所谓的压力位，还应当把价格的调整视为主动式的下蹲，为的就是促使行情更好地延续。

在价格继续上涨并再度到达前期第二个高点位置时，调整再次出现，可见，压力位是有一定意义的，它可以让价格的上涨暂时停止，但并不会改变大的上升趋势。投资者甚至可以主动去寻找那些在前高点或前低点压力位面前主动调整的走势，一旦价格后期形成突破，大概率将会有一轮幅度较大的上涨行情。

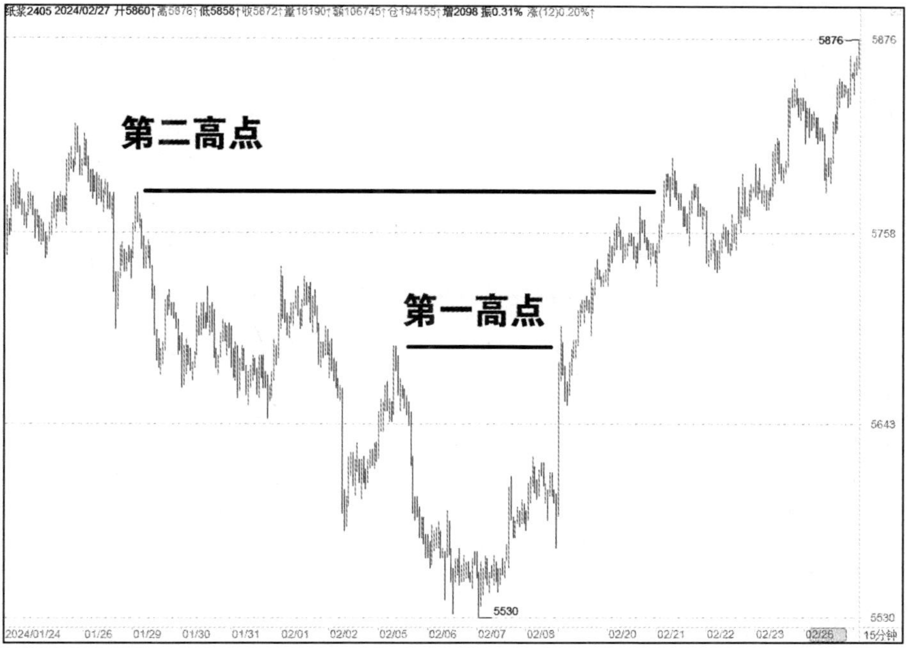

图 1-35　纸浆 2405 合约 2024 年 1 月 24 日—2 月 26 日 15 分钟 K 线走势图

在图 1-36 中，价格形成了一个重要的大级别低点，之前的低点形成后价格大幅反弹上涨，这就使得低点的结构规模比较大。大规模的低点结构将容易促使价格到达此处时形成大一些幅度的波动。

在价格下跌至前重要低点位时，反弹走势随之出现，这是对前低点支撑的回应。虽然说要忽视下跌中途的支撑位，但并不代表支撑位没有任何实际的效果，它只是无法阻止价格大的向下趋势，但还是可以暂时影响一下价格短时间的波动。因为之前的低点结构规模较大，所以，本次反弹的幅度也略微大一些，但这种模式的反弹恰好给投资者留下了逢高做空的机会，入场做空的成本将会更具优势。

最终，反弹结束后价格向下坚决地创出了新低，在大的下降趋势面前，任何所谓的支撑都将会失效，而一直生效的则是压力位，什么时候压力位压不住价格的反弹上涨，上涨行情才有可能由此引发。所以，下跌过程中如果价格对前低点或高点的支撑位有所反应，只要价格整体跌幅并不是很大，反弹都将会是暂时的，可以借助反弹高点做空，更可以在价格向下形成突破时积极入场做空。

图 1-36　IC2403 合约 2023 年 9 月—2024 年 1 月 60 分钟 K 线走势图

支撑位与压力位无论对上升趋势还是下降趋势，都有一定的作用，只是作用大小不同而已。上升趋势中，支撑位的作用远大于压力位的作用，投资者反而还可以使用逆向思路，在价格上涨至压力位后形成调整时积极寻找做多机会，以获得价格顺势继续上涨的盈利。下降趋势中，压力位的作用远大于支撑位，只要不是处于下跌的低点区间，支撑位都将会被击破，这一区间若出现反弹的高点，都是极好的逢高做空机会，且突破的形成也意味着新一轮下跌行情的开始。因此，投资者更要在突破形成时坚定入场做空。

1.10 积极锁定日 K 线突破目标

实战操作时，K 线周期的参数越大，能获得的盈利幅度也将越大，但是，可操作机会的次数却是比较少的。而 K 线周期的参数越小，能获得的盈利幅度也将越小，但可操作机会的次数却是比较多的。想要赚大钱，还是要在长周期 K 线上操作，但由于机会较少，所以，一定要多品种进行盯盘。每天中午和下午收盘之后，要把所有品种的日 K 线都查看一遍，看一下哪个品种即将形成突破。

寻找目标品种时，对于距离突破点较远的品种则不必理会，因为每天都会查看两遍，等机会到来的时候肯定是跑不掉的。一定要寻找那些距离突破点很近的目标对象，而未来几天就要把这些品种作为重点关注对象，或是在设置好止损的情况下直接提前画线下单，一旦价格于盘中形成突破的走势便可自动成交，省去了人工持续盯盘的过程。

特别是价格所处的位置较合适，处于上涨或下跌初期时的临突破走势更要重点关注，这些位置往往很容易带来大收益，有这样的目标对象一定要优先选择，其次才是那些位置一般的品种或是已形成强势突破形态的品种。

相比抄底摸顶方法、逢调整低点做多与反弹高点做空的方法，突破方法最大的好处就是入场点位固定不变，并且可以提前发现，这就使投资者可以提前做好操作的准备，不管是人工盯盘，还是软件画线下单，都可以提前预判以便及时地把握住机会。

在图 1-37 中，价格上涨后出现了一轮时间较长的震荡，在震荡过程中，价格的高点始终没有明确地完成突破，只要突破没有形成，上升趋势便很难延续。突破出现与否与未来上涨行情能否展开是直接画等号的，只要突破迟迟不出现，投资者便不宜对未来抱有过于美好的预期。

到了 2024 年 3 月时，价格于大级别形态来看处于前高的位置，这是蓄势待发的信号，而于后期局部形态来看，离 3 月份的小高点也非常近，这意味着如果价格想要出现上涨行情，只需要略微一涨便可以形成突破，因此，对于这种临近重要突破点位走势的品种，一定要重点关注。

图 1-37　甲醇 2405 合约 2023 年 3 月—2024 年 3 月日 K 线走势图

如果价格跌了下去，则可以放弃关注；而一旦价格完成向上的突破则可以迅速跟进。在日线上进行操作，哪怕碰到假突破，向上冲高的过程已经带来一定幅度的盈利，就算没有实现大赚，获得一笔短线小利润还是十拿九稳的。

在图 1-38 中，下跌结束后价格形成了明显的上升趋势，连续三个低点抬高的走势不断在提示投资者留意积极做多的机会。但由于调整低点是无法事先确定的，所以，只能动态跟随着去发现机会的到来，这就要求投资者要多盯盘才可以把握住机会。而突破操作只要价格出现调整，把高点暴露出来，就可以预判出未来突破的位置。

图 1-38 中价格震荡后达到了突破点的位置，此时已经越过了之前上涨阶段的最后一根阳线的收盘价，这意味着突破点已经错过，但由于此时价格上涨的幅度并不是很大，离突破点并不是很远，所以，也可以进行突

破操作。只不过此时的操作肯定是要多付出一些代价的，比如突破点是22万元，但现在只能在220500元处买进，多出来的500元就是发现机会晚了之后的额外代价，或者也可以视为市场的惩罚。

图1-38　沪锡2404合约2023年6月—2024年3月日K线走势图

临近突破点但还没有突破的走势是最好的；刚刚达到突破位的走势也是可以操作的；已形成突破，但距离突破点很近的走势也可以操作，但要付出代价；若是已经远离突破点的走势便要放弃操作了，否则就变成了追涨性质的操作，这就不符合突破操作的要求了。

在图1-39中，之前的上涨结束后价格形成了一轮大规模的调整走势，随着大级别低点的抬高，多头迹象开始变得越来越明显了，低点抬高是判断多头力度是否变大常用的方法，它其实体现的是空头力量的减弱，无法再让价格回落得更低，空弱则多强，在下跌或调整的低点附近，应当对这种现象高度重视。

一波上涨结束后，价格于图1-39中最右侧形成了调整的走势，此次的调整下跌幅度非常小，如果整体调整形态能保持住，那价格继续向上的概率将会是极大的，因为小幅度的调整说明空方力量非常虚弱，空弱则多强，多强价格自然能够继续上涨。同时，由于价格距离突破点很近，因此，有必要对它进行重点关注，以防价格突然上涨并完成突破走势。

图 1-39　纸浆 2405 合约 2023 年 7 月—2024 年 3 月日 K 线走势图

中午收盘以及下午收盘找什么样的品种进行操作？就找类似图 1-39 中纸浆这样的走势，调整很温和，并且价格距离突破点很近。之前大级别的走势体现了多头力量的增强，局部走势再度体现多头力量强且很容易形成突破，自然就成为关注的重点。

在图 1-40 中，价格上涨结束后的下跌行情空头迹象非常明显，高点在不断地降低，这说明多方力量始终呈现衰竭的状态，没有任何增强的迹象；而新的低点也总是不断地出现，这说明空方力量非常强。多方力量弱，空方力量强，价格自然很容易连续下跌。

经过几波下跌之后，价格反弹结束再度临近前低点，这意味着价格只要发力一跌便可以完成向下的突破，因此值得对该品种进行关注。在实战操作时，除了要关注价格的走势形态，还需要对价格所处的位置进行重点分析，临近突破的技术形态的确存在，但价格此时所处的位置并不太好，位于连续几波下跌的低位，位置过低则不宜预期未来会有较大的下跌空间。一旦价格形成突破，是可以入场操作的，只是能赚多少钱就不好预估了，这就是好坏位置操作的区别。好位置与坏位置都可以操作，面对的风险也是基本一样的，只是好位置容易赚到大钱，而坏位置有可能赚到大钱，也有可能只赚小钱，甚至容易被动止损，变数比较大。

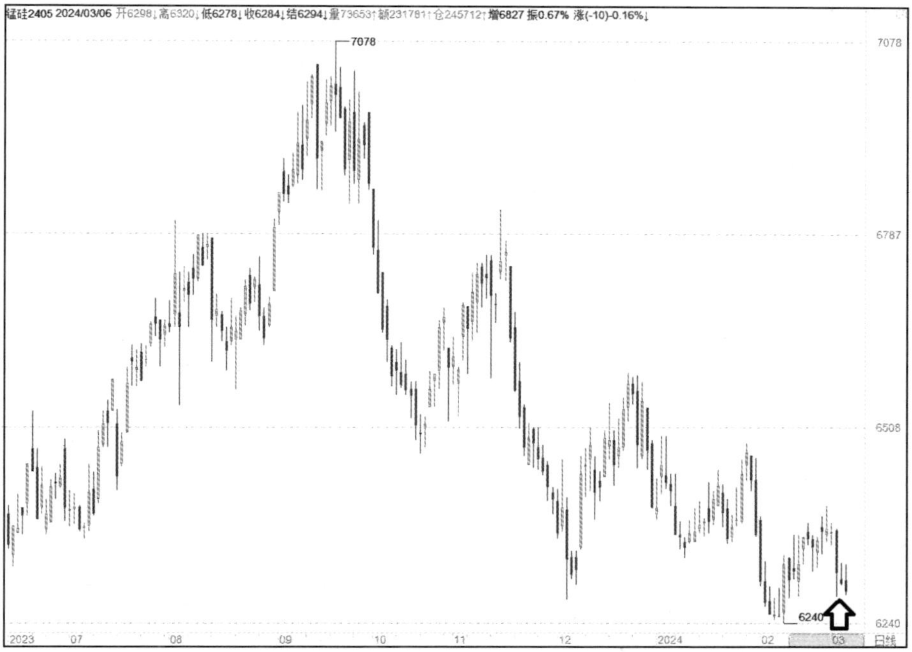

图 1-40　锰硅 2405 合约 2023 年 7 月—2024 年 3 月日 K 线走势图

选择目标品种时，有好位置的品种肯定是优先关注与操作的，若目标品种都处于坏位置那便只能谨慎操作了，只要控制好风险，在长周期 K 线上还是有机会赚到钱的，只是多与少的问题而已。

对临近突破的品种进行关注，并不意味着一定会操作，有时也会主动放弃，好位置、标准的技术形态、较小的止损幅度、市场多空状态的配合程度，都是在突破形成时投资者要考虑的因素。

2

突破形成前走势要求

任何操盘方法都会在技术形态形成之前就开始对走势做出要求，技术形态形成的那一刻固然非常重要，但是，之前的走势状况却可以极大地影响之后技术形态形成时的状况。投资者虽然可以在技术形态形成的那一刻再做决策，但这需要提前跟踪观察，最常用的方式便是死盯几个品种，这样一旦某个技术形态形成便可以及时地做出交易与否的判断。但为了捕捉更多的机会，很多时候是需要对多品种进行关注的，因为涉及的目标对象较多，有时便无法在技术形态形成的那一刻发现机会，因此，必须在技术形态形成之前做出预判断。技术形态形成之前的走势符合操作要求的，就可以设置预警以便在突破走势临近时进行提示。技术形态形成前的走势不符合操作要求的，则应当舍弃。

大多数时候，对某个技术形态形成之前的走势要求都要围绕“强势”这个概念出发，之前走得强，才能预期后期的价格波动至少不会太弱，这样便可以获得趋势自然延续时的收益。若之前的走势较弱，虽然也有可能后期变强，但无法事先进行预估，变数太大，且多数情况下，强者恒强，弱者恒弱，弱势转强的概率并不高。只要以此为重点，便可以较为轻松地判断未来价格形成技术形态时的可操作性了。

2.1 突破形成前的市场环境要求

任何操作方法使用的第一步都是必须对当前的市场状况进行分析，炒股票要知道当前是处于熊市阶段还是牛市阶段，炒期货要知道当前是多头市场状态还是空头市场状态，多头市场状态意味着当前主力们都在积极进行做多操作，跟随着主力一起做多自然可以获得非常好的操作效果，如果非要逆市场环境而为，主力们在做多，你却偏要做空，那操作盈利的概率将会是很低的。同样，如果市场是空头状态，主力资金们在纷纷积极做空，此时顺势做空才是最正确的操作，逆势做多多数情况下将会被市场惩罚。

对于股民来说，很多人都非常看重大盘的状态；但对于期民来说，很多人却没有这个概念，只是守着某个品种凭自己的意愿选择做多或是做空。如此容易出现以下情况：明明采用的操盘方法都是正确的，但就是成功率很低。原因其实就是没有注重市场的多空环境，在多头市场里一直做空或在空头市场里一直做多。

因此，笔者建议各位期货投资者，必须养成先进行市场多空判断，再目标决策操作的正确习惯。只有符合市场多空性质的操作，才是获利成功率最高的操作。当然，市场多空判断有三个层次，越高阶的方法对于市场多空的理解越透彻，选择的目标品种操作的获利效果也就越好。但学习需要层层递进，本节内容先为读者朋友们讲解市场多空状态第一层的应用方式。

因版面大小的原因，本节无法呈现更多品种的排名状态，因此，只列举 35 个较为活跃的品种进行排序对比。

从图 2-1 中可以看到，35 个品种全线上涨，这说明相比昨日结算价，35 个品种都处于多头波动状态。2/3 以上品种保持多头状态，这就是最为典型的多头市场，面对这样的市场格局，不能有任何做空的交易行为。

市场多空状态分析的第一步就是先判断市场的多空状况，多头市场的性质确定之后，要再去判断市场的力度，此时最简单的方法就是盯住第 10 名的品种，若它的涨幅在 2%以上，便意味着市场多头力量很强，此时操作应当积极一些；若第 10 名品种涨幅在 2%以内，市场的多头力量便较弱，此时操作应当谨慎一些。

就突破操作而言，在多头市场氛围中，只有那些涨幅前 5 名的品种才可以使用突破手法进行操作，涨幅落后的品种不宜使用突破操作，因为它们上涨的延续性较差，每一小波的上涨幅度都很小，如果对它们进行突破操作，很容易买在波段的高点。而涨幅前 5 名的品种都是当天的多头强者，它们上涨的延续性有保障，突破一旦形成很容易继续强劲上涨，从而带来预期中可观的收益。

序	代码	名称	最新	涨跌	↓涨幅
1	SA405	纯碱2405	1942	62	3.30%
2	lh2405	生猪2405	15070	315	2.13%
3	sn2404	沪锡2404	223050	4280	1.96%
4	fu2405	燃油2405	3214	55	1.74%
5	FG405	玻璃2405	1660	25	1.53%
6	p2405	棕榈2405	7698	92	1.21%
7	SH405	烧碱2405	2719	29	1.08%
8	OI405	菜油2405	8024	69	0.87%
9	i2405	铁矿2405	880.0	6.0	0.69%
10	jd2405	鸡蛋2405	3602	24	0.67%
11	br2404	合成橡胶2404	13205	85	0.65%
12	zn2404	沪锌2404	20885	130	0.63%
13	CF405	棉花2405	16105	95	0.59%
14	ru2405	橡胶2405	13845	85	0.62%
15	y2405	豆油2405	7518	44	0.59%
16	cs2405	玉米淀粉2405	2908	15	0.52%
17	sc2404	原油2404	612.1	3.1	0.51%
18	CJ405	红枣2405	12985	65	0.50%
19	MA405	甲醇2405	2509	12	0.48%
20	ao2404	氧化铝2404	3223	16	0.50%
21	pg2404	液化气2404	4735	22	0.47%
22	sp2405	纸浆2405	5844	28	0.48%
23	a2405	豆一2405	4612	20	0.44%
24	TA405	PTA 2405	5850	20	0.34%
25	au2406	黄金2406	501.20	1.50	0.30%
26	al2404	沪铝2404	19080	50	0.26%
27	l2405	塑料2405	8174	15	0.18%
28	cu2404	沪铜2404	69180	140	0.20%
29	hc2405	热卷2405	3851	7	0.18%
30	PX405	对二甲苯2405	8416	14	0.17%
31	pb2404	沪铅2404	16030	25	0.16%
32	ss2405	不锈钢2405	13745	10	0.07%
33	v2405	PVC2405	5933	5	0.08%
34	bu2406	沥青2406	3657	3	0.08%
35	rb2405	螺纹2405	3710	3	0.08%

图 2-1　主力合约涨跌幅 2024 年 3 月 6 日排序图

图 2-2 中的 35 个品种有 24 家上涨，2 家平盘，9 家下跌，由于有2/3的品种形成了上涨的状态，因此，当时的市场为明显的多头状态。一旦市场的多头性质被确定，操作的方向也就定下来了，这一天必须坚定做多，直到市场的多空状态发生改变。

确定了市场的多空状态之后，接下来的工作便是判断多头的强势力度，因为市场的涨跌力度不同，对操作的激进程度将会有很大的影响。市场多头力度大便可以激进一些操作，以捕获更多的操作机会，获得更高的收益；若市场多头力度小，便应保守操作，抱着宁愿错过机会也不要轻易出手的态度进行操作。同时，市场力度较大的时候，收益预期可以设置得高一些，而市场力度小的时候，收益预期必须降低。

序	代码	名称	最新	涨跌	↓涨幅
1	SR405	白糖2405	6645	141	2.17%
2	eb2404	苯乙烯2404	9540	139	1.48%
3	pg2404	液化气2404	4670	61	1.32%
4	fu2405	燃油2405	3500	44	1.27%
5	br2404	合成橡胶2404	13400	160	1.21%
6	au2406	黄金2406	530.44	5.28	1.01%
7	p2405	棕榈2405	8168	74	0.91%
8	MA405	甲醇2405	2497	21	0.85%
9	m2405	豆粕2405	3266	27	0.83%
10	CF405	棉花2405	16170	130	0.81%
11	bu2406	沥青2406	3731	28	0.76%
12	ag2406	白银2406	6466	42	0.65%
13	b2405	豆二2405	3815	24	0.63%
14	sp2405	纸浆2405	6122	32	0.53%
15	cu2404	沪铜2404	72450	250	0.35%
16	ru2405	橡胶2405	14435	45	0.31%
17	eg2405	乙二醇2405	4488	13	0.29%
18	l2405	塑料2405	8247	21	0.26%
19	al2404	沪铝2404	19650	50	0.26%
20	y2405	豆油2405	7728	18	0.23%
21	SA405	纯碱2405	1820	4	0.22%
22	ao2404	氧化铝2404	3271	6	0.18%
23	pp2405	PP2405	7495	12	0.16%
24	zn2404	沪锌2404	20885	10	0.05%
25	SM405	锰硅2405	6094	0	0.00%
26	cs2405	玉米淀粉2405	2858	0	0.00%
27	PF405	短纤2405	7404	-2	-0.03%
28	PX405	对二甲苯2405	8464	-8	-0.09%
29	TA405	PTA 2405	5930	-8	-0.13%
30	FG405	玻璃2405	1455	-2	-0.14%
31	v2405	PVC2405	5780	-12	-0.21%
32	sn2404	沪锡2404	224050	-620	-0.28%
33	a2405	豆一2405	4742	-15	-0.32%
34	pb2404	沪铅2404	16780	-75	-0.44%
35	ni2405	沪镍2405	129810	-600	-0.46%

图 2-2　主力合约涨跌幅 2024 年 3 月 29 日排序图

从上涨第 10 名的品种来看，涨幅只有 0.81%，远低于 2%，这说明市场属于弱多市场，即虽然是多头市场但多头力量较弱，这种市场氛围不适合进行突破操作。在这种市场下进行突破操作容易买在价格波段上涨的高点且获利效果往往一般。突破操作只有在力度较大的市场中运用才会有更好的获利效果。

在图 2-3 中，35 个品种中共有 25 个品种保持着上涨状态，大多数品种上涨而少数品种下跌，这就是标准的多头市场。在盘中某一时刻发现这种盘面状态后，就要牢固树立做多的想法，主动放弃所有做空的机会。

第一步是判断整体市场是多还是空，第二步就是判断多头市场的上涨力度，此时可以直接查看涨幅第 10 名的品种，它的涨幅为 0.69%，远低于 2%的强多与弱多分界点，这说明市场虽然多头占上风，但多头的力量非常弱，这种情况下投资者就不要有当天要赚一笔大钱的想法了，弱多市场中大赚的机会很少。

序	代码	名称	最新	↓涨幅
1	RM405	菜粕2405	2764	3.06%
2	sn2405	沪锡2405	260510	2.10%
3	ec2406	集运欧线2406	2259.1	1.82%
4	m2409	豆粕2409	3409	1.61%
5	jm2405	焦煤2405	1610.0	0.81%
6	fu2405	燃油2405	3678	0.79%
7	eb2405	苯乙烯2405	9580	0.73%
8	MA405	甲醇2405	2553	0.71%
9	SF405	硅铁2405	6582	0.70%
10	PX405	对二甲苯2405	8478	0.69%
11	b2405	豆二2405	3829	0.58%
12	pg2405	液化气2405	4732	0.53%
13	cu2405	沪铜2405	77140	0.43%
14	SM405	锰硅2405	6292	0.41%
15	i2409	铁矿2409	841.0	0.30%
16	hc2410	热卷2410	3786	0.29%
17	lu2406	低硫燃油2406	4670	0.28%
18	TA405	PTA 2405	5972	0.20%
19	l2405	塑料2405	8380	0.19%
20	AP405	苹果2405	7648	0.14%
21	cs2405	玉米淀粉2405	2843	0.11%
22	ss2405	不锈钢2405	13870	0.07%
23	lh2405	生猪2405	14625	0.07%
24	CF405	棉花2405	16200	0.06%
25	pp2405	PP2405	7564	0.05%
26	PF405	短纤2405	7330	-0.03%
27	eg2405	乙二醇2405	4446	-0.16%
28	FG405	玻璃2405	1509	-0.26%
29	c2405	玉米2405	2390	-0.25%
30	rb2405	螺纹2405	3553	-0.31%
31	j2405	焦炭2405	2165.5	-0.39%
32	v2405	PVC2405	5800	-0.46%
33	CJ405	红枣2405	12215	-0.53%
34	sp2405	纸浆2405	6224	-0.64%
35	au2406	黄金2406	568.04	-0.65%

图 2-3　主力合约涨跌幅排名 2024 年 4 月 16 日排序图

从涨幅前 5 名的品种来看，并没有形成明显的板块效应，黑色系板块、农产品板块及有色金属板块的品种都跑到了涨幅前 5 名，这说明市场中的资金没有统一流向某个板块，资金一旦被分散，自然无法集中力量办大事，大的行情自然也就难出现了。

由于市场多头力量弱，并且没有明显的板块效应，在这样的市场环境下，突破操作往往获利效果比较差，适宜的操作手法便是逢低做多，这样哪怕价格涨幅不大，但由于入场点位较低，依然可以获得中小幅度的收益。

在图 2-4 中，绝大部分品种都处于上涨状态，35 个品种只有 5 个品种处于下跌的状态，显然，市场的格局为明显的多头市场。再看第 10 名的品种，它的涨幅为 1.96%，不满足 2%的强多市场要求。根据硬性原则进行判断，这一天的市场性质依然为弱多。

序	代码	名称	最新	↓涨幅
1	SA409	纯碱2409	2057	8.49%
2	ec2406	集运欧线2406	2392.9	5.21%
3	UR409	尿素2409	2086	4.09%
4	jm2405	焦煤2405	1699.5	3.91%
5	i2409	铁矿2409	876.5	3.36%
6	FG405	玻璃2405	1536	2.81%
7	j2405	焦炭2405	2227.5	2.51%
8	CJ405	红枣2405	12345	2.49%
9	SH405	烧碱2405	2426	2.23%
10	ni2405	沪镍2405	137540	1.96%
11	sn2405	沪锡2405	257980	1.85%
12	SF405	硅铁2405	6680	1.55%
13	hc2410	热卷2410	3860	1.53%
14	MA405	甲醇2405	2600	1.48%
15	rb2405	螺纹2405	3617	1.17%
16	SM405	锰硅2405	6368	1.11%
17	cu2405	沪铜2405	77220	1.01%
18	zn2405	沪锌2405	22615	0.87%
19	eg2405	乙二醇2405	4453	0.75%
20	ao2405	氧化铝2405	3503	0.63%
21	lh2405	生猪2405	14765	0.61%
22	ss2405	不锈钢2405	13870	0.51%
23	ru2409	橡胶2409	14560	0.38%
24	v2405	PVC2405	5796	0.36%
25	ag2406	白银2406	7380	0.33%
26	eb2405	苯乙烯2405	9629	0.29%
27	l2405	塑料2405	8400	0.20%
28	pp2405	PP2405	7576	0.17%
29	c2405	玉米2405	2380	0.13%
30	al2405	沪铝2405	20300	0.10%
31	sp2405	纸浆2405	6196	-0.06%
32	PK410	花生2410	9162	-0.15%
33	cs2405	玉米淀粉2405	2815	-0.25%
34	a2405	豆一2405	4658	-0.38%
35	v2405	豆油2405	7486	-0.45%

图 2-4　主力合约涨跌幅排名 2024 年 4 月 18 日排序图

硬性标准就在那里摆着，但从实际出发可以看到，这一天涨幅居前的品种涨幅都比较大，而跌幅居前的品种最大幅度才-0.45%，这说明多头力量远胜于空方，在多头占据绝对上风的前提下自然要坚定做多。在多头力量较大的市场氛围中，有做空的想法都是错误的。

再对涨幅居前的品种进行观察，可以看到这一天黑色系板块集体处于涨幅前列，这意味着当天资金都流向了黑色系板块，在这一天只要对黑色系板块积极地做多，必然可以赚到丰厚的收益。只要跟着主力资金走，收益自然会非常大，而主力资金集中发力的一大表现就是板块效应明显，同板块的品种都将会处于涨幅前列。

市场多头力量偏大，并且板块效应明显，不管是进行逢低做多操作，还是进行突破操作，都将很容易获得好的操盘效果。在市场力量较强的情况下，许多调整的幅度往往比较小，这恰恰给进行突破操作的投资者提供了绝好的机会，请记住，这样的市场环境才提供了运用突破操盘手法最好的时机。

在图 2-5 中，35 个品种有 34 个处于下跌状态，这种市场涨跌状态显然一眼就可以判断出当前为标准的空头市场。在绝大多数品种下跌的情况下，做多的操作必须停止，空头市场一定要一门心思进行做空的操作。

序	代码	名称	最新	涨跌	↑涨幅
1	PK410	花生2410	9024	-182	-1.98%
2	AP410	苹果2410	7470	-142	-1.87%
3	CJ409	红枣2409	12480	-225	-1.77%
4	p2409	棕榈2409	7278	-122	-1.65%
5	lh2409	生猪2409	17515	-295	-1.66%
6	OI409	菜油2409	8268	-104	-1.24%
7	lu2407	低硫燃油2407	4471	-55	-1.22%
8	y2409	豆油2409	7534	-86	-1.13%
9	lu2406	低硫燃油2406	4481	-50	-1.10%
10	c2407	玉米2407	2393	-21	-0.87%
11	i2409	铁矿2409	876.5	-7.5	-0.85%
12	sp2409	纸浆2409	6290	-52	-0.82%
13	jm2409	焦煤2409	1790.5	-13.0	-0.72%
14	b2409	豆二2409	3902	-27	-0.69%
15	RM409	菜粕2409	2767	-18	-0.65%
16	rb2410	螺纹2410	3663	-19	-0.52%
17	SR409	白糖2409	6123	-31	-0.50%
18	ru2409	橡胶2409	14020	-70	-0.50%
19	hc2410	热卷2410	3819	-19	-0.50%
20	j2409	焦炭2409	2317.5	-11.5	-0.49%
21	CF409	棉花2409	15680	-70	-0.44%
22	TA409	PTA 2409	5900	-26	-0.44%
23	PF406	短纤2406	7338	-32	-0.43%
24	cs2407	玉米淀粉2407	2819	-13	-0.46%
25	sc2406	原油2406	646.7	-2.6	-0.40%
26	m2409	豆粕2409	3367	-11	-0.33%
27	PX409	对二甲苯2409	8480	-30	-0.35%
28	au2406	黄金2406	548.84	-1.74	-0.32%
29	eg2409	乙二醇2409	4431	-13	-0.29%
30	MA409	甲醇2409	2494	-6	-0.24%
31	pg2406	液化气2406	4625	-9	-0.19%
32	a2407	豆一2407	4653	-7	-0.15%
33	eb2406	苯乙烯2406	9488	-6	-0.06%
34	FG409	玻璃2409	1570	-1	-0.06%
35	pp2409	PP2409	7571	6	0.08%

图 2-5　主力合约涨跌幅排名 2024 年 4 月 26 日排序图

先判断市场是多头状态还是空头状态，定性为空头市场之后，便要再对市场的空头力量进行评估，确定空头力量最简单有效的方式就是直接查看跌幅第 10 名的品种，它的跌幅为 0.87%，下跌的幅度远小于 2%，这说明空头力量较为虚弱，虽然大多数品种在下跌，但下跌的力度并不是很大，这是典型的弱空市场状态。

在弱空市场状态中，只能对跌幅居前的品种进行突破操作，因为只有它们下跌的延续性更好，跌幅才会更大，运用低持仓成本的突破操作也可以实现盈利。若是对跌幅排名落后的品种进行突破操作，很容易在低点做空，而且还会经常性被打止损，这种情况下只有等反弹高点再进行做空才可以实现好的收益。

在图 2-6 中，35 个品种中有 28 个形成了下跌的走势，大多数品种保持着下跌状态，这说明市场为明确的空头环境。在空头市场中，投资者不要进行任何做多的操作，这将会与市场中绝大多数的主力资金操作方向相反，是很难赚到钱的。

序	代码	名称	最新	↑涨幅
1	SH405	烧碱2405	2290	-3.29%
2	jm2409	焦煤2409	1780.0	-1.41%
3	eb2405	苯乙烯2405	9431	-1.32%
4	lh2409	生猪2409	17375	-1.31%
5	i2409	铁矿2409	868.5	-1.19%
6	cs2405	玉米淀粉2405	2803	-0.92%
7	FG409	玻璃2409	1559	-0.83%
8	ag2406	白银2406	7052	-0.82%
9	RM409	菜粕2409	2766	-0.72%
10	fu2409	燃油2409	3519	-0.71%
11	ni2405	沪镍2405	142080	-0.67%
12	c2407	玉米2407	2380	-0.67%
13	j2409	焦炭2409	2328.0	-0.64%
14	sn2406	沪锡2406	260030	-0.63%
15	pg2405	液化气2405	4645	-0.60%
16	SA409	纯碱2409	2263	-0.57%
17	UR409	尿素2409	2065	-0.53%
18	ss2409	不锈钢2409	14280	-0.52%
19	bu2406	沥青2406	3756	-0.42%
20	m2409	豆粕2409	3366	-0.41%
21	hc2410	热卷2410	3808	-0.39%
22	a2405	豆一2405	4650	-0.39%
23	rb2410	螺纹2410	3657	-0.35%
24	SF406	硅铁2406	6760	-0.32%
25	zn2406	沪锌2406	22735	-0.29%
26	au2406	黄金2406	551.16	-0.08%
27	b2405	豆二2405	3710	-0.05%
28	PX409	对二甲苯2409	8496	-0.02%
29	sc2406	原油2406	647.5	0.00%
30	pb2406	沪铅2406	17230	0.15%
31	eg2409	乙二醇2409	4447	0.16%
32	SR409	白糖2409	6163	0.24%
33	cu2406	沪铜2406	80610	0.26%
34	pp2409	PP2409	7616	0.28%
35	l2409	塑料2409	8443	0.33%

图 2-6　主力合约涨跌幅排名 2024 年 4 月 29 日排序图

第一步要确定市场的多空环境，第二步要看市场下跌的力度。关于市场下跌力度，可以对下跌居前几名的品种进行分析，如果领头下跌的品种跌幅较大，那就表示市场空头力量较强，但从图 2-6 中来看，除了跌幅第一名的品种下跌了 3.29%，其余 4 个品种跌幅都没有超过 2%，这说明空头力量并不强。或者也可以直接对跌幅第 10 名的品种进行查看，它下跌了 0.71%，跌幅非常小，这进一步说明了市场空头环境的虚弱。

虽然空头占上风，但力度很小，这不影响做空操作的进行，只会影响当时应当采用的操作手法。在弱空市场环境中，逢反弹高点进行做空获利效果是最好的；若此时进行突破做空的操作，由于介入成本较高，获利效果往往较差。如要进行突破操作，也只能选跌幅前 5 名的品种，对其他品种进行突破操作，不仅很难赚到钱，还很容易出现连续的亏损，因为它们的下跌持续性都较差。

在图 2-7 中，涨跌的形式跟之前的案例有很大的差别，在弱多以及弱空市场中，呈现一边倒的涨跌状态，多头市场中会出现大多数品种上涨，空头市场中会出现大多数品种下跌。而图 2-7 中则是 17 个品种上涨，17 个品种下跌，1 个品种平盘，这种一半上涨一半下跌的市场状态便是分化市。

分化市说明市场中的资金操作出现了明显的分歧，有的资金进行做多操作，有的资金进行做空操作，资金操作的意见不统一，往往会导致市场的整体涨跌力度较小，投资者在分化市场中很难赚到较大的收益。由于多空力度往往都不是很强，所以，介入成本较高的突破操作手法在分化市场中便不适用了，否则很容易做多在高点处、做空在低点处。分化市场适宜使用的便是逢调整低点做多、逢反弹高点做空的操盘手法。

虽然说在分化市场赚不到大钱，但分化市场中的机会却是比较多的，因为投资者既可以做多，也可以做空，可以同时进行两个方向的操作，这在单边的多头与空头市场中是不存在的。可以对涨幅居前的品种做多，可以对跌幅居前的品种做空，机会多了也有可能通过多次的操作累积起较大的收益，在分化市场中赚不到大收益针对的是单次操作很难有大赚的机会。

序	代码	名称	最新	涨跌	涨幅
1	fu2405	燃油2405	3623	-107	-2.87%
2	eg2405	乙二醇2405	4332	-103	-2.32%
3	SH405	烧碱2405	2386	-55	-2.25%
4	AP405	苹果2405	6736	-136	-1.98%
5	sn2504	沪锡2504	261830	-5220	-1.95%
6	MA405	甲醇2405	2549	-33	-1.28%
7	ru2409	橡胶2409	14215	-155	-1.08%
8	CF405	棉花2405	15610	-110	-0.70%
9	PX405	对二甲苯2405	8364	-58	-0.69%
10	PF405	短纤2405	7242	-50	-0.69%
11	b2405	豆二2405	3745	-23	-0.61%
12	br2405	合成橡胶2405	12795	-75	-0.58%
13	ni2405	沪镍2405	142600	-800	-0.56%
14	l2405	塑料2405	8339	-45	-0.54%
15	al2405	沪铝2405	20220	-100	-0.49%
16	PK410	花生2410	9202	-44	-0.48%
17	pp2405	PP2405	7533	-29	-0.38%
18	RM405	菜粕2405	2702	0	0.00%
19	v2405	PVC2405	5754	1	0.02%
20	TA405	PTA 2405	5936	2	0.03%
21	au2406	黄金2406	551.00	0.38	0.07%
22	SR405	白糖2405	6447	6	0.09%
23	rb2405	螺纹2405	3583	5	0.14%
24	cs2405	玉米淀粉2405	2834	4	0.14%
25	jm2405	焦煤2405	1630.5	2.5	0.15%
26	bu2406	沥青2406	3747	10	0.27%
27	eb2405	苯乙烯2405	9562	26	0.27%
28	a2405	豆一2405	4673	17	0.37%
29	pg2405	液化气2405	4667	19	0.41%
30	m2405	豆粕2405	3277	15	0.46%
31	hc2405	热卷2405	3863	18	0.47%
32	zn2405	沪锌2405	22485	110	0.49%
33	SF405	硅铁2405	6688	38	0.57%
34	ag2406	白银2406	7106	42	0.59%
35	jd2405	鸡蛋2405	2957	20	0.68%

图 2-7　主力合约涨跌幅排名 2024 年 4 月 24 日排序图

在图 2-8 中，35 个品种中有 19 个品种下跌，16 个品种上涨，下跌的品种占到多数，那此时的市场是空头市场吗？空头市场的定义为 2/3 以上的品种保持下跌状态，而当前下跌的品种数并未占到 2/3，因此这并不是标准的空头市场。

由于下跌的品种比上涨的品种只多出 3 个，而跌幅排名最后的几个品种略微一个反弹就可能变为上涨的品种，所以，这种市场其实是分化市场。完全的分化市场是一半涨一半跌，但还有一种变形就是涨的品种或是下跌的品种略微多几个，两者的差值并不大，远未达到 2/3 的比例。

若对分化市场中各品种的涨跌排名进行持续关注便可以看到，这一会儿可能下跌的品种多几个，过一会儿可能又变成一半涨一半跌，或是变成了上涨的品种略多几个。但只要上涨的品种或下跌的品种数量未占到 2/3 以上，都可以定性为分化市场。只要是分化市场，进行突破操作难度都比较大，因为资金操作没有统一共识，虽然突破走势会形成，但突破之后的上涨或下跌的空间却很小，往往难以给投资者带来可观的收益。所以，分化市场原则上不宜进行突破操作，如有必要进行突破操作的，最好也只针对涨幅前 3 名或跌幅前 3 名的品种进行操作。在分化市场中，逢调整低点做多、逢反弹高点做空操作的效果将会更好。

序	代码	名称	最新	↑涨幅
1	p2409	棕榈2409	7314	-2.58%
2	PK410	花生2410	9024	-1.98%
3	AP410	苹果2410	7470	-1.87%
4	CJ409	红枣2409	12480	-1.77%
5	lh2409	生猪2409	17515	-1.66%
6	SH405	烧碱2405	2376	-1.41%
7	OI409	菜油2409	8264	-1.36%
8	y2409	豆油2409	7558	-1.25%
9	PX409	对二甲苯2409	8480	-1.21%
10	ru2409	橡胶2409	14045	-1.20%
11	TA409	PTA 2409	5912	-0.84%
12	CF409	棉花2409	15700	-0.63%
13	SR409	白糖2409	6158	-0.60%
14	eg2409	乙二醇2409	4439	-0.40%
15	b2405	豆二2405	3707	-0.40%
16	MA409	甲醇2409	2494	-0.40%
17	PF406	短纤2406	7358	-0.35%
18	c2407	玉米2407	2411	-0.25%
19	m2409	豆粕2409	3377	-0.12%
20	rb2410	螺纹2410	3669	0.03%
21	cs2405	玉米淀粉2405	2835	0.07%
22	l2409	塑料2409	8364	0.07%
23	hc2410	热卷2410	3827	0.08%
24	au2406	黄金2406	550.28	0.08%
25	v2409	PVC2409	5918	0.17%
26	RM409	菜粕2409	2787	0.18%
27	pp2409	PP2409	7568	0.23%
28	ag2406	白银2406	7086	0.28%
29	lu2407	低硫燃油2407	4527	0.31%
30	jd2409	鸡蛋2409	3836	0.34%
31	sp2409	纸浆2409	6332	0.35%
32	a2405	豆一2405	4680	0.45%
33	eb2405	苯乙烯2405	9567	0.54%
34	SF406	硅铁2406	6754	0.75%
35	pg2405	液化气2405	4677	0.84%

图 2-8　主力合约涨跌幅排名 2024 年 4 月 25 日排序图

在图 2-9 中，35 个品种全部出现了上涨，这种技术特征往往只在多头力量强大的市场中才会形成，这说明主力资金在这一天进行了统一的做多操作，这是投资者最容易赚到大钱的市场状态，在这样的市场环境中，一定要抱着赚大钱的态度进行操作，千万不要因为赚到了一些小利润就过早地进行平仓操作。

观察涨幅第 10 名的品种便可以看到，它的涨幅为 2.11%，这说明当前的多头市场为强多性质。顾名思义，强多市场就是多头占据上风并且力度很大的市场环境。在这种市场环境下，主力资金们都在发力积极地进行做多操作，所以，有没有板块效应并不重要，这是市场的普涨行为，只要对涨幅排名靠前的品种进行操作，都能大概率赚到10%甚至更多的日内收益。

序	代码	名称	最新	↓涨幅
1	ec2406	集运欧线2406	2255.0	5.85%
2	ao2405	氧化铝2405	3483	4.00%
3	sn2405	沪锡2405	258650	3.91%
4	RM405	菜粕2405	2704	2.81%
5	jm2405	焦煤2405	1604.0	2.79%
6	j2405	焦炭2405	2181.0	2.64%
7	b2405	豆二2405	3800	2.26%
8	m2409	豆粕2409	3363	2.19%
9	ag2406	白银2406	7446	2.11%
10	i2409	铁矿2409	845.0	2.11%
11	MA405	甲醇2405	2559	1.75%
12	UR409	尿素2409	1986	1.74%
13	AP405	苹果2405	7684	1.55%
14	ni2405	沪镍2405	139350	1.43%
15	fu2405	燃油2405	3626	1.43%
16	ss2405	不锈钢2405	13920	1.31%
17	eb2405	苯乙烯2405	9527	1.21%
18	SH405	烧碱2405	2421	1.04%
19	cu2405	沪铜2405	76940	1.01%
20	PX405	对二甲苯2405	8440	0.93%
21	al2405	沪铝2405	20720	0.73%
22	eg2405	乙二醇2405	4470	0.74%
23	SA409	纯碱2409	1919	0.68%
24	TA405	PTA 2405	5960	0.57%
25	cs2405	玉米淀粉2405	2841	0.57%
26	SM405	锰硅2405	6282	0.51%
27	CF405	棉花2405	16230	0.50%
28	bu2406	沥青2406	3819	0.39%
29	l2405	塑料2405	8377	0.40%
30	au2406	黄金2406	564.34	0.36%
31	y2405	豆油2405	7648	0.31%
32	ru2409	橡胶2409	14750	0.31%
33	OI405	菜油2405	8080	0.24%
34	hc2410	热卷2410	3776	0.21%
35	lu2406	低硫燃油2406	4601	0.20%

图 2-9　主力合约涨跌幅排名 2024 年 4 月 15 日排序图

由于市场力度较大，因此，无论是逢低做多操作、突破操作，还是其他各种操盘手法，都可以运用，因为每个品种的波段涨幅都有保障，哪怕入场成本略高，也依然可以在价格发力上冲时实现盈利。同时，在多头力量大的情况下，价格调整的幅度往往都会比较小，这也正是运用突破操作的大好时机，它可以帮助投资者成功地捕获那些短时间、浅幅度的调整形态所带来的获利机会。

在图 2-10 中，35 个品种再度全线上涨，这种状态是弱多市场不可能出现的，多出现于强多市场中。35 个品种上涨已说明了主力资金当前的操作态度，若在这一天进行了做空操作，结果将会是非常悲惨的。

第 10 名的品种涨幅超过 2%，结合所有品种全在上涨的事实，便可以直接确定是标准的强多市场了。由于各品种都能够出现幅度较大的上涨，所以，不管是在调整低点做多，还是在突破点做多，都能够在价格强劲上涨时获得非常不错的收益。如果说弱多市场需要更多地使用逢调整低点做多的手法进行操作，那么，在强多市场中，突破操作运用的次数可能会更多，因为市场多头力量很强，价格很难形成深幅的调整，多会象征性调整一下后便马上上涨，面对这样的走势，也只有突破操作才能更好地捕捉到机会。

序	代码	名称	最新	↓涨幅
1	ec2406	集运欧线2406	2660.5	12.19%
2	SA409	纯碱2409	2131	5.08%
3	fu2409	燃油2409	3637	3.24%
4	UR409	尿素2409	2122	2.91%
5	sn2406	沪锡2406	266360	2.80%
6	lu2407	低硫燃油2407	4690	2.69%
7	lu2406	低硫燃油2406	4677	2.63%
8	cu2406	沪铜2406	79420	2.25%
9	sc2406	原油2406	664.6	2.15%
10	MA409	甲醇2409	2601	2.12%
11	ni2405	沪镍2405	140010	1.87%
12	ss2409	不锈钢2409	14345	1.67%
13	pb2406	沪铅2406	17275	1.65%
14	eb2405	苯乙烯2405	9749	1.50%
15	b2405	豆二2405	3768	1.48%
16	eg2409	乙二醇2409	4592	1.37%
17	au2406	黄金2406	573.04	1.29%
18	l2409	塑料2409	8533	1.29%
19	pp2409	PP2409	7695	1.26%
20	jm2409	焦煤2409	1814.5	1.06%
21	SH405	烧碱2405	2441	0.99%
22	ag2406	白银2406	7482	0.94%
23	PF406	短纤2406	7450	0.89%
24	m2409	豆粕2409	3333	0.79%
25	SM409	锰硅2409	6534	0.71%
26	pg2405	液化气2405	4751	0.68%
27	RM409	菜粕2409	2724	0.67%
28	j2409	焦炭2409	2312.0	0.54%
29	bu2406	沥青2406	3771	0.53%
30	FG409	玻璃2409	1509	0.53%
31	lh2409	生猪2409	17955	0.39%
32	SR409	白糖2409	6221	0.32%
33	TA409	PTA 2409	6020	0.30%
34	p2409	棕榈2409	7476	0.30%
35	cs2405	玉米淀粉2405	2821	0.28%

图 2-10　主力合约涨跌幅排名 2024 年 4 月 19 日排序图

从涨幅居前的品种来看，并没有构成明显的板块效应。这种现象若发生在弱多市场中，操作就需要谨慎一些；若这种现象发生在强多市场中便没有任何关系了，这恰恰说明各路资金都在集中拉抬价格，主力是在群体作战，资金不可能只流向一个板块，涨幅居前的品种谁有好的操作形态便可以对谁进行操作。

从图 2-11 来看，35 个品种全部出现了下跌的走势，这样的市场就是最典型的空头市场，不管各品种的下跌幅度如何，仅是看到所有品种都在下跌就坚决不能进行任何做多的操作。实战操作中，市场环境永远都要成为第一步的分析要素，这就是所谓的大局观。

序	代码	名称	最新	↑涨幅
1	sn2406	沪锡2406	254040	-9.02%
2	ag2406	白银2406	6989	-4.78%
3	au2406	黄金2406	544.84	-3.54%
4	jm2409	焦煤2409	1734.5	-3.13%
5	MA409	甲醇2409	2506	-2.64%
6	pb2406	沪铅2406	16830	-2.58%
7	cu2406	沪铜2406	78020	-2.57%
8	ni2405	沪镍2405	140430	-2.52%
9	SF406	硅铁2406	6586	-2.31%
10	lh2409	生猪2409	17735	-2.31%
11	ss2409	不锈钢2409	14165	-2.28%
12	zn2406	沪锌2406	22270	-2.02%
13	UR409	尿素2409	2015	-1.99%
14	i2409	铁矿2409	849.0	-1.91%
15	ru2409	橡胶2409	14280	-1.89%
16	al2406	沪铝2406	20200	-1.82%
17	j2409	焦炭2409	2263.0	-1.80%
18	SA409	纯碱2409	2111	-1.45%
19	eb2405	苯乙烯2405	9479	-1.39%
20	l2409	塑料2409	8356	-1.32%
21	ec2406	集运欧线2406	2557.0	-1.27%
22	CJ409	红枣2409	12605	-1.25%
23	pp2409	PP2409	7554	-1.02%
24	eg2409	乙二醇2409	4506	-0.99%
25	jd2409	鸡蛋2409	3806	-0.86%
26	rb2410	螺纹2410	3641	-0.84%
27	FG409	玻璃2409	1515	-0.79%
28	PF406	短纤2406	7384	-0.78%
29	hc2410	热卷2410	3797	-0.68%
30	sp2409	纸浆2409	6292	-0.66%
31	SH405	烧碱2405	2433	-0.65%
32	sc2406	原油2406	637.8	-0.55%
33	PX409	对二甲苯2409	8580	-0.53%
34	bu2406	沥青2406	3725	-0.51%
35	ao2406	氧化铝2406	3469	-0.49%

图 2-11　主力合约涨跌幅排名 2024 年 4 月 23 日排序图

下跌第 10 名的品种跌幅为 2. 31%，因为跌幅大于 2%，所以，这一天的市场便是强空市场，空头占据绝对的上风，并且下跌的力量还非常强大。在强空市场中投资者实现 10%以上的日内收益将非常简单，若对领跌的品种进行操作，实现 20%以上的日内收益也根本不是难事，因为市场给予了投资者大赚的机会。

强空市场中，价格下跌的延续性非常好，无论是进行逢反弹做空的操作，还是进行突破操作都可以，哪怕突破的入场点略低一些，但因为价格的下跌有保证，一旦形成突破便会有更多的资金涌入场中顺势做空，反而更容易在强空的市场氛围中推动价格更凌厉地下跌。同时，因为市场空头力量较大，很多反弹走势价格上涨的幅度比较小，因此，突破操作将会在此种市场环境下成为把握机会最有效的操盘方法。

市场的多空环境在不断地变化，多头市场可能会转为空头市场，弱多可能会转为强多，也可能会转为分化市，甚至是弱空市。这就要求投资者必须每隔至少 15 分钟再判断一次，以便随时把握市场最新的变化形势，从而调整自己当下的操作策略。

2.2 突破操作最佳目标的选择

抄底摸顶在一定条件下都可以进行操作，只需要判断有没有出现符合操作要求的顶底形态便可以了。进行逢低做多与逢高做空操作也是如此，哪个品种符合市场多空环境、符合技术形态要求，便可以对其进行操作。而对于突破操作而言，在长周期 K 线图中也是如此要求，只要位置较好，不管哪个品种形成了临近突破的走势都可以进行重点关注。但对于日内短炒交易来说，进行突破操作需要注重的因素便多了起来，主要原因就是突破操作介入成本相对略高，日内短线本身获利幅度就无法跟长周期 K 线相比，再加上略高的持仓成本，若不做出严格的要求，失误率将会大幅上升。

进行日内短周期突破操作，基本原则就是价格的波动必须体现出：强势、较高的波动活跃度与较大的盈亏比等特征，三者同时满足最好，若无法同时满足，最少也必须满足一项要求。

强势特征问题容易解决，要求当天进行突破操作的目标对象必须处于涨幅前 5 名或跌幅前 5 名。能上榜的品种便是当天的强势品种，它们得到了大量资金的积极推动，从而才会出现比其他品种涨幅或跌幅更大的现象。因为资金在积极推动，所以，就会使价格上涨或下跌具有延续性，哪怕入场成本略高一些，因为涨跌行情总能很好地延续下去，自然也就容易实现盈利。这个技术要求也是投资者最容易做到的，只要目标对象不是涨幅或跌幅前 5 名的品种，就不进行突破操作，这应当成为一条铁律，千万不要违背。

当然，并不是说某品种处于涨幅或跌幅前 5 名只要形成突破就可以入场操作，合适的位置也是至关重要的。价格走势虽然强，但在连续上涨好几波之后形成突破形态，在不好的位置形成了符合要求的操作形态，这是需要主动放弃的。请记住：这是我们自己主动放弃的。从技术形态来说操作也是可以的，只是无法预估未来的收益空间，可能价格的上涨已经到达了尽头，也可能价格还能继续上行，但能涨多少不得而知，放弃此时操作，意味着回避了有可能的风险，但也放弃了其中有可能蕴藏的机会。

适合进行突破操作的目标品种除了要有强势的技术特征，还必须拥有另两个特征：较高的波动活跃度与较大的盈亏比。大多数品种波动活跃度是适中的，既不过分活跃，也不绝对呆滞，走势中规中矩，这类品种非常适合进行逢低做多或逢高做空操作。在笔者撰写本段文字的时候，市场中波动活跃度高且盈亏比大于 3∶1 的品种其实也就那么几个，读者朋友只需牢记便可以，它们是沪镍、原油、菜油、苯乙烯、沪锡（成交量少）、PVC。这些品种因为价格较高，随便一个上涨或下跌走势都可以带来日内几十个点的波动，而它们的止损只需要十几个点便可以，这就意味着随便一波行情产生的盈利至少可以覆盖三四次日内的亏损，操作它们出现连续几次的亏损根本不用担心，一笔成功的操作便可以彻底扭亏为盈，这也是其他品种所不具备的特征，大多数品种的盈亏比都在 3∶1 以下，只有这些品种才经常性会出现 3∶1 以上的盈亏比，比如沪镍就是最典型的品种之一。

市场的不同阶段各品种的波动活跃度也是不同的，当前波动活跃的上述品种可能也会在某个时期变得非常呆滞，而总是呆滞的品种也会在某个时期变得非常活跃，投资者需要注意这种变化。而最合理的判断方式则是通过技术指标来统一标准，在标准一致的前提下确定出来的波动活跃度才是最为合理的，这些品种才是最值得操作的目标对象。以此为依据，笔者自行研发了一款指标，为读者展示 2024 年 3 月 31 日较为活跃的品种，这些品种当时都是突破操作最佳的对象。

若读者朋友需要了解最新的波动活跃度排名，敬请联系我方团队，将为您展示当前市场各品种波动活跃度排名状况。

笔者所做的排名取值为 60，意味着 60 个交易日中各品种的波动活跃度状况，因为周期越长，越能体现品种中长期的波动活跃度，这也是笔者最为注重的排名情况。

从图 2-12 中可以看到，60 日内波动活跃度排名居前的为：焦煤、纯碱、铁矿、玻璃、焦炭。如果投资者在这段时间内对黑色系板块的品种进行了重点的操作，必然可以获得非常可观的收益，因为它们最近都出现了大幅度下跌的走势。波动活跃的品种哪怕没有形成趋势性波动，在箱体之中震荡，每天也可以给投资者带来较多的日内交易的机会；若形成了趋势性的走势，更是会给投资者带来极大的收益。挽弓当挽强，盯着强势品种，盯着高度活跃的品种进行操作，是实现高额收益的根本保障。

序	代码	名称	↓波动活跃度60	波动活跃度20	波动活跃度10
1	jm2405	焦煤2405	1.754	1.896	1.805
2	SA409	纯碱2409	1.641	1.710	2.081
3	i2409	铁矿2409	1.596	1.722	1.548
4	FG405	玻璃2405	1.492	1.403	1.261
5	j2405	焦炭2405	1.262	1.246	1.350
6	fu2405	燃油2405	1.154	1.138	1.027
7	UR405	尿素2405	1.153	0.963	1.203
8	sc2405	原油2405	1.129	0.870	0.853
9	lu2406	低硫燃油2406	1.127	0.885	0.717
10	ni2405	沪镍2405	1.106	1.130	1.169
11	ao2405	氧化铝2405	1.025	0.860	0.820
12	br2405	合成橡胶2405	0.965	1.067	0.711
13	SH405	烧碱2405	0.956	1.127	1.508
14	p2405	棕榈2405	0.935	1.022	1.010
15	RM405	菜粕2405	0.929	1.020	1.236
16	ru2409	橡胶2409	0.918	1.394	1.207
17	eg2405	乙二醇2405	0.889	0.609	0.454
18	jd2405	鸡蛋2405	0.874	0.938	1.116
19	m2405	豆粕2405	0.861	0.926	1.047
20	b2405	豆二2405	0.829	0.903	0.998
21	OI405	菜油2405	0.820	0.805	0.856
22	sn2404	沪锡2404	0.813	0.934	1.158
23	MA405	甲醇2405	0.766	0.740	0.709
24	pg2405	液化气2405	0.765	0.702	0.608
25	AP405	苹果2405	0.763	0.754	0.340
26	eb2405	苯乙烯2405	0.752	0.633	0.559
27	sp2405	纸浆2405	0.749	0.659	0.764
28	ag2406	白银2406	0.737	0.794	0.898
29	rb2405	螺纹2405	0.736	0.937	0.898
30	y2405	豆油2405	0.718	0.679	0.713
31	ss2405	不锈钢2405	0.711	0.709	0.659
32	hc2405	热卷2405	0.655	0.836	0.827
33	v2405	PVC2405	0.635	0.679	0.641
34	PX405	对二甲苯2405	0.597	0.590	0.560
35	TA405	PTA 2405	0.584	0.562	0.495

图 2-12　2024 年 3 月 31 日 60 日波动活跃度排名

笔者常说一句话：看一下你操作的品种，我就能知道你赚不赚钱了。这句话的意思就是：如果你有强弱意识，必然会操作当前市场中强势特征明显且波动活跃度较高的品种；如果你没有强弱意识，做的品种肯定都是冷门的，因为热门品种你不敢做，适应不了其快速的波动，这背后暴露的就是操盘水平的低下，操盘水平不足又怎么可能赚到钱？如果读者朋友们想要了解当下哪些品种处于波动活跃度前列，可以随时通过前言中的联系方式与我们联系，我们将告知您当下最值得操作的目标品种都有哪些，帮您更好地锁定强势以及波动活跃度高、最容易带来大幅收益的品种。

在图 2-13 中，排名选取 20 日这个中等周期的参数，它代表近一个月内表现强势的品种。此时会有读者朋友问：当前的确是强势，但并不代表未来还是强势，也可能走势会变弱，该如何面对这个问题呢？的确是这样，强弱都会转变的，但是，当前强的品种就算是由强转弱，也是有时间上的缓冲的，不可能马上就变弱，因为主力资金集中进出都需要足够长的时间。就好像一波 100 米高的大浪拍过来之后，就算浪的势能减弱了，下一个浪高也不可能只有 1 米，而是会 90 米、80 米、70 米……逐渐衰竭。就算某品种由强转弱，在衰竭的过程中，也依然可以给投资者带来不错的收益。

序	代码	名称	波动活跃度20	波动活跃度60	波动活跃度10
1	jm2405	焦煤2405	1.896	1.754	1.805
2	i2409	铁矿2409	1.722	1.596	1.548
3	SA409	纯碱2409	1.710	1.641	2.081
4	FG405	玻璃2405	1.403	1.492	1.261
5	ru2409	橡胶2409	1.394	0.918	1.207
6	j2405	焦炭2405	1.246	1.262	1.350
7	fu2405	燃油2405	1.138	1.154	1.027
8	ni2405	沪镍2405	1.130	1.106	1.169
9	SH405	烧碱2405	1.127	0.956	1.508
10	br2405	合成橡胶2405	1.067	0.965	0.711
11	p2405	棕榈2405	1.022	0.935	1.010
12	RM405	菜粕2405	1.020	0.929	1.236
13	UR405	尿素2405	0.963	1.153	1.203
14	jd2405	鸡蛋2405	0.938	0.874	1.116
15	rb2405	螺纹2405	0.937	0.736	0.898
16	sn2404	沪锡2404	0.934	0.813	1.158
17	m2405	豆粕2405	0.926	0.861	1.047
18	b2405	豆二2405	0.903	0.829	0.998
19	lu2406	低硫燃油2406	0.885	1.127	0.717
20	sc2405	原油2405	0.870	1.129	0.853
21	ao2405	氧化铝2405	0.860	1.025	0.820
22	hc2405	热卷2405	0.836	0.655	0.827
23	OI405	菜油2405	0.805	0.820	0.856
24	ag2406	白银2406	0.794	0.737	0.898
25	AP405	苹果2405	0.754	0.763	0.340
26	MA405	甲醇2405	0.740	0.766	0.709
27	ss2405	不锈钢2405	0.709	0.711	0.659
28	pg2405	液化气2405	0.702	0.765	0.608
29	y2405	豆油2405	0.679	0.718	0.713
30	v2405	PVC2405	0.679	0.635	0.641
31	sp2405	纸浆2405	0.659	0.749	0.764
32	zn2405	沪锌2405	0.645	0.563	0.712
33	eb2405	苯乙烯2405	0.633	0.752	0.559
34	eg2405	乙二醇2405	0.609	0.889	0.454
35	au2406	黄金2406	0.604	0.394	0.673

图 2-13　2024 年 3 月 31 日 20 日波动活跃度排名

从 20 个交易日波动活跃度排名来看，前 5 名分别是焦煤、铁矿、纯碱、玻璃、橡胶（见图 2-13）。前 4 个都是黑色系板块，这说明它们的确是一贯性的强势，而新加入了橡胶，这说明橡胶在最近一个月内表现得较为活跃，投资者可以将它视为重要的目标以便寻找机会。

不过橡胶这个品种属于波动稳定甚至有时表现呆滞的品种，出现强势表现说明它最近基本面肯定发生了某些变化，从而给资金提供了积极炒作的理由。因为从 60 日活跃度排名来看它只排名 16，说明中长期的表现并不太好。

从图 2-14 中来看，本次选用的参数更短了，这是短线波动活跃度变化的代表，想要了解最近行情中谁的波动活跃度出现明显提升，一定要对 10 日波动活跃度参数重点关注。

序	代码	名称	↓波动活跃度10	波动活跃度60	波动活跃度20
1	SA409	纯碱2409	2.081	1.641	1.710
2	jm2405	焦煤2405	1.805	1.754	1.896
3	i2409	铁矿2409	1.548	1.596	1.722
4	SH405	烧碱2405	1.508	0.956	1.127
5	j2405	焦炭2405	1.350	1.262	1.246
6	FG405	玻璃2405	1.261	1.492	1.403
7	RM405	菜粕2405	1.236	0.929	1.020
8	ru2409	橡胶2409	1.207	0.918	1.394
9	UR405	尿素2405	1.203	1.153	0.963
10	ni2405	沪镍2405	1.169	1.106	1.130
11	sn2404	沪锡2404	1.158	0.813	0.934
12	jd2405	鸡蛋2405	1.116	0.874	0.938
13	m2405	豆粕2405	1.047	0.861	0.926
14	fu2405	燃油2405	1.027	1.154	1.138
15	p2405	棕榈2405	1.010	0.935	1.022
16	b2405	豆二2405	0.998	0.829	0.903
17	ag2406	白银2406	0.898	0.737	0.794
18	rb2405	螺纹2405	0.898	0.736	0.937
19	OI405	菜油2405	0.856	0.820	0.805
20	sc2405	原油2405	0.853	1.129	0.870
21	hc2405	热卷2405	0.827	0.655	0.836
22	ao2405	氧化铝2405	0.820	1.025	0.860
23	sp2405	纸浆2405	0.764	0.749	0.659
24	lu2406	低硫燃油2406	0.717	1.127	0.885
25	y2405	豆油2405	0.713	0.718	0.679
26	zn2405	沪锌2405	0.712	0.563	0.645
27	br2405	合成橡胶2405	0.711	0.965	1.067
28	MA405	甲醇2405	0.709	0.766	0.740
29	au2406	黄金2406	0.673	0.394	0.604
30	SR405	白糖2405	0.667	0.535	0.584
31	ss2405	不锈钢2405	0.659	0.711	0.709
32	v2405	PVC2405	0.641	0.635	0.679
33	CF405	棉花2405	0.626	0.492	0.517
34	pb2405	沪铅2405	0.622	0.437	0.471
35	pg2405	液化气2405	0.608	0.765	0.702

图 2-14　2024 年 3 月 31 日 10 日波动活跃度排名

从波动活跃度前 5 名的品种来看，它们是纯碱、焦煤、铁矿、烧碱、焦炭。其中，纯碱、焦煤、铁矿以及焦炭的地位始终没有被撼动，它们无论是短线还是中长线都保持着较高的波动活跃度，而烧碱成为短线变得活跃起来的品种。结合 20 日波动活跃度来看可以得知，橡胶在近期短线上的活跃度有所降低，这也很正常，因为橡胶常态就是居中的品种。

因为活跃的品种不止35个，只是受到版面的限制只能为读者朋友们显示35个品种的排列，那些连35名都没有排到的品种，一定要坚决放弃它们！它们都属于常态弱势的品种，无论是日内的波动还是长周期K线的波动都很难给投资者带来更大幅度收益的机会。用着同样的精力、同样的操盘手法，却获得了幅度差异极大的收益，做波动活跃度高的投资者赚了100%，做波动活跃度低的投资者可能只能赚个百分之二三十，你愿意选择哪个结果？

无论是中长期波动活跃度高的品种，还是短线波动活跃度高的品种，不管是进行突破操作，还是进行其他手法的操作，都是最适合的品种，因为资金都涌向了它们，这就会使得价格的趋势性更明显。以技术的方法来判断当前最新波动活跃度高的品种，比以经验来判断效果要好，但由于大多数投资者缺少正确的方法，所以，文中提到的常态波动活跃度高的品种也可以关注操作。

2.3 突破操作K线周期的选择

解决了市场环境与操作目标的问题后，接下来的问题便是：该在哪种周期的K线图中进行操作呢？其实周期是实战操作时最次要的东西，因为任何一种技术形态在任何周期的K线图中都会出现。比如向上的多单突破走势，在1分钟K线图中必然出现，在3分钟K线图中也会出现，30分钟、60分钟以及日K线、周期K线、月K线都会出现，绝对没有一种技术形态只会在特定的周期K线上才会出现，这一点请读者朋友们一定要牢记。

日常操作时，根据自己的看盘时间灵活地选择一个周期的K线进行操作就可以了，千万不要一会儿看这个周期的K线走势，一会儿看那个周期的K线走势，凡是亏钱的投资者都有一个坏习惯，那就是挨个儿看各种周期的K线，这是企图想把所有K线周期中的机会都抓在手中的表现，但越是想抓住更多的机会，反而越是什么机会都错过了，搞来搞去自己的情绪便会非常急躁，从而陷入必亏的恶性情绪之中无法自拔。既然某一个技术形态在任何周期上都必然会出现，那我们守株待兔就可以了，死盯一个周期的K线，死等想要的技术形态出现，这才是正确的操盘方式。

对于强势特征明显，或是波动活跃度较高的品种，建议投资者在短周期K线图中操作，因为这样机会更多，可以更好地在价格起涨的初期便捕捉到机会。当然，这些强势或是波动活跃度高的品种，在任何周期K线上操作都是可以的，因为价格波动的延续性有保障，任何周期的K线都能给投资者带来可观的收益。

而对于强势特征不明显或波动活跃度一般的品种而言，尽量在长一些的K线周期中进行操作，比如波动活跃度高的品种适合在1分钟K线图中操作，那么，波动活跃度一般的品种则适宜在3分钟K线图中操作。一旦K线的周期拉长，波动活跃度的作用也就减弱了，在日K线图中，任何品种随便一根中大实体的K线都可以给投资者带来较为可观的收益。当然，不得不提一句，就算是这样，波动活跃度高的品种日K线实体也远比波动活跃度低的品种要大，比如波动活跃度高的品种中大K线实体可能会有4%左右的涨跌幅度，但波动活跃度低的品种可能只有2%左右的涨跌幅度。但相比日内走势而言，就算只有2%的幅度，也能实现约20%的收益，这已经是很不错了。

在图2-15中，基本上每一根K线都有着正常的实体与上下影线，并且整体走势非常流畅，没有曲曲折折、很多停顿的迹象，这就是沪镍周期K线一贯具备的特征，无论什么时候，短周期K线的流畅度都非常好。

流畅度越高的品种，其技术形态的规律性便越明显，许多成功的技术形态都会让投资者马上见到收益，就算形态失败，也是十分干脆地打掉止损位，不会过多浪费投资者的时间。若是开仓之后，价格慢吞吞地晃半天才打掉止损，时间成本就太高了，还不如在形态失败时快速打掉止损，以便投资者有更多时间寻找机会。

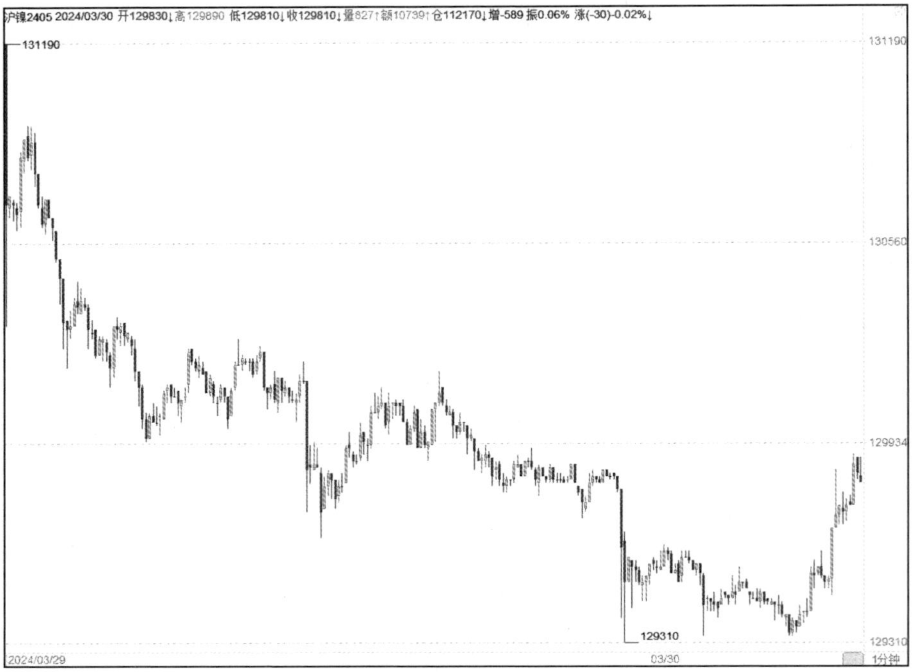

图 2-15　沪镍 2405 合约 2024 年 3 月 29—30 日 1 分钟 K 线走势图

只要 K 线图的表现如同沪镍，就可以视为拥有较高波动活跃度的好目标品种，无论采取何种操盘手法都很容易从它们流畅的走势形态上实现好的收益。

在图 2-16 中，价格的表现就变得非常呆板了，只有部分 K 线有着适合的实体以及上下影线，其余的都是毫无生机的星 K 线，虽然整体走势也体现了波动性，但相比沪镍的走势流畅程度真的差很多，这也就是 PTA60 日波动活跃度排名第 35 的原因。

类似 PTA1 分钟 K 线走势的品种有很多，请记住，这些都是波动活跃度一般的品种，它们并不太适合在 1 分钟这个周期上操作，虽然在短周期 K 线图中也会形成种种技术形态，但形态的标准程度与可操作性都是不理想的，进行日内操作时最好回避类似走势的品种。

当然，品种强弱与波动活跃度的高低都会变化，什么时候类似 PTA 这样的品种的 1 分钟 K 线，能够像沪镍那样表现，那就意味着当前阶段该品种的波动活跃度有了明显的提高，此时才可以作为目标对象进行关注与操作。

图 2-16　PTA2405 合约 2024 年 3 月 29 日 1 分钟 K 线走势图

纯碱这个品种无论是中长期还是短期，都有着极高的波动活跃度，它在 1 分钟 K 线图上的表现就跟沪镍一样，走势的流畅程度非常好。本案例中将着重从纯碱日 K 线的角度来判断其活跃程度，在图 2-17 中，那些有着中大实体的 K 线，其上涨或下跌的幅度均在 3%以上，3%是纯碱这个品种中大实体 K 线的最小标准。

在国内期货市场中，随便一根日 K 线就能达到 3%以上标准的并没有多少，绝大多数品种中大实体 K 线的波动幅度都在 3%以内，许多品种更是只有 2%左右，有兴趣的读者朋友可以自己去对比验证一下，看看笔者的讲述是否符合实际情况。

对于波动活跃度较高的品种，中大实体最低值是 3%，而再大一些的实体 K 线则都在 5%以上的波动幅度了，这意味着操作这些品种，很多时候一天便可以实现 30%以上的日内收益，这就是强势或是波动活跃度高所带来的巨大盈利机会。

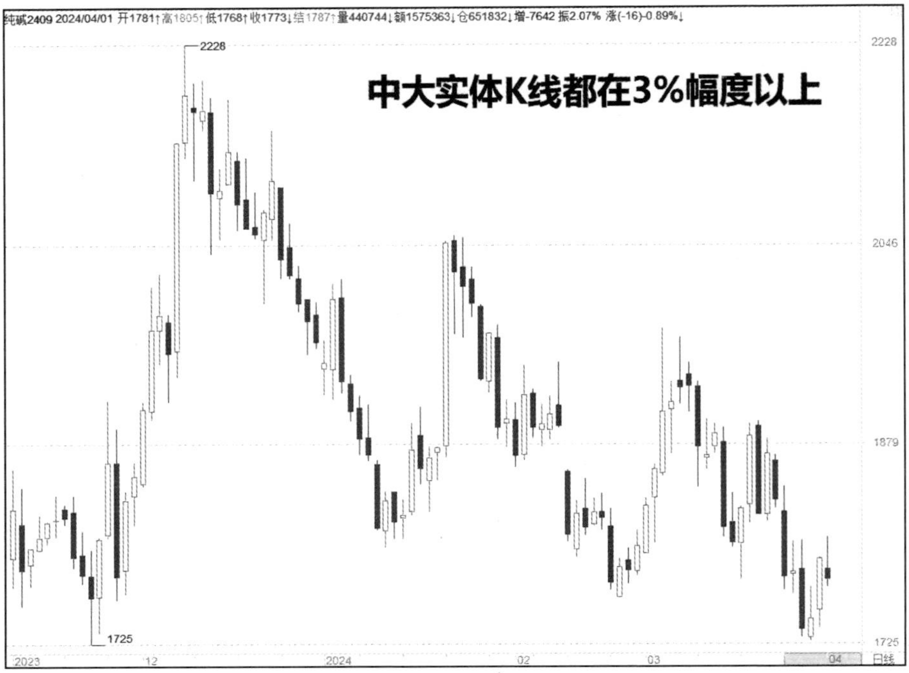

图 2-17　纯碱 2409 合约 2023 年 11 月—2024 年 4 月日 K 线走势图

在图 2-18 中，曾出现了许多中大实体的 K 线，这个时候便需要对所有大一些的实体 K 线进行测量，看一看这些中大实体 K 线的波动幅度都是多大。

通过测量可以得知，其中最大一根阴线的实体 K 线幅度为跌幅 2.94%，这样的幅度跟纯碱相比简直弱爆了。纯碱是随便一根中大实体 K 线最小幅度都在 3%以上，而对二甲苯最大实体 K 线幅度还不到 3%，纯碱实体幅度的下限就是对二甲苯实体幅度的上限，这就好比是：纯碱随便一跑就是一公里，大气儿都不带喘的，但对二甲苯累死累活才能跑完一公里。这就是波动活跃度带来的巨大差异，这也是对二甲苯 60 日波动活跃度排名第 34 的原因。

通过以上对比，想必读者朋友们已经知道了波动活跃度的重要性，抛开波动活跃度不讲，只要某一个技术形态形成，做任何品种都能赚钱，但是，波动活跃度高的品种可以让你赚得更多。进入期货市场就是冲着赚钱来的，谁能带来更多的利润，自然就要重点操作谁！若您以前对波动活跃度没有概念，希望阅读到本段文字，一定要对此重视起来，强势特征或是波动活跃度决定了收益的巨大差异，更决定了适合采取的操盘手法。强势明显或是波动活跃度高的品种，任何操作手法都可以运用，包括突破操作。而强势特征不明显或是波动活跃度低的品种，只适合在调整低点做多，或在反弹高点做空，在短周期K线中，突破操作手法并不适合它们。

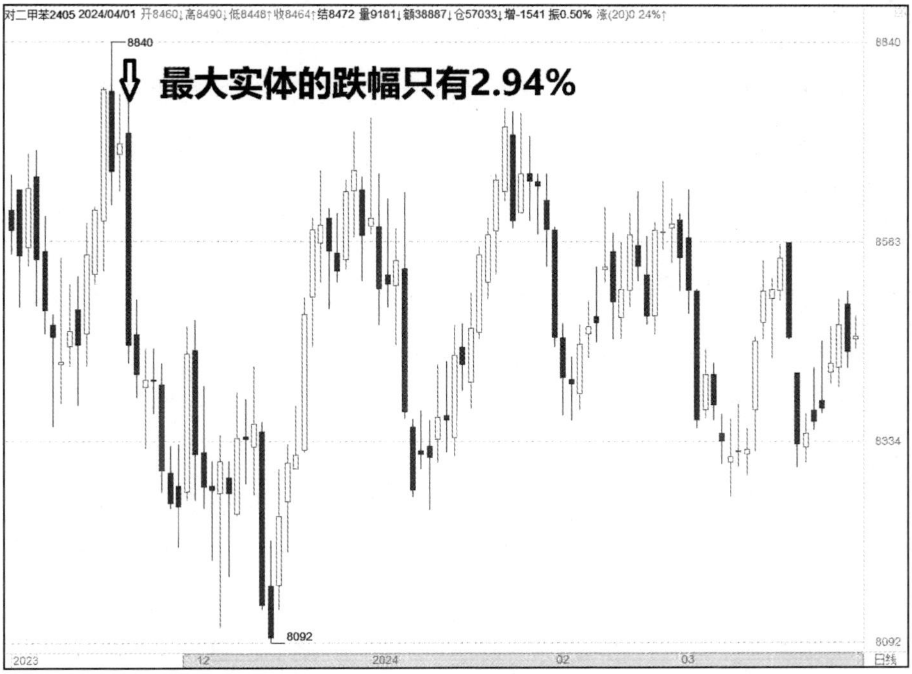

图 2-18 对二甲苯 2405 合约 2023 年 11 月—2024 年 4 月日 K 线走势图

2.4 什么位置的突破需要放弃

对于任何操作方法而言，不管在什么位置只要出现了入场的信号都可以进行操作，因为好位置处的风险与不好位置处的风险都是完全一样的。比如进行突破操作，好位置的多单突破使用调整低点进行止损，不好位置处的多单突破也是使用调整低点止损，只要刻意回避了大幅止损的形态，好位置与不好的位置若突破失败，亏损的幅度都将会是一样的。所以，好、坏位置的买入方式相同，风险程度相同，两者没有差异。

那为什么强调要在好位置进行突破操作，而要主动放弃不好位置处的突破操作呢？这是因为好位置处，价格刚刚开始上涨或下跌的走势，整体上涨或下跌幅度并不是很大，价格未来有着广阔的运行空间，这就意味着一旦突破成功，将可以给投资者带来较为可观的收益。而不好的位置多出现于价格好几波上涨或下跌之后，虽然未来可能还有进一步的波动，但眼下的位置铁定是在腰部，未来可能的获利空间已经所剩无几，在此时入场操作将难以获取较大的收益。承担着相同的风险，但赚取的收益幅度却有极大的差别，所以一定要在好位置处进行突破操作，尽量回避不好位置处的突破操作。

不好的位置表现为：价格至少已经上涨了两波，甚至是多波，价格此时的位置已经距离主力资金的平均持仓成本较远，主力想出货可以随时出货，想拉升也可以进一步拉升，完全占据了操作的主动地位。因此，在主力资金获利丰厚的情况下，本着为资金安全着想，要尽量控制操作的欲望。

在图 2-19 中，于标注处价格再度形成了向上突破的走势，就技术形态而言，这是标准的突破走势，价格调整回落的幅度并不是很大，K 线也明确向上越过了前高点，突破形态完全成立且标准。之前曾说过，实战操作时应注意三点：一是市场多空环境，当然，价格能涨这么多足以说明市场正处于多头状态中；二是价格所处的位置；三是具体的交易形态，而不能上来便直接强调技术形态。

从当时价格所处的位置来看，并不是很好的位置，在此之前价格已经有了很大的上涨幅度，且不说主力资金的获利状况如何，就连普通投资者在这样的行情中都可以实现丰厚的收益。在其他人实现了大幅盈利的时候再入场，这并不是明智的做法。

笔者对不好位置的定义就是价格已经出现了两大波的上涨，请注意是两大波的上涨，而不是两小波的上涨，如果价格连续涨了两波，但整体涨幅并不大，可以认为价格依然处于好的位置上。两波较大幅度的上涨之后，价格才处于不好的位置，在此点位主力资金已获利丰厚。如同做生意一样，别人的进货价格是 5000 元，你的进货价格是 6000 元，那肯定是要亏损的。

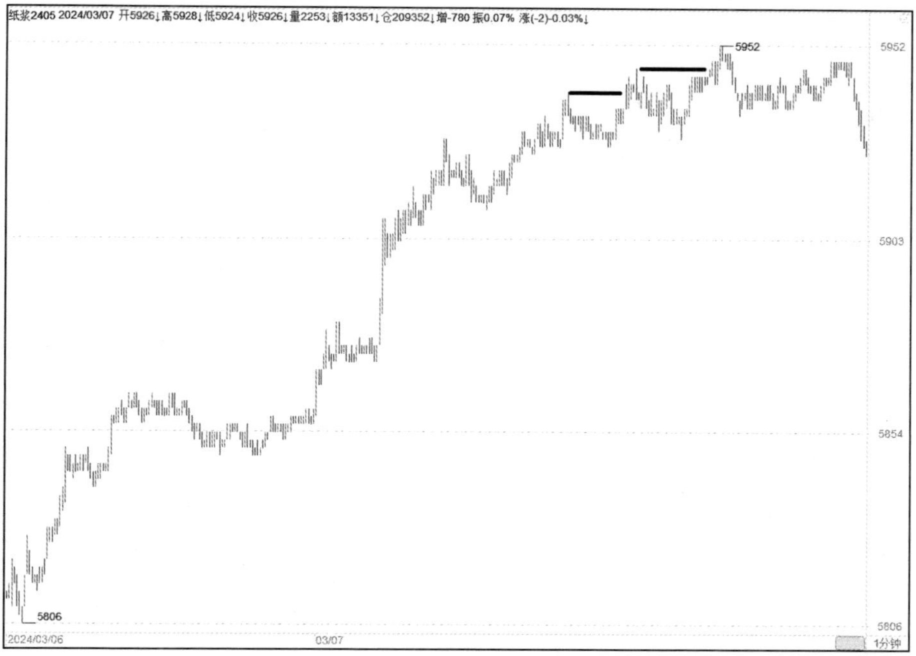

图 2-19　纸浆 2405 合约 2024 年 3 月 6—7 日 1 分钟 K 线走势图

在图 2-20 中，标注处价格再度形成了突破的走势，从调整的走势来看，价格回落的幅度非常小，这说明空方力量非常虚弱，意味着后期价格上涨的概率是极大的。但上涨概率大是不能与上涨空间画等号的，涨了一根阳线也叫上涨，涨了一大波行情也叫上涨，但两者的区别是很大的。

小幅度的调整结束之后，价格向上创出了新高，在技术形态形成之前，一定要先看一下当前价格所处的位置，本次突破形成前，价格已经有了很大幅度的上涨，这意味着主力资金在此时已经获利丰厚，主力是否愿意继续拉升价格很难确定，未来能涨多高也是很难确定的。已知当前涨幅很大，无法判断价格未来上涨空间，这种情况下最好采取保守的态度进行操作，宁可错过机会，也别轻易入场。

从后期的走势来看，价格也的确涨了一波，但这种上涨是在预期之外的，这份收益可能会装入口袋中，也可能随着主力的出货而产生亏损。在亏损既定的前提下，所有未来有盈利的上涨都不主张再去操作。对于低位开仓的投资者而言，此时可以继续积极大胆地持仓，因为成本具有优势，持仓没有任何压力。而对于空仓的投资者，还是另行寻找正处于好位置区间并形成突破的品种为宜。

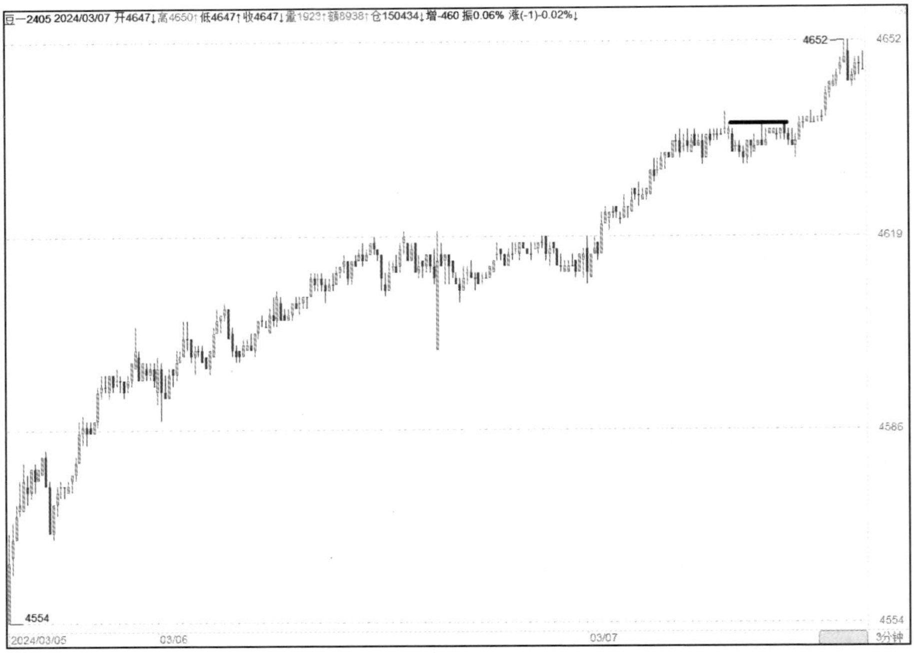

图 2-20　豆一 2405 合约 2024 年 3 月 5—7 日 3 分钟 K 线走势图

在图 2-21 中，价格在下跌过程中出现了多次突破走势，有下跌初期的突破，也有下跌末期的突破，就突破形成时的技术形态来看，高位形成的突破与低位形成的突破没有任何技术上的区别，这就意味着在风险方面，好位置与坏位置的突破是一样的。

虽然突破形态失败之后亏损的幅度是一样的，但是，在突破形态形成之后能够产生的收益却有着极大的差别，高位的突破空单若能拿到低位，将可以实现翻倍的收益，而低位的突破空单能赚取的收益却只是高位突破空单的零头。这就是一定要耐心等待好位置才去操作的原因，就算错过多次不好的位置处的操作，只要等来一次好位置的突破操作机会，一切便都会得到补偿。

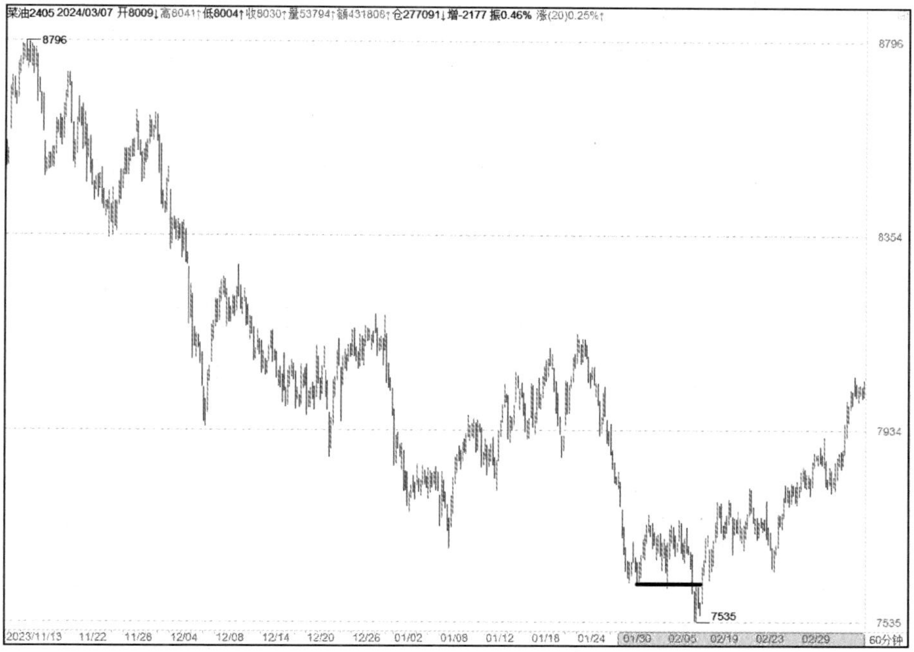

图 2-21　菜油 2405 合约 2023 年 11 月—2024 年 2 月 60 分钟 K 线走势图

不好的位置不仅主力获利幅度较大，普通投资者的获利也非常丰厚，这种情况下，空头的平仓抛盘将会不断出现，并且还会有想要做多的资金在等待机会，甚至是原先做空的主力也反手做多，这些因素都有可能会影响价格的进一步下跌，甚至会随时导致价格反转为上升趋势，从资金博弈的角度来讲，不好位置的价格波动充满了变数。

在图 2-22 中，价格形成了一轮简单结构的下跌行情，下跌途中出现了多次突破的技术形态，就算是最低点之前最后一次的突破也依然可以给投资者带来一次短线小幅度收益的机会。可见，不管是好位置还是不好的位置都可以入场操作，因为就算技术形态失败，在合理止损的情况下，任何位置的突破操作都不会带来大的亏损。小亏保障的是资金的安全性。

而不同位置处的突破，能够实现的盈利则是完全不同的，最低点之前最后一次的突破只能实现很小的收益，赚钱后若不赶紧平仓利润可能马上就被市场收回去了。而标注处的突破同样也可以给投资者带来获利的机会，但若持仓时间变长，价格的反弹同样会把利润吞噬干净。可见，不好位置处赚钱的难度是比较高的，不仅赚得少，而且很容易把到手的利润再返还给市场。

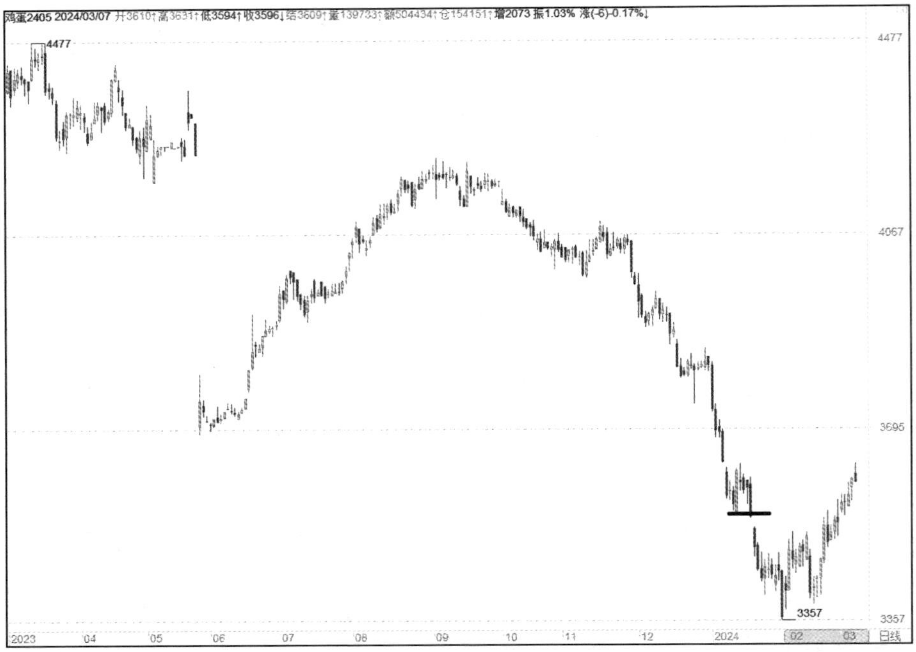

图 2-22　鸡蛋 2405 合约 2023 年 4 月—2024 年 3 月日 K 线走势图

而在高位进行做空操作，每一次入场后价格都可以顺利地走出一波下跌行情，可以让投资者实现不错的盈利，时刻处于持仓主动的地位。在空单成本较低的前提下，持仓的压力将会是很轻的，并且抗震荡的能力也很强，只要不是猛烈的反弹上涨，都不可能动摇投资者持有空单的信心。

不好位置的突破可以操作，因为它与好位置处突破的风险是一致的，采取的止损方法完全一样。但不好位置处赚的钱却是比较少的，只能是好位置处的零头。花着同样的精力，用着同样的操盘手法，为什么不在好的位置进行操作呢？主动放弃不好的位置，是投资者必须养成的良好的交易习惯！

2.5 什么位置的突破最有操作价值

不好位置处形成的突破走势能不能操作取决于入场形态是否形成，与位置无关。位置只起到影响收益幅度的作用，好位置价格刚刚上涨或下跌，未来的波动空间很大，因此，很容易给投资者带来较大的收益。而不好的位置处，价格已经有了较大幅度的上涨或下跌，能否继续上涨或下跌，以及未来的波动幅度是大是小很难判断，所以，不建议投资者在不好的位置处进行操作。

那么，就突破操作而言，什么才是好位置呢？笔者常用的识别方法为：布林线指标中轨由上升趋势转为下降趋势时，价格所形成的第一次的突破就是好位置处的空单突破走势；布林线指标中轨由下降趋势转为上升趋势时，价格所形成的第一次向上的突破就是好位置处的多单突破走势。这两个位置必须积极参与，如果能够保证第一次突破的操作都只在这两个位置处，想亏钱都是非常困难的一件事。在这两处点位进行操作，风险小、盈利空间大、操作的成功率更高，这是高成功入场点位的其中一种形态，只要投资者掌握了几种高成功率的入场形态，实现稳定收益就将会是一件非常简单的事情了。

好位置的入场点位都有一个共性：在一轮新趋势刚刚确立或确立不久之后入场，因为距离行情的结束无论是时间还是空间都还早，投资者大幅获利有着时间与空间的双重保障。若技术形态失败，不管是好位置还是不好位置的止损幅度都是基本一致的，亏着一样多的钱，但赚得却有极大差别，这就是必须重视好位置入场点的重要原因。

在图 2-23 中，价格下跌过程中出现了多次突破走势，因为下降趋势延续性非常好，所以，任何位置入场进行突破操作都可以实现不错的收益，但价格的下跌肯定有尽头，而这个尽头在价格没有涨起来之前，没有人知道在哪里。因此，在价格已经出现较大跌幅的情况下，再出现的突破操作最好主动放弃。

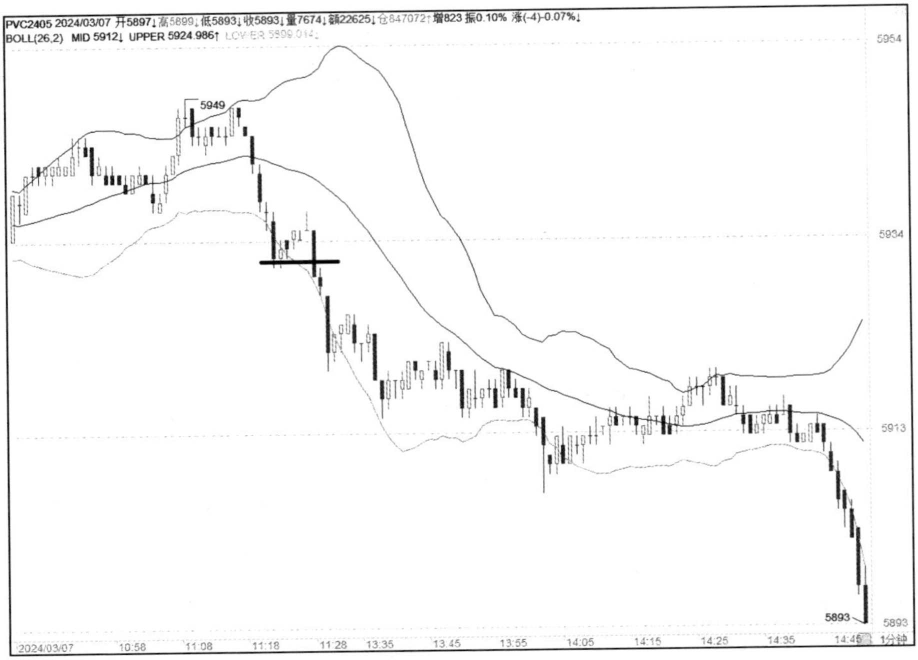

图 2-23 PVC2405 合约 2024 年 3 月 7 日 1 分钟 K 线走势图

一轮行情之中，有的位置适合入场进行操作，而有的位置则只适合持有，并不适合再去入场新开仓。适合入场的点位都是一轮趋势刚刚形成的阶段，因为价格后期往往会有较大的波动空间，因此，非常值得主动去承担风险来换取收益的可能。而下跌的中末期阶段，低成本资金早已实现了不菲的收益，此时再入场操作风险将大大地增加，一旦低成本的空单集中出局，入场的点位便可能是价格下跌的低点附近，此时就算主动去承担风险，也很难再换来收益。

那么，在本案例中好的位置又在何处呢？图 2-23 中标注处，布林线指标中轨由上升趋势刚刚转为下降趋势，这说明新的下降趋势刚刚形成，价格此时正处于下跌初期的阶段，在此前提下形成的突破走势正是中轨转向后的第一次突破，这就是绝佳的入场点位。在一轮下跌行情中会出现多次突破走势，但只有第一次突破的点位才有着更为广阔的下跌空间，随着未来突破走势一次次地出现，不仅盈利的空间将会越来越小，而且风险也将会越来越大。

在图 2-24 中，价格由上升趋势转变成为下降趋势，一旦布林线指标中轨转变了方向，便意味旧趋势的结束、新趋势的开始，这对处于空仓状态的投资者来说，将会是绝好的新的开始、新的机会。

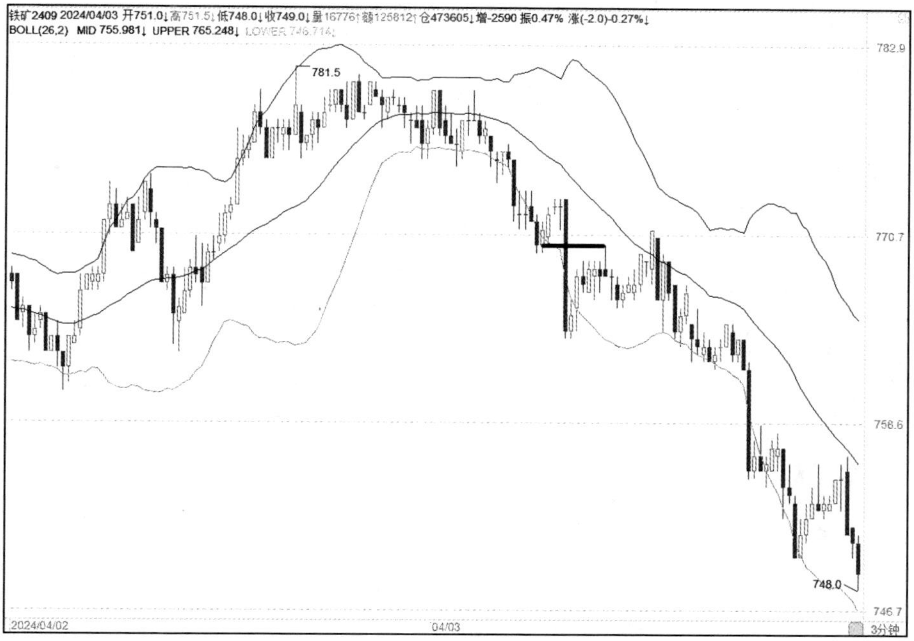

图 2-24　铁矿 2409 合约 2024 年 4 月 2—3 日 3 分钟 K 线走势图

价格经过一波下跌之后，出现了小幅度反弹的走势，连续几根小阳线把反弹的低点清晰地暴露了出来，这就使得投资者很容易决策该在哪里入场进行空单的操作。随着一根大实体阴线的出现，创新低的突破走势随之出现，投资者也应当于这根大阴线形成突破时入场进行做空操作。突破形成时，一定要先开仓做进去，而后再说其他的事。技术形态成功则用持仓的方式持有空单，突破形态失败则在预设好的点位坚决离场出局。

这一次的突破是布林线指标中轨方向转变以来第一次形成的向下创新低的走势，这意味着价格正处在非常好的位置。下跌的初期往往意味着在场中操作的主力资金并未实现大幅度的盈利，此时入场与主力资金的最低持仓成本相差无几，一旦主力开始发动行情，很容易赚取到与主力一样多的盈利，获利的效果非常好。因此，一定要对中轨转向后第一次形成突破的好位置进行积极的操作。

在图 2-25 中，随着价格波动重心不断上移，布林线指标中轨由之前的下降趋势转变成为上升趋势，新方向的形成要求投资者一定要停止所有的做空操作，并把操作思路及时地转换到做多上来。

图 2-25　沪镍 2405 合约 2024 年 1 月 29 日—2 月 22 日 60 分钟 K 线走势图

就在中轨刚刚形成拐头向上的时候，价格出现了调整，此时的调整是上涨以来的第一次调整，与之对应的突破也必然是上升趋势形成时的首次突破，这将是极好的入场点位，但最终价格以跳空的形式完成了突破，虽然有突破的形态，但却未能提供可操作的价格，这一次的机会只能放弃，而这种突破形态在长周期 K 线图操作中是经常会遇到的。

跳空之后价格很快又形成了调整的走势，由于这两处的波动基本处于同一价格范围内，在价格还没有出现大幅上涨之前，无论是调整低点的做多机会，还是突破点的做多机会，投资者都可以在技术形态形成时再次入场操作。在图 2-25 中标注处，价格形成了第二次的突破，因为价格是正常涨上去的，因此，提供了很好的操作机会。对于这种基本在同一价格区间先后形成的突破走势，其实可以把它们看成同等性质的操作，因为它们都处于价格刚刚上涨不久、整体涨幅并不大的好位置。

在图 2-26 中，在下跌行情结束之后，随着价格波动重心的不断上移，布林线指标中轨也由下降趋势转变为上升趋势，这意味着之前入场做空的资金已经功成身退，上升趋势则是由新的资金做多推动形成的，可能这批多头资金就是原来做空的资金，也可能是场外其他认为做多机会到来而入场的资金。但不管是什么性质的资金，新的上升趋势的确立肯定得到了它们积极的推动。

图 2-26　棉花 2405 合约 2023 年 9 月—2024 年 2 月日 K 线走势图

在布林线指标中轨转为上升趋势后不久，价格出现了调整的走势，回落的低点给投资者留下了极好的逢低做多的机会，在好位置处的低吸机会是非常难得的，这是顺势操作过程中利润最大的入场点。调整结束之后价格继续上涨，并向上突破了调整时最高阳线的收盘价，这是中轨形成上升趋势以来首次形成的突破走势，无疑它也是极佳的入场点位。

因为价格刚刚转为上涨，第一波上涨显然是主力资金的建仓区间，取第一波上涨行情的中心点为主力资金的平均建仓成本，调整低点的做多机会与主力资金平均持仓成本非常接近，这也是在该点位入场做多可以实现最大收益的主要原因。而突破点高于主力平均持仓成本，等于主力最高持仓成本，这个点位入场虽然主力资金已实现了盈利，但赚得并不多，只要主力赚得不多，投资者操作的风险就将会很低。

从技术形态的角度来讲，好的位置发生于一轮新趋势形成的初期阶段。从主力资金运作的角度来讲，好的位置入场将与主力资金的持仓成本非常接近，主力要赚多少钱，就必须带着好位置处进场的投资者一起赚钱。若好位置处主力资金没有能力发动行情，并且对行情的判断出现错误，那他赔的钱将远比普通投资者多。技术形态容易统一标准进行识别，持仓成本又与主力资金基本保持一致，这种技术点位一轮行情只会出现一次，一旦碰上一定要及时把握市场白送的赚钱好机会。

2.6　突破前的量能要求

虽然说突破形成时的种种技术形态很重要，但突破形成之前走势的各种状况也很重要，既要对 K 线形态加以要求，也要对成交量的变化加以要求，能够满足要求的走势便是最佳的操作对象，不能满足要求的走势尽量放弃不去操作。满足各项技术要求的，投资者操作时不仅成功率高，盈利幅度大，而且很多技术环节都可以提前做出判断，有利于制订更加周密的操作计划。而不满足某些技术要求的突破形态，要么突破走势容易失败，要么未来的涨跌幅度不尽如人意。

突破形成之前好的成交量表现为：价格上涨时形成明显放量的迹象，调整出现时形成明显缩量的迹象；价格下跌时形成明显放量的迹象，反弹出现时成交量明显萎缩。价格上涨或下跌时成交量明显放大，这说明有资金在场中进行着积极的建仓操作，随后的调整或反弹缩量，说明之前入场的资金并未离场，资金沉淀在场中为的是从后期的走势中继续获利，因此，价格后期延续当前趋势方向的概率将会是极大的。

量能的分析核心在于缩量，缩量体现的是资金没有离场，主力资金既可能在当前行情中才开始建仓，也可能在之前的行情中便进行了建仓的操作，但不管什么时候开始的建仓操作，当前调整或反弹明显缩量便意味着主力在当前区间根本没有出货的意向，主力不出货的区间便不是顶部或底部，因此，价格后期继续上涨或下跌的概率是非常大的。

在图 2-27 中，在第一波上涨行情中，成交量出现了明显的放大迹象，主力资金将自己的操作意图完全暴露给了投资者，学会看量，有助于投资者及时发现机会的所在。

图 2-27　沪锡 2404 合约 2024 年 3 月 6 日 1 分钟 K 线走势图

放量上涨之后价格出现了调整，整个调整区间成交量始终保持着低迷的状态，放量上涨缩量调整意味着之前入场做多的资金并未离场，这就预示着价格后期继续上涨的概率是很大的。因为调整有一定的时间跨度以及幅度，因此，给投资者留下了极好的逢调整低点做多的机会。

调整结束之后价格继续上涨，并顺利地突破了前期高点，在后期上涨过程中成交量继续保持着放大的状态，不断给投资者带来新的利润。在突破之前形成的放量向投资者发出了主力入场的信号，在该信号的指引下，如何把握操作的机会是非常容易的一件事，这也是为何强调突破形成之前一定要出现放量上涨与缩量调整的主要原因。

在图 2-28 中，价格下跌结束开始上涨时，第一波上涨过程中，阳线的成交量出现了明显的放大迹象，这说明价格的上涨得益于资金的买入开仓行为，主动性买盘数量远多于卖盘，价格自然会形成放量上涨的技术形态，而在上涨初期形成的放量走势恰恰暴露了主力资金建仓发动行情的意图。

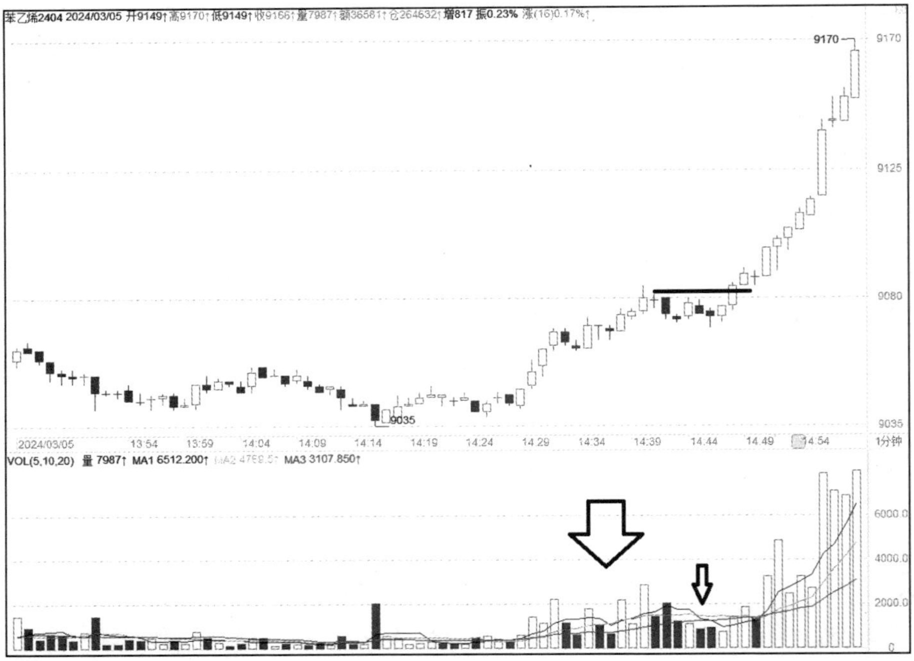

图 2-28　苯乙烯 2404 合约 2024 年 3 月 5 日 1 分钟 K 线走势图

第一波上涨结束后，随着价格的调整成交量出现了萎缩，这意味着之前入场做多的资金没有在此时离场，主要原因就是价格距离平均建仓成本位非常近，主力根本没有实现大幅度的盈利，自然不会在低涨幅的情况下出局。放量上涨意味着主力已经入场，缩量调整意味着主力没有离开，这就是上涨行情远没有结束的正确解读。

短暂的调整结束后价格形成了突破的走势，随着成交量的连续放大，一轮大幅度的上涨行情随之形成，价格此时能够走得如此好，就是因为之前上涨时的基础打得好，虽然价格的调整没有提供好的逢低做多机会，但突破点入场做多则可以将盈利的机会紧握在手中。

在图 2-29 中，主要的下跌阶段成交量都保持着连续放大的状态，这说明主力资金在场中操作的积极性是非常高的。对于这种放量明显的行情，投资者一定要抱着赚大钱的态度进行操作，量能越大意味着主力投入的资金数量越多，这也是主力自己想要赚大钱最直观的技术信号。

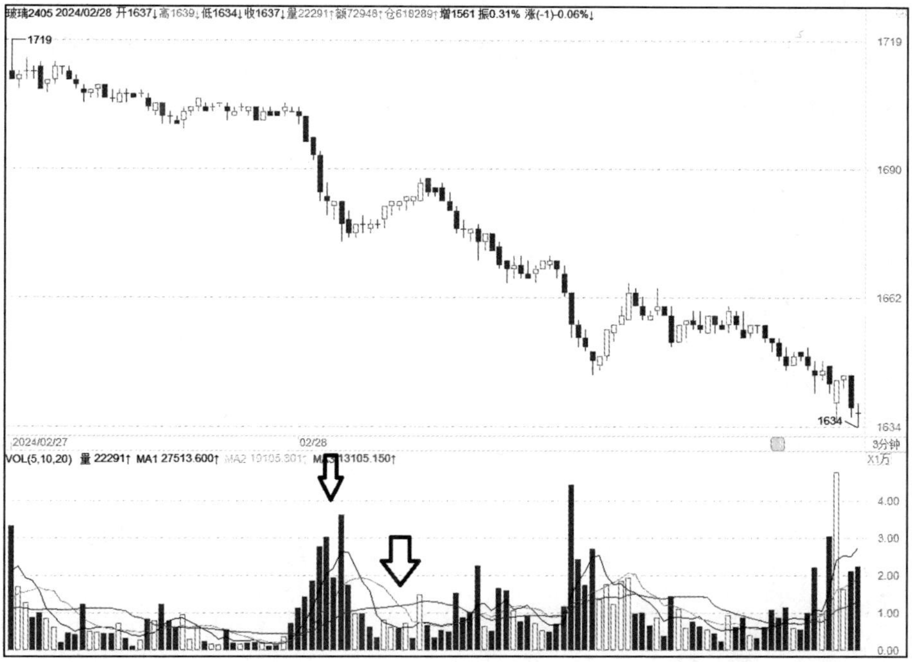

图 2-29 玻璃 2405 合约 2024 年 2 月 27—28 日 3 分钟 K 线走势图

标注处第一次放量下跌结束后价格出现了反弹，反弹过程中阳线的成交量出现了明显的萎缩，这说明多方资金并没有兴趣入场进行操作，这是价格难以延续上涨的信号。之前放量下跌的成交量规模远大于当前的规模，这意味着之前入场做空的资金很难在缩量过程中顺利出局。比如，之前放量有 5000 万元资金入场，而现在反弹缩量区间总成交额只有 1000 万元，这就意味着有 4000 万元的资金沉淀在了场中没有离场，不管是主力根本就不想离场，还是想离场却没有机会，都将会推动价格继续下跌，只有这样才可以吸引更多的资金参与操作，主力才能创造出好的出货条件。

突破形成之前该品种便保持了放量下跌、缩量反弹的走势，这是主力资金提前做好操盘准备的象征，只要投资者读懂了成交量的变化规律，通过成交量的放大与萎缩看穿了主力的操作意图，再在突破点进行操作，心里的底气也就更足了。

在图 2-30 中，价格转为下跌走势后，阴线的成交量便保持着连续放大的状态，处于下跌的高位，成交量的放大就是主力资金入场操作最直接的证据。只要通过成交量的变化发现了主力的身影，也就等于找到了赚大钱的机会。

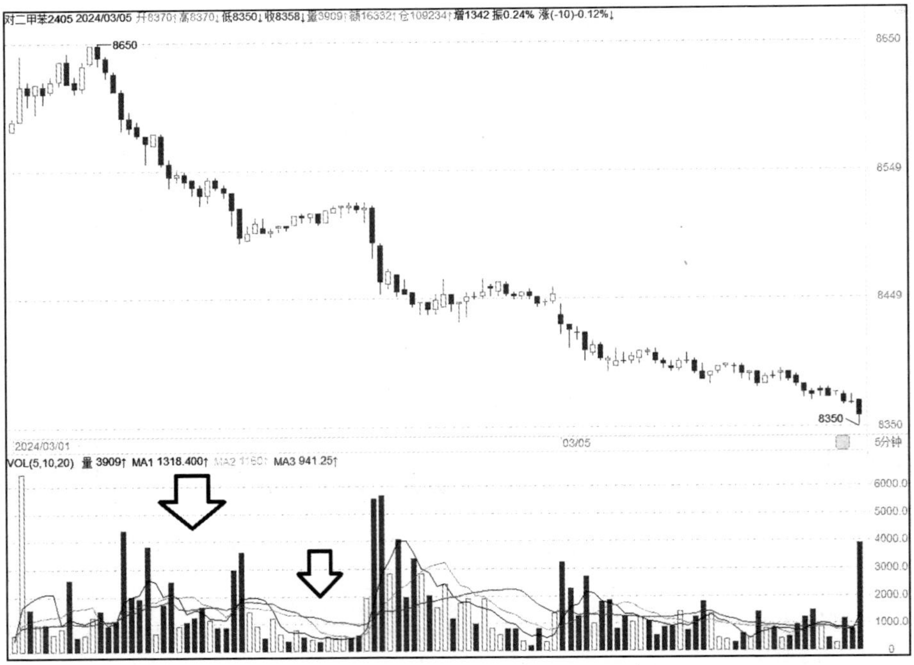

图 2-30 对二甲苯 2405 合约 2024 年 3 月 1—5 日 5 分钟 K 线走势图

第一波下跌结束之后价格反弹出现，整个反弹过程中成交量始终保持着萎缩的状态，反弹缩量一则说明没有多方资金入场操作，二则说明之前入场的空方资金根本没有在此区间出货离场，主力资金依然留在场中，这就意味着行情还没有走到尽头，该区间绝对不是底部。放量下跌、缩量反弹是完美的量价技术形态，后期不管是有逢反弹高点做空的机会，还是形成突破的走势，投资者都应当积极地参与其中把握机会。

小幅度的反弹结束之后，价格形成了突破的走势，因为之前下跌与反弹的基础打得非常好，所以，后期继续大幅下跌也就是非常正常的技术现象了。虽然说无量的波动也能导致价格被动地走出一轮行情，但相比放量的波动，各种细节都难以让投资者做出正确的判断。

突破入场点在价格形成调整或反弹时便可以提前做出判断，而主力资金有没有在场中积极运作也可以通过之前的上涨或下跌时成交量的变化提前做出判断，一切细节都给投资者制造了提前决策的机会，只要掌握了这些技术细节，赚钱的机会又怎会再溜走？

2.7 突破前的涨跌力度要求

突破形成前，形成放量涨跌行情的可操作性将远高于量能放大一般的行情，成交量这个重要的因素一定要利用起来，它将提高分析的精准度。同时，投资者还需要对价格波动时的力度变化进行分析，并养成在涨跌力度较大的情况下入场操作的良好习惯。那么，该如何衡量价格上涨力度的大小呢？

对价格涨跌力度的判断有多种方式，但最适用于实战操作的便是趋势类指标，笔者实盘操作时喜欢使用布林线指标，因为它有着十二大实战功能，远比移动平均线所反映的市场信息更加全面，所以，在衡量价格涨跌力度时，可以直接参考布林线指标中轨的运行角度。

在价格上涨或下跌时，若布林线指标中轨角度等于45度，则意味着价格上涨或下跌的力度较大，这一期间无论进行什么性质的操作都容易有较高的成功率。而一旦布林线指标中轨向上或向下的运行角度明显小于45度，则意味着价格此时涨跌的力度较弱，这将会导致价格上涨或下跌的幅度明显减小，这一期间不宜再使用类似突破这样介入成本较高的操盘方法。

在对布林线指标中轨运行角度进行研判时，肉眼识别就可以，K线图中都会有十字光标，肉眼一看便可以看出是否是45度角。有时分析时视觉上可能略小一些，只要差值不大，都可以视为满足了要求，毕竟，操盘时我们不可能拿个量角器去测量。

在图2-31中，布林线指标中轨由上升趋势转变为下降趋势后，一轮跌幅较大的空头行情便随之形成。实战操作时，一定要对布林线指标中轨方向的转变高度重视，这是旧趋势结束、新趋势开始的信号，投资者的操作思路与操作方向必须顺从布林线指标中轨当前时刻的方向指引。同时，还要对布林线指标中轨运行的角度进行分析，以判断价格当前波动的力度。

图2-31　花生2404合约2024年3月6日1分钟K线走势图

在价格下跌的时候，对布林线指标中轨进行观察可以看到，中轨向下的角度正好保持着45度，这说明价格当时下跌的力度比较大。在价格下跌力度较大的时候，任何操盘手法都可以运用，因为价格下跌的持续性往往比较好，哪怕入场成本略高，也照样有利可图。若投资者想要对下行的角度进行更精确的测量，也可把K线图中的十字光标调出来，从中轨向下的起点进行对比，看一下中轨是否是 90 度角度的一半。

角度是价格下跌力度的一种判断方式，也是实战操作最简便的一种识别方式，可以帮助投资者在极短的时间内做出正确的判断，极大地减轻了分析的压力。布林线指标中轨可以如此提示，移动平均线也可以按此方法进行运用，只要是趋势类指标都适用本方法。

在图 2-32 价格上涨的过程中，布林线指标中轨向上的角度比较大，整体来看基本保持着 45 度角向上的运行状态，这也是价格能够形成一大波上涨行情最容易做出判断的一种技术信号。布林线指标中轨向上运行的角度越大，则代表价格上涨的力度越大，力度越大则上涨的幅度也将会越大，因此，在大的上涨角度区间进行操作，收益预期也一定要放大一些，千万不要赚到点儿小钱就匆忙地平仓出局。

图 2-32　乙二醇 2405 合约 2024 年 3 月 1 日 1 分钟 K 线走势图

上涨结束之后，随着价格波动重心的不断下移，布林线指标中轨也由上升趋势转变为下降趋势，但从当时的 K 线数据来看，布林线指标中轨向下的角度非常小，远小于 45 度角，这说明此时的空头力量非常虚弱，难以预判价格会有较大的跌幅出现。因为布林线指标中轨已经指明了方向，所以，做空的操作虽然是可以执行的，但因为角度小则力度小，力度小则跌幅小，所以，尽量放弃对该区间的操作。

在布林线指标中轨运行角度较小的情况下，突破操作就不宜进行了，而应当以逢反弹高点做空的操作手法为主，因为入场点位置略高，哪怕价格下跌幅度有限，也照样可以获得一些小幅度的盈利。若使用入场成本较高的突破方法进行操作，则很容易做空在低点位置，不仅很难赚到钱，止损的概率还比较高。

在图 2-33 中，价格下跌之后形成了一轮大幅度上涨的行情。任何时期、任何品种的大幅度上涨行情往往都有一个共同的特点：强势特征非常明显。

图 2-33　纸浆 2405 合约 2024 年 3 月 6—7 日 3 分钟 K 线走势图

就图 2-33 走势来讲，强势特征最直观的体现就是在价格上涨过程中，布林线指标中轨向上的运行角度比较大。中轨向上角度大是价格大幅上涨所引发的现象，如果 K 线表现出的上涨力度非常小，中轨不可能形成大角度向上的运行状态。而价格为何会强势上涨？答案就是有大量的资金在积极地进行做多的操作。所以，上行角度的大小其实代表了资金的操作意愿，它是资金操作态度的外在体现。

中轨较大的向上运行角度是无法在价格刚一上涨便做出判断的，必须有足够多的 K 线数据之后才可以看出来，一般在价格出现调整的过程中便可以完全做出正确判断了，这根本不影响操作的进行，价格调整初中期时，可以根据调整的状况判断是否有在调整低点做多的机会，如果调整低点不提供机会，也可以在突破点进行操作，因此，完全没有必要急于去判断中轨运行的角度大小。

在图 2-34 价格下跌的过程中，布林线指标中轨向下的角度比较大，很明显已经大于 45 度角的最低要求。中轨向下运行的角度越大，越容易给投资者带来大幅收益的机会，所以，一旦发现当前行情中布林线指标中轨向下的角度大于 45 度，投资者一定要耐心持仓，并且要抱着不赚到一笔大单绝不轻易平仓的心态。

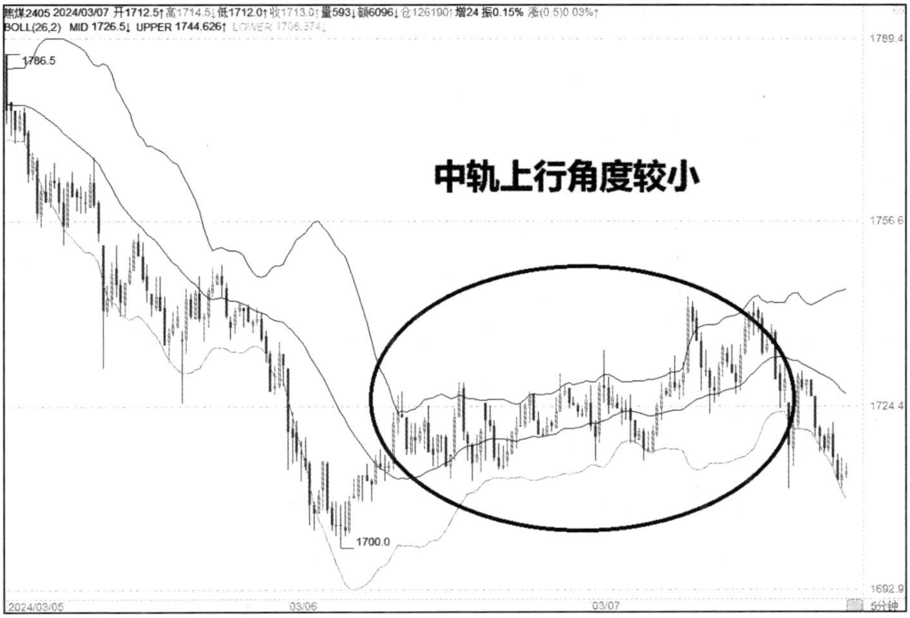

图 2-34　焦煤 2405 合约 2024 年 3 月 5—7 日 5 分钟 K 线走势图

下跌结束之后随着价格波动重心的上移，布林线指标中轨由向下转变为向上的方向，只要发现中轨形成向上拐头的迹象，就要意识到下降趋势已结束，空单必须在中轨拐头向上时离场。中轨向上运行的时候，角度非常平缓，远远小于45度角的最低操作要求，这说明价格在这一区间上涨的力度非常小，在中轨向上角度小的区间进行操作，只能在调整的低点进行做多操作，千万不能使用突破以及追涨的手法进行操作，这两种操作方式很容易做多在价格上冲的高点处。

一旦发现某品种中轨向上的角度较小，就要及时切换目标品种，去寻找那些中轨大角度波动的品种进行关注以及等待入场时机。中轨角度小意味着力度小，力度小则说明资金做多情绪不高，这种情况下，大的上涨行情将很难出现。

在对中轨角度进行分析的时候，投资者一定要在同样大小的界面中进行判断，不宜频繁地压缩或放大K线图，这样会导致坐标的改变，使图像的显示有所失真。一旦压缩了K线图，原本较小的角度也可能会在压缩状态下呈现出较为陡峭的运行角度，从而给实战决策带来干扰。

2.8 突破前的横盘调整

横盘走势是价格波动过程中时常会出现的一种技术形态，横盘出现的位置不同，对后市的影响也有着很大的不同。在上涨或下跌初期阶段形成的横盘走势，往往是趋势将会延续的信号，投资者在此时应当坚定持仓，上涨后的横盘调整说明空方力量非常弱，根本没有能力将价格打下来，空方力量弱则多方力量强，价格自然可以继续上涨。而下跌中末期的横盘则容易产生变数，投资者应谨慎持仓，但后市的动向不像涨跌初期那么容易确定。

横盘走势多数情况下属于强势形态，但对于突破操作而言却不容易，因为价格一直横在那里，往往无法清晰地辨认出之前的高点或低点，一旦价格下跌，投资者便可能错过机会。所以，进行突破操作，最不想碰到的便是横盘形态。哪怕价格调整深一些，或反弹上涨力度大一些都没关系。一旦形成横盘，除非横盘已有一定的时间，可以使用逢调整低点做多或逢反弹高点做空的手法进行操作，或者进行持仓操作，但对于空仓的投资者，特别是想在此区间进行突破操作的投资者来说，很不友好。

在涨跌初期出现的横盘的确是看涨形态，而且是很坚定的看涨或看跌形态。横盘形态之所以会对突破走势产生影响，只是因为价格在极小的范围内波动使得突破的参照高点或低点难以识别，无法确定价格越过哪个价位时才可以入场操作，所以，当看到价格出现横盘走势时，突破手法便不宜再去使用。

在图 2-35 中，价格上涨结束后转为了下跌的走势，第一波下跌行情既出现了一定的跌幅，又没有跌得太多而透支后期价格下跌的空间，这往往意味着下跌行情还没有结束。

图 2-35　花生 2404 合约 2024 年 3 月 6 日 1 分钟 K 线走势图

第一波下跌之后价格出现正常的反弹，但这一波的反弹是以横盘的方式进行的，这说明空方力量非常弱，根本无法组织起有效的上涨。这是价格将会继续下跌最明显的技术信号，手中若持有空单，投资者在此时一定要坚定地进行持仓操作。

虽然可以通过横盘走势推导出价格未来有较大的下跌概率，但想在这一区间进行突破操作却是非常困难的，因为价格在该区间波动重心没有任何变化，几根K线的收盘价基本一致，无法决策出谁是下跌波动过程中最后一根阴线，而且价格的反弹也没有将最低的阴线暴露出来，失去了低点的参照，突破操作自然无法顺利地进行。在面对价格形成的横盘走势时，投资者一定要做好放弃进行突破操作的准备。

在图2-36中，价格在右侧位置的反弹都是以上涨的方式进行的，只要K线收出阳线便可以将突破的低点清晰地暴露出来，此时不管是逢反弹高点进行做空的操作，还是在前低点进行突破操作，都可以轻易地找到具体的入场点。

图2-36　塑料2405合约2024年3月5日1分钟K线走势图

在标注处价格反弹时，连续好几根K线形成了星K线的走势，波动重心基本保持水平的状态，这就是横盘走势最经典的形态。横盘一出，手中的空单可以继续持有，在价格整体跌幅并不大的情况下，这是最常见的看跌信号，并且价格下跌的概率也非常大，因为多方始终活跃不起来，说明空方牢牢把控着局势，下跌行情自然会很好地延续下去。

虽然能够判断出价格后期将会继续下跌，但是，想要在这一区间进行突破操作却是非常困难的，因为连续收出的星K线让人无法清晰地判断该把哪个位置视为突破的参照点，所以，在价格横盘时只能放弃突破操作。好在横盘之后价格连续收出两根小阳线，就是这两根小幅上涨的小阳线把低点清晰地暴露了出来，一下子就可以让投资者清晰地判断出后期该在哪个具体价位进行突破操作。

在图2-37中，价格上涨中途进行调整时，都收出了阴线，只有阴线的出现才可以把突破点给清晰地暴露出来。下，投资者可以等待调整低点进行逢低做多操作；上，则可以在突破点提前布局以把握价格继续向上的机会。所以，进行突破操作，笔者最喜欢的走势就是价格调整时收出阴线。

图2-37 黄金2406合约2024年3月4日3分钟K线走势图

在第一个标注处，价格再次调整，但此时的调整则形成了横盘的技术形态，连续的小实体阳线以及没有跌下来的阴线，让投资者无法清晰地识别出哪个位置才是突破操作的参照点。无法寻找到前高点，失去了前高点突破的参照物，突破操作手法此时自然就不能运用。

而第二个标注处同样也是横盘调整，价格下跌的幅度非常小，但相比第一个位置处的横盘，此处价格收出了一根较长阴线，就是这一根阴线便把突破高点给映衬了出来，此时进行突破操作的难度要比前一处小了许多。可见，调整过程中是否出现阴线，对于突破操作能否顺利进行有着很大的影响，若价格形成横盘形态，虽然后市继续看涨，但没有了统一标准的入场机会。

在图 2-38 中，价格上涨到腰部之后出现了一次横盘的走势，由于价格已经有了两波上涨，所以，此时的横盘虽然显示出了多方力量依然强大，但由于价格所处的位置并不理想，因此，未来能否继续上涨并不好判断。此时投资者只能做好止盈保护，只要没有跌破止盈位便可以继续持仓，应随着价格变化灵活地调整止盈位，而不宜有过高的预期。

图 2-38　豆粕 2405 合约 2024 年 2 月 29 日—3 月 1 日 3 分钟 K 线走势图

标注处价格调整的前几根 K 线形成了横盘的走势，面对这种走势，交易的策略为：如果价格没有收出阴线，而是在该区间继续横盘，则突破操作的手法需要放弃，若横盘有一定的时间，也可使用调整低点做多的方法进行参与。不进行突破操作，并不是因为价格走势较弱，而是因为横盘的强势变化未能把高点清晰地暴露出来，突破操作找不到前高点的参照物。

横盘走势对于持仓有利，此时持仓的心理压力是很轻的，因为价格不涨也不跌，不会对投资者的心理造成太大的影响。横盘只是对空仓的投资者来说并不友好，很难决策具体的入场点，逢调整低点做多或逢反弹高点做空的手法，很多时候也难以找到符合技术要求的入场点位。虽然横盘走势多数情况下是一种强势形态，但就操作来说，难以确定具体入场点则是一个很大的问题。

2.9　突破前的深幅调整

上涨之后必然出现的调整技术形态是多种多样的，有时间长的调整，也有时间短的调整；有形态结构简单的调整，也有形态结构复杂的调整；有浅幅甚至是横盘的调整，也有回落幅度深的调整。不同的调整形态有着不同的应对措施，有的需要积极进行操作，有的则需要主动放弃操作。

多数情况下，调整回落幅度浅的技术形态都是要积极操作的，因为它说明空方的力量非常弱，多方占据着完全主动的地位。若调整回落的幅度较深，则是要放弃操作的，这说明空方在当前的位置力度比较大，这有可能是主力刻意为之，目的就是把意志不坚定的投资者赶出局。但到底是空方力量大，还是主力刻意为之，价格未来不涨上去是无法提前做出判断的。从历史上调整转变成下跌的大量案例来看，它们都有着一个共性，那就是调整回落的幅度较深，空方压倒了多方，从而使得原本的调整一步步转为了下跌。

当价格涨起来以后，的确能判断出之前深幅度的回落是主力资金刻意的砸盘，但此时价格已经涨了起来，可交易的机会已经错过。若没有后期的上涨，便无法判断深幅的调整到底是转势，还是正常短暂的波动。因此，在空方力量较大的情况下，为了防止空方力量过大将上升趋势扭转为下跌，还是主动放弃深幅调整形态的操作为宜，不管是逢调整低点做多的操盘手法，还是突破操作手法，都不宜在此时使用。

在图 2-39 中，标注处价格出现了一次调整的走势，这一调整区间内，阴线的实体非常大，是图 2-39 中所有 K 线最大的实体，这说明此时空方的力量非常大。如果将视线定格在大阴线出现的时刻，无法判断出价格后期是要继续上涨还是要转为下跌，对未来波动方向无法做出较准确的判断时，便意味着当前的技术形态并不适合入场进行操作。

图 2-39 玻璃 2405 合约 2024 年 3 月 4 日 1 分钟 K 线走势图

通过对比价格后期上涨过程中小幅调整走势来看，深幅调整最明显的技术特征就是对之前的上涨波段进行了大部分或彻底的吞没，而小幅度调整价格回落的幅度则往往在上涨波段的 1/3 以内。上涨的波段就是参照物，价格调整幅度浅，则吞没上涨波段的部分就会小，如果空方力量大，则向下吞没上涨波段的幅度就会很大，特别是上涨波段被调整彻底吞没时，直接放弃此时的操作就行了，什么时候价格恢复过来什么时候再做考量。

价格出现深幅调整之后虽然没有转为下跌，但在后期较长的时间内也没有走出好的上涨行情，经过了较长时间的震荡彻底化解了空方的压制之后，上涨行情才随之出现。可见，深幅度调整出现的位置，价格就是不跌，暂时也难以出现上涨，主动回避是正确的抉择。

在图 2-40 中，价格见底之后出现了一轮连续上涨的行情，在上涨中途出现了多次调整的走势，但先后形成的调整多是小幅度的回落形态。当这些回落幅度较小的调整出现时，投资者便可以轻松地判断出价格后期将会大概率上涨，决策的难度是很小的。

图 2-40　合成橡胶 2404 合约 2024 年 3 月 7—8 日 3 分钟 K 线走势图

而在上涨的初期阶段，标注处形成了一轮深幅度的调整走势，这一次的回落虽然未能将整个上涨波段全部吞没，但也吃掉了上涨波段 1/2 的空间，这说明空方的力量还是比较强大的。如果价格就此回落，则直接形成了 M 顶形态，若价格上涨，则对未来会形成何种波动状态无法预判。当对未来走势无法做出准确判断时，投资者最好主动放弃此时的操作，千万不要看着后边的上涨去指认前边的调整可以入场操作，这没有任何意义，也是非常错误的学习总结的方式。

只要价格调整回落的幅度超过上涨波段的 1/2，投资者便要主动放弃这一次的机会，虽然价格后期涨得不错，但宁愿在较高位置处的小幅调整区间入场，也绝不在低位置处深幅调整区间入场。位置的高低只影响收益的幅度，但回落幅度的深浅则会影响价格后市能否上涨，虽然赚的利润可能会少一些，但较高位置处的调整回落幅度小，价格上涨概率高，自然在此位置操作效果会更好。

在图 2-41 中，当天开盘与昨收盘 K 线连贯性比较好，没有出现大幅度的跳空缺口，因此，可以将这两天的走势看作连续性的波动。有一些品种经常在开盘时刻出现大幅度的跳空现象，这就会对刚开盘一段时间内的走势造成干扰，K 线图形断档期间不宜过早地入场操作，只有等到有足够多数量的 K 线数据后才可依据技术形态决策入场时机。

图 2-41　焦炭 2405 合约 2024 年 3 月 7 日 1 分钟 K 线走势图

开盘后价格快速下跌，之后便出现了反弹的走势，最终价格的反弹吃掉了下跌波段的 80%，这说明多方的力量非常大。站在反弹高点去看，价格既有可能转势形成上涨（反弹结束下跌的初期很像是上涨后小幅度的调整），也有可能延续向下的大趋势。是涨是跌，在反弹高点的位置无法做出准确的判断。任何投资者都必然会有看不清未来波动状况的时候，这种情况下，不要硬去操作，一定要放弃这一区间的机会，或等待能看懂的新机会的到来，或重新寻找其他品种的交易机会。

只有反弹幅度小于下跌波段 1/2 的品种才值得关注，反弹上涨的幅度越大，说明多方力量越大，这是由多方或空方的买入平仓造成的，或是由多方资金的买入开仓造成的，不管是谁提供了做多的力量，都必然会对价格后期的下跌不利。不在反弹高点操作，并不代表放弃所有的机会，若价格后期又形成了可以大概率判断出未来波动状况的技术形态，投资者依然可以在那个时候入场操作。

在图 2-42 中，价格形成了一轮非常经典的震荡下跌形态，其中出现了两次大幅度上涨的反弹形态和一次小幅度上涨的反弹形态。不同的反弹形态决定了投资者所采取的操作手法的不同。

标注处的两次反弹过程中，价格上涨的幅度均超过了下跌波段的 1/2，这说明多方力量较为强大，由于价格的波动并未能体现出空方牢牢把控着局面的情况，因此，站在反弹高点位置来看，只能得出多方力量较强大的结论，至于空方力量如何很难进行判断。无法精准确定多空双方的力量对比，便无法得知价格后期大概率的波动状态。投资者在对后市是上涨还是下跌感到迷茫时，最好放弃操作静观其变，或寻找其他可以一眼便识别出机会的目标品种。

当第三次反弹出现时，价格上涨的幅度相比下跌的幅度便小了很多，这说明空方力量完全压过了多方力量，多空双方的力量对比差异非常明显，这才是好的操作形态，小幅度反弹预示着价格继续下跌的概率将会是很大的。虽然所处的位置并不太理想，但下跌的概率却非常大。

当价格出现大幅度反弹或深幅调整时，逢反弹高点做空与逢调整低点做多的手法都不宜再去使用，因为上述走势的出现多数时候都不符合操作的要求，逢反弹高点做空与逢调整低点做多针对的是既要出现一定幅度的

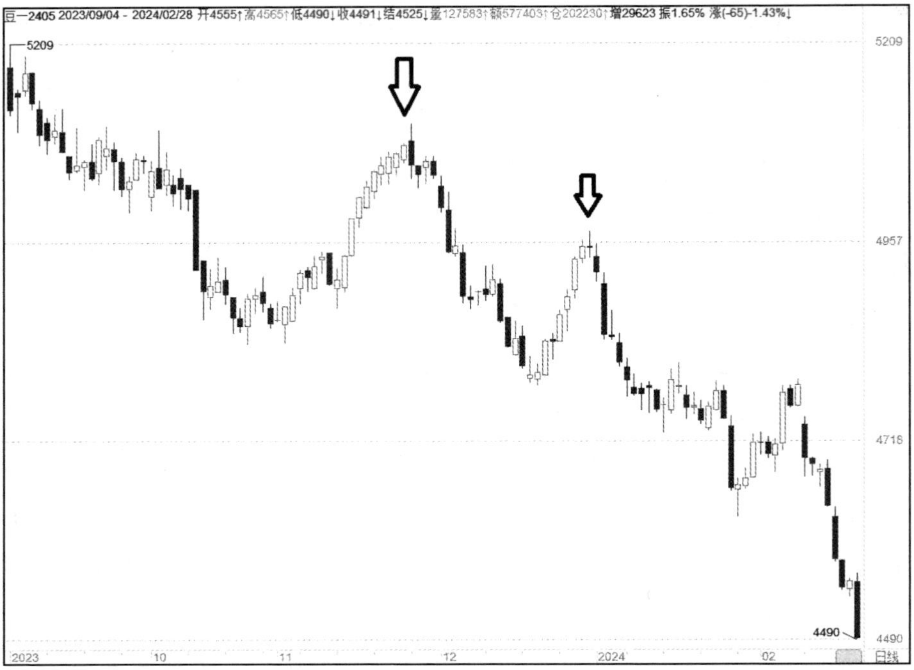

图 2-42　豆一 2405 合约 2023 年 10 月—2024 年 2 月日 K 线走势图

波动，但又不能形成大幅波动的走势。具有持仓优势的方法都不宜使用，自然，持仓成本不具有优势的突破操作更不能使用了。想要提高操作突破的成功率，一定要主动回避反弹上涨幅度大以及调整回落幅度深的走势形态。

2.10　突破前的 K 线形态要求

突破走势形成前对调整的幅度进行要求，针对的是整体调整形态，深幅调整时，该形态可能是由连续小阴线的方式构成的，也可能是由大实体阴线构成的，对于调整幅度深且阴线实体大的走势，是必须主动放弃操作的，但对于连续小阴线进行调整的走势，既要以机会的态度来面对，也要做好形成风险性调整的心理准备。

因为调整既涉及整体走势的要求，又涉及具体 K 线细节走势的要求，所以，两者都要有清晰的形态描述。突破形成前对 K 线的具体要求是：既要调整回落下来，把高点清晰地暴露，阴线的实体又不能过大；既要反弹上涨一定的幅度，又不能涨得太多，且阳线的实体一定要小。满足了这样的 K 线形态要求，便可以预期价格后期将会大概率继续上涨或下跌，投资者可积极地进行操作。

调整区间阴线实体是大是小要跟上涨时的阳线进行对比，反弹上涨过程中阳线的实体要跟下跌时的阴线对比。调整时阴线实体明显小于上涨时阳线的实体，这就说明多方力量强而空方力量弱，这是可以积极做多的信号。反弹时阳线实体相比下跌时阴线的实体明显偏小，这是空方力量强、多方力量弱的表现，价格后期继续下跌的概率也将会是较大的。

在图 2-43 中，一轮连续的震荡下跌走势非常经典，每一波下跌都有一定的跌幅，但又没有跌得过大而透支后期的下跌空间，这种含蓄性的下跌往往可以延续很长时间，空方非常好地控制着价格下跌的节奏。而当反弹出现的时候，既有一定的时间，又有一定的幅度，非常利于投资者把握住逢反弹高点做空以及突破点做空的获利机会。

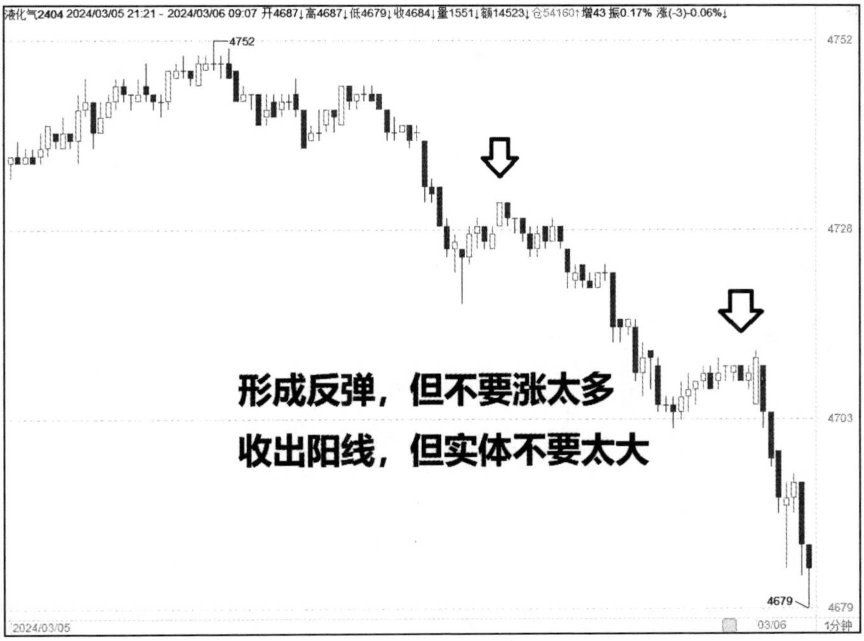

图 2-43　液化气 2404 合约 2024 年 3 月 5 日 1 分钟 K 线走势图

三次反弹虽然位置各不相同，但却有着相同的技术特征，虽然有一定幅度的上涨，但上涨的幅度又都不是很大，这说明多方力量并不是很强，多弱则空强，这也是价格后期可以继续下跌的主要原因。在反弹区间，阳线的实体对比下跌时阴线的实体都小，K 线实体大小的差异进一步体现了多方力量弱、空方力量强大的事实，这种情况下，价格转势向上的概率很小，继续向下才是大概率的事情。

一旦反弹过程中 K 线的技术特征满足了价格有一定涨幅，但涨得不多、阳线 K 线普遍较小的条件，在价格创出新低的那一刻，投资者就要积极地入场进行做空操作。只要读懂了市场所发出的价格将会继续下跌的信号，获利真不是一件难事。

在图 2-44 中，价格同样形成了一波震荡下跌的行情，一波下跌必然会出现一波反弹，这对投资者的提示便是：千万不要担心错过机会，价格下跌之后必然会反弹，错过下跌没有任何关系，在反弹形成时再去捕捉价格进一步下跌所带来的盈利机会就可以。千万不要一看到错过行情便追进场中，搞不好追在下跌的低点附近，一波反弹就会打掉止损。

图 2-44　玻璃 2405 合约 2024 年 2 月 27—28 日 5 分钟 K 线走势图

前两次反弹的过程中，价格出现了小幅度的上涨，这使得整体行情看起来，空方有进三退一的态势，反弹时价格上涨的幅度是多方力量最直接的体现，涨不高便说明多方力量非常弱，这是价格将会继续下跌的第一大常见信号。反弹过程中，阳线的实体都非常小，而阴线的 K 线实体都比较大，K 线实体的形态进一步反映了空方力量大而多方力量小的事实，这同样是价格将会继续下跌的常见技术信号。在下跌概率较大的情况下，无论是在反弹高点处，还是在价格创出新低的突破点处，投资者都应当入场把握获利的机会。

第三处细体箭头标注处，价格第三次形成反弹的走势，这一次反弹上涨的幅度跟下跌波段相比仍然在跌幅的 1/3 内，整体反弹上涨的幅度并不过分，仍然属于继续看跌的形态。但 K 线实体的变化与前两次反弹相比便不太乐观了，因为阳线的实体偏大，基本上等于下跌时阴线实体的平均大小了，这说明多方力量略强。如果仅是 K 线实体增大，但整体涨幅并不大，则价格还可以继续下跌。若反弹阳线实体增大，并且整体反弹幅度也较大，就应当坚决放弃操作。

在图 2-45 中，开盘后不久价格便出现了一轮快速上涨的行情，因为行情来得比较迅猛，必然有许多投资者没有来得及开仓，这种情况下千万不要着急，一般开盘后第一波上涨的行情多是主力资金的建仓，能与主力一起建仓更好，这样成本会更低、未来赚得会更多，但若错过了第一波上涨行情便不要再追涨了，耐心去等待必然会出现的调整走势，然后再根据具体的调整形态制订相应的操作计划。

第一波上涨结束后价格形成调整，这一波的调整幅度非常小，波动重心始终没有下移，整体来看基本上属于横盘调整的性质，但连续小实体的阴线又清晰地暴露出了突破点的所在。这种形态的调整使得投资者可以轻松地做出判断：未来价格将会进一步上涨。一是因为调整回落的幅度较小，价格虽出现了下跌，但跌幅很小；二是阴线的实体都非常小。两者结合在一起便可以看出：空方的力量非常弱，空弱则多强，价格自然会继续上行。

有的时候小幅度的调整能够给投资者带来逢调整低点做多的机会，但很多时候小幅度的调整无法形成符合要求的低点，这种情况下投资者便只能在突破点进行操作。本案例正是如此，想捕捉调整低点是不可能的，但在突破点捕捉机会却可以非常容易地实现。

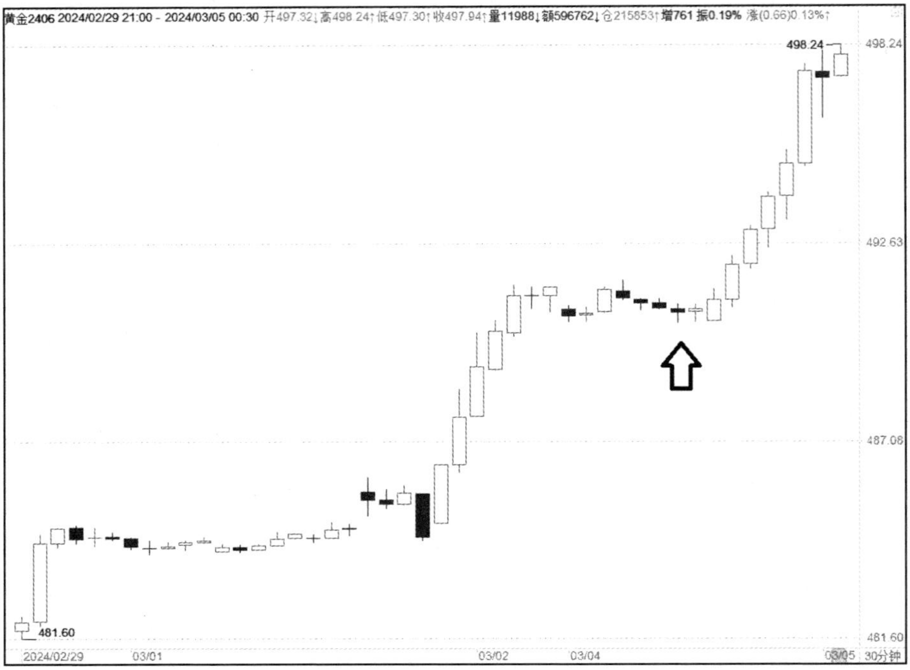

图 2-45　黄金 2406 合约 2024 年 2 月 29 日—3 月 5 日 30 分钟 K 线走势图

在图 2-46 中，价格上涨的中后期所形成的都是调整时间很短、调整幅度很小的形态，这种技术形态无法在调整低点进行操作，只能在突破点捕捉机会。调整低点要求价格要有一定时间的回落，所有调整时间短的形态只适合使用突破手法进行操作，所以说，突破操作既是一种独立的操盘手法，又是极为重要的最后一道机会“拦截网”，一旦错过突破入场点，便只能进行追涨操作了。

而在价格上涨后的第一轮调整过程中，投资者既可以进行逢调整低点做多的操作，又可以进行突破点做多的操作，还可以通过调整的具体形态准确地判断出未来行情的变化。在第一个箭头标注处，因为调整有一定的时间跨度，所以，调整低点的做多机会可以轻松地把握住。价格的调整把高点清晰地暴露了出来，再加上这是上升趋势形成后的第一轮调整，是绝佳的好位置，因此，在创新高的点位还可以积极进行做多操作。若再对调整区间的 K 线形态进行分析便可以看到，大多数阴线的实体都是非常小的，这说明空方力量很弱，虽然有一根实体较大的阴线，但这种大阴线只出现了一次，它的出现并没有破坏掉整体小幅度调整的完美状态，再加上调整回落的幅度较小，由此便可以得出价格后期将会继续上涨的结论。

图 2-46　纸浆 2405 合约 2024 年 3 月 6—7 日 3 分钟 K 线走势图

价格既出现了下跌，又跌得不深，阴线的实体还都普遍小于阳线，这就是突破买点形成前对 K 线形态的技术要求，只要满足了这些条件，价格上涨便会延续下去，入场进行突破操作自然有利可图。而第二个箭头处虽然调整时间较短，但技术走势仍然满足上述要求，所以，突破操作也可以积极地进行，只是因为调整时间较短，不能采用逢调整低点做多的手法进行操作。

先对突破形成前的技术走势进行详细分析，据此筛选出来的品种往往都是值得重点关注且会带来理想收益的最佳对象，但这只是第一步的分析工作，接下来还要对突破形成时的各种技术细节进行观察，技术分析环环相扣，任何一个环节都不可或缺，这样才可以在高成功率、高盈利率的前提下完成一次完美的出击。

3

突破形成时的技术细节

任何一个操作方法，从形态的萌芽，到形态中途的演变，再到形态的彻底形成，每一个细节点都是有讲究的，投资者只有掌握了所有部位的技术特征，才可以更好地运用这个方法。

突破操作从形成前到形成中，再到形成突破走势自然都有着技术上的要求，以及具体形态的要求，无论是理论性知识，还是直接用于实战操作的知识，都要求使用者一定要全部掌握。这样才可以知晓什么样的突破可以积极地操作，什么样的突破应当放弃。细节掌握得越多，胜算自然就会越大。

3.1 上端突破形态

上端突破是价格形成突破走势时较为常见的一种技术现象，它有两重定义，一是针对多头向上突破的，二是针对空头向下突破的，两种突破形式完全不同，多头向上的上端突破形态多是放弃形态，因为止损往往过大，而空头向下的上端突破则属于积极操作形态，因为止损很小，做进去便可以马上实现盈利，所以一定要注意两者的区别。

多头向上进行的上端突破是指上涨过程中，一根阳线实体上端1/3的位置越过了之前的高点，此时，大部分阳线的实体都在前高点下方，只向上露出了一点头儿，只有少部分 K 线实体超越了前高点。因为突破走势发生在该阳线实体的上端部分，因此，称为多头形态中的上端突破。若在这一根阳线上进行了突破的操作，至阳线收盘 K 线定型时能实现的盈利是很少的。

空头向下形成的上端突破是指下跌过程中，一根阴线向下跌破了前低点，突破点位于该根阴线上端 1/3 的位置，绝大部分 K 线实体都位于前低点下方，只有少部分 K 线实体在前低点之上，因此，称为空头形态中的上端突破。若在这一根阴线上进行了做空突破的操作，直接便可以实现盈利。

当然，无论是较好的空头形态中的上端突破，还是不利于多头的上端突破，可以确定的是：突破形态已经彻底形成，在突破点投资者都已经开仓成功。投资者应在突破形成开仓之后再来对突破的性质进行定性。

在图 3-1 中，价格上涨到高点后形成了一轮持续性的调整走势。调整区间所有的 K 线均位于前高点下方，这就把上涨过程中最后一根阳线，也就是最高收盘价那根阳线给清晰地暴露出来了，在哪里进行突破操作投资者看一眼便可做出正确的判断。

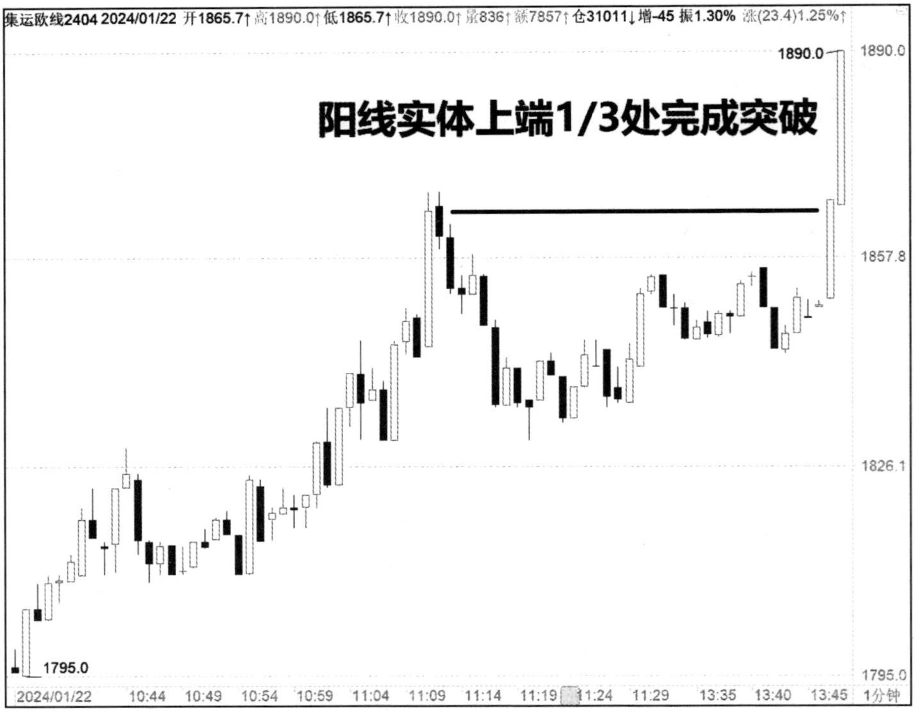

图 3-1　集运欧线 2404 合约 2024 年 1 月 22 日 1 分钟 K 线走势图

调整结束之后价格开始上涨，一根大实体的阳线向上完成了突破的走势，若观察突破时的细节便可以看到，这根大阳线实体上端 1/3 的位置处超越了前高点，这种技术形态便称为阳线的上端突破。它是一种标准的突破走势，在价格越过突破点的时候也是需要坚决进行开仓操作的。

阳线的上端突破最大的问题就是在开仓的这根大阳线上，无法顺利地实现可观的收益。虽然形成了突破，但只赚到了很少的钱，资金的安全性是比较低的，一旦价格形成假突破很快回落投资者便只能止损出局。

在图 3-2 中，价格于上涨中途出现了两次调整的走势，其实这两次调整都有很好的逢低做多的机会，在实战操作时，能以优势成本位置入场便尽量不在高成本处入场，优先进行逢调整低点做多的操作，在没有机会于调整低点做多时，才有必要在突破点进行操作。

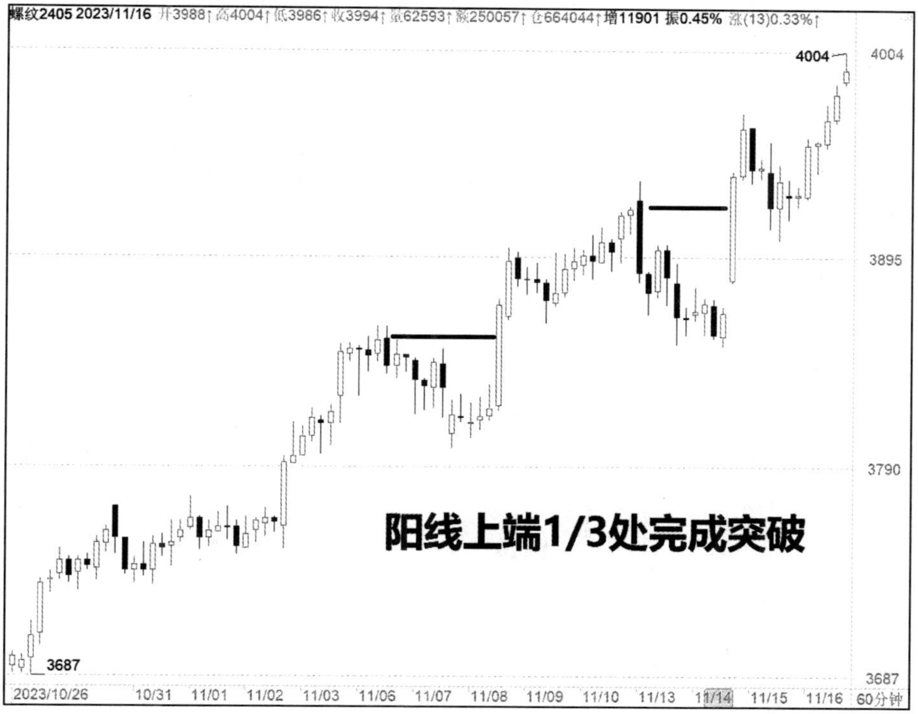

图 3-2 螺纹 2405 合约 2023 年 10 月 26 日—11 月 16 日 60 分钟 K 线走势图

调整结束价格形成突破走势时，前后两次突破都出现了一根大实体的阳线并越过了突破点，在价格超越前高点时，都应当坚定地入场进行做多操作，在突破走势形成的那一刻不要有任何的犹豫。许多投资者总是在入场点位形成时犹犹豫豫，结果错过了许多大好的行情。做交易必须杀伐果断，该开仓就坚定地开仓，该止损就必须坚决地止损，任何犹豫都不会带来好的操作结果。

虽然价格各有不同，但突破形成时的技术特征却是一样的，都形成了阳线上端突破走势形态，即大阳线实体上端 1/3 的位置超过了突破点。这种走势的确是突破，也的确应当操作，不好的一点就是入场后无法快速地实现较大一些的收益，只能在开仓后获得小幅度的收益，而这样的小收益起不到任何安全垫的作用。投资者在有选择的情况下，应当选择腰部突破形态或是阳线的下端突破形态，阳线上端突破形态多数都属于应当主动放弃的突破走势。

在图 3-3 中，价格在一轮下跌结束后开始了反弹的走势，连续的上涨把下跌的低点给清晰地暴露了出来，面对这样的反弹走势，投资者首先要考虑进行逢高做空的操作，因为这样入场持仓的成本比较具有优势。在没有好的反弹高点入场机会情况下，就应当积极地对突破走势进行关注与操作。

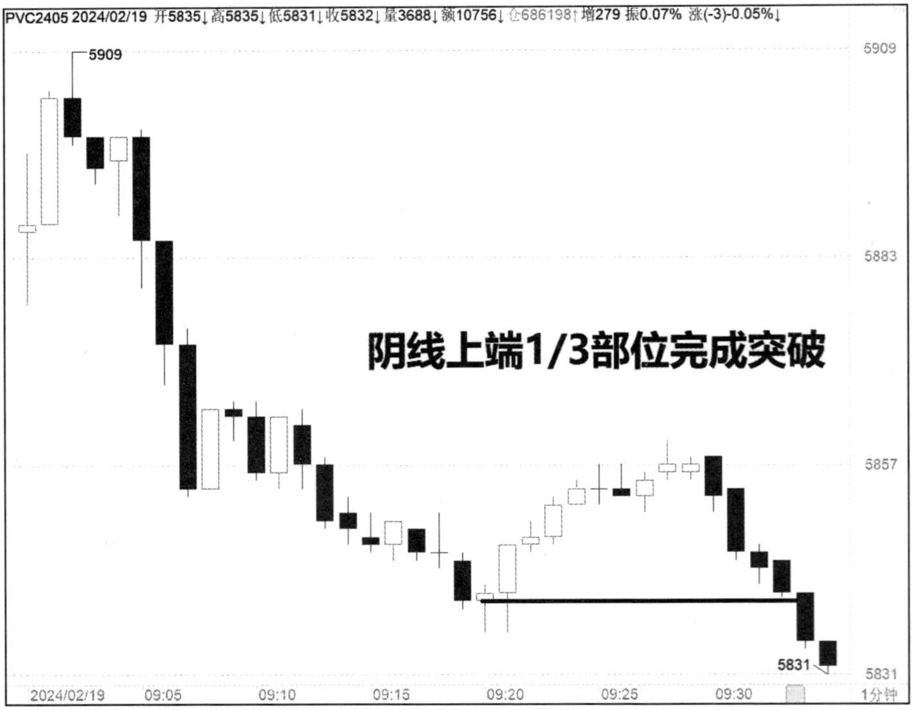

图 3-3　PVC2405 合约 2024 年 2 月 19 日 1 分钟 K 线走势图

在价格临近突破点的时候投资者就需要高度注意了，而不能在突破形成时才匆忙应对，很多时候价格在进行突破时波动的速度都比较快，若没有提前去盯紧，便很容易错过机会并且把突破操作做成了追空操作。所以，最晚在调整结束收出第三根阴线时就要留意随时会出现的突破走势了。

形成突破时，一根阴线有力地向下完成了突破，阴线实体上端 1/3 处超过了之前的低点，这种技术形态称为阴线上端突破，这是空单突破最佳的操作形态，一入场便可以马上获得不错的盈利，运用合理的止损手段，一下子便可以把亏损的幅度控制在极小的范围内。只不过阴线上端突破形态可遇不可求，它的出现取决于前一根 K 线距离突破点是否较近，前一根 K 线离突破点近才有可能形成阴线上端突破形态，若前一根 K 线距离突破点较远就很难形成阴线上端突破形态了。

在图 3-4 中，标注处价格反弹结束后，一根大实体的阴线有力地完成了突破的走势，突破点位于这根阴线上端 1/3 处的位置，因此，把这种技术形态称为阴线的上端突破走势。从图 3-4 中走势看，这一根阴线突破形成便给投资者带来了利润，就算价格后期又重新涨了回来也绝对不会亏钱出局，开仓就赚钱且抗风险能力强，这就是空单阴线上端突破走势最大的优势。

之所以能够形成空单的阴线上端突破形态，主要原因就是前一根 K 线收盘价已经很接近突破点了，前一根阴线打好了基础，只要当前的 K 线略微一跌便可以形成突破走势，因此，阴线上端突破形态大概率将会形成。虽然说阴线上端突破是可遇不可求的，但有些时候也可以事先主动寻找，只不过只能在长周期 K 线走势中去寻找，在短周期 K 线图中无法事先找到，主要就是长周期 K 线留给投资者决策的时间长，而短周期 K 线没有过多的时间让投资者一一挑选心仪的技术形态。

同样是上端突破形态，多单的阳线上端突破形态多是不好的突破走势，在有其他类型突破形态可供选择时，投资者还应当主动放弃。而空单的阴线上端突破形态则是最优突破走势，必须积极地进行操作，甚至还应当在长周期 K 线中主动去提前寻找，以便在突破操作时一入场便可以马上获得收益，开仓就能赚到钱，还能大大地降低风险。对于两种完全不同技术特征的突破走势，读者朋友们一定要注意它们极大的不同，以及各自的优缺点。

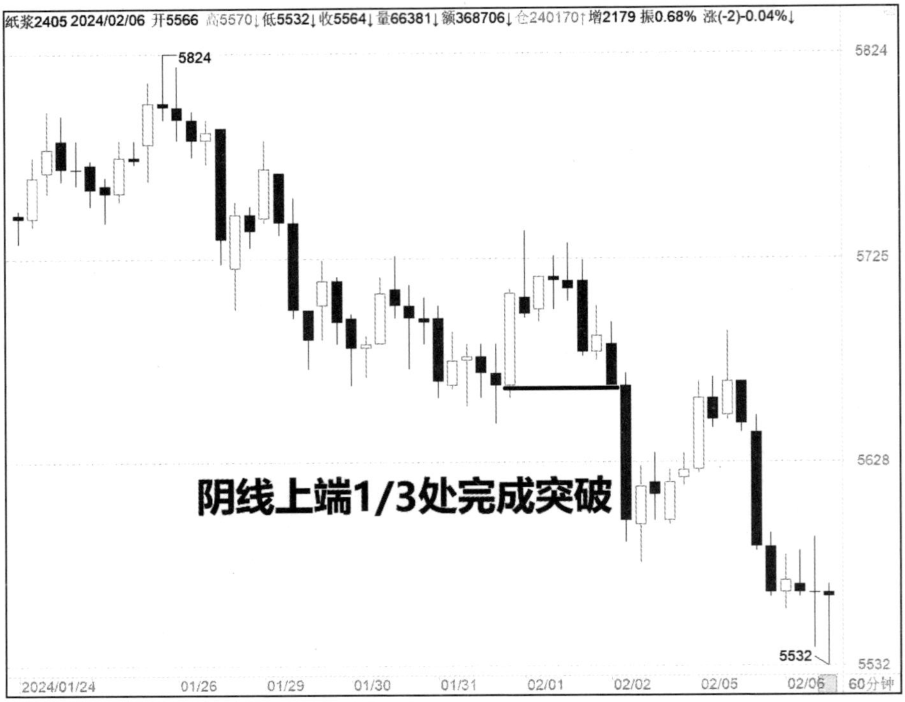

图 3-4　纸浆 2405 合约 2024 年 1 月 24 日—2 月 6 日 60 分钟 K 线走势图

3.2　腰部突破形态

腰部突破形态对于多头突破与空头突破都是一样的，不像上端突破对空单突破走势友好，而对多单突破走势不利。腰部突破是价格突破过程一种常见的突破走势形态，它是指越过突破点的那根 K 线，以实体一半的位置形成的突破，投资者于突破点入场操作之后，可以在这根 K 线上获得一定的收益。但只是中小幅度的收益，相比阳线上端突破形态，抗震荡、抗风险能力略有提高。

腰部突破形成的前提同样是上一根 K 线距离突破点不太远，若上一根 K 线的收盘价距离突破点较远，则不会形成腰部突破走势，只有相距适中才有机会形成腰部突破形态。不管是上端突破形态还是腰部突破形态，都意味着突破走势已经明确形成，投资者都必须在价格越过突破点时积极入场进行操作。

在图 3-5 中，价格高点形成后，波动重心不断向下，在 K 线距突破点越来越近的时候，投资者一定要提前做好迎接突破走势的准备，以防价格突然快速下跌，在突破形成时因措手不及而错失机会。

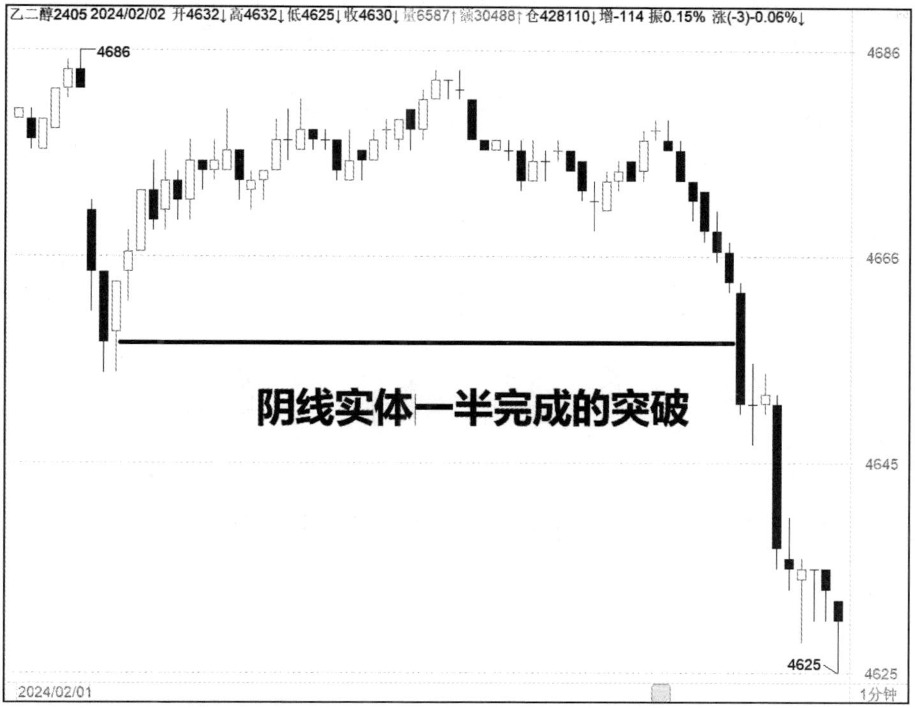

图 3-5　乙二醇 2405 合约 2024 年 2 月 1—2 日 1 分钟 K 线走势图

最终价格以一根大实体的阴线完成了突破，在这一根 K 线定型之后发现，突破点处于这根大阴线的腰部位置，入场已可以实现一定的收益，但相比空单的上端突破，盈利的幅度还是要小一些的。这样的收益幅度使得投资者抗价格反抽震荡的能力明显加强，如果阴线实体较大，运用正确的止盈策略也可以做到不会亏钱出局。

腰部突破只有在出现突破的那一根K线形成时才可以做出判断，它本身就是一种理论知识，对于实战操作没有帮助。因为K线不定型谁也不知道到底是会形成上端突破还是腰部突破，抑或是下端突破，但不管什么类型的突破，在创出新低的那一刻投资者肯定是要入场积极操作的，开仓之后设置止损就可以，随后再来研究是什么性质的突破。于实战来说，无论怎样定义突破形态都不影响操作，但就一整套突破操作方法的理论来说，还是有必要对不同位置形成的突破进行定性分析。

在图3-6中，下跌中途形成了多次反弹的走势，但反弹上涨的幅度都很小，这就使得逢反弹高点做空的操作很难执行下去，当无法顺势在反弹高点进行做空操作时，于突破点做空便成了最好的操作方案。

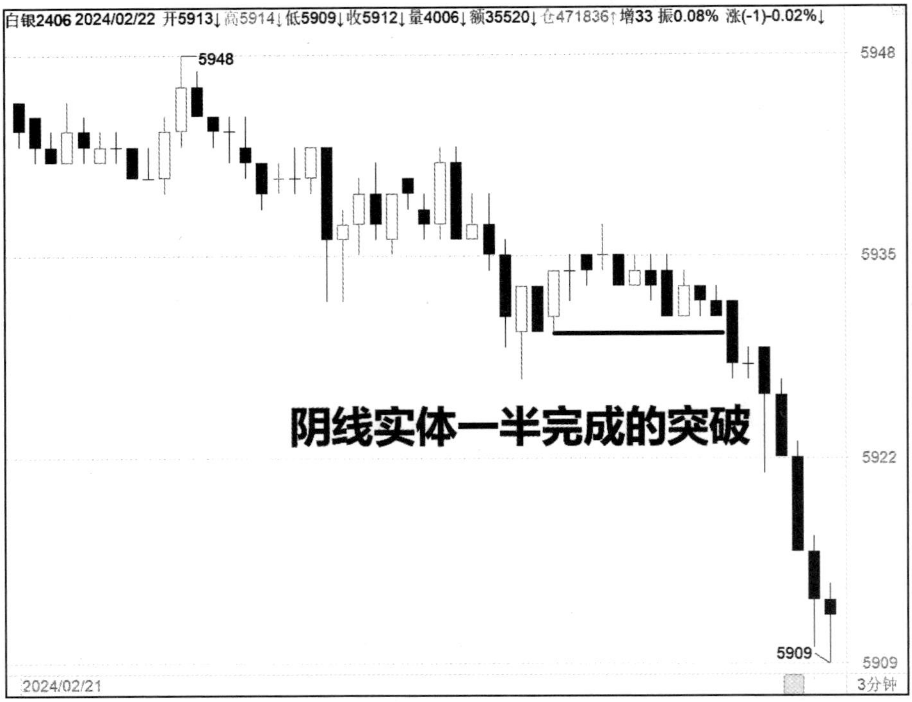

图3-6　白银2406合约2024年2月21日3分钟K线走势图

图3-6中横线标注处价格完成了向下的突破，越过前低点的位置正好是突破阴线实体的一半处，这种突破形态便称为腰部突破。从突破形成前的那一根K线就可以看到，价格已经临近突破点了，这种情况下一旦形成

突破走势，不是腰部突破形态就是阴线的上端突破形态。

在腰部突破形成时入场做空，投资者便可实现一定的收益，收益的大小取决于突破 K 线实体的大小，但多数情况下腰部突破形态只能给投资者带来中小幅度的收益，只能略微提高一下抗价格震荡能力，因为开仓后不能马上获得较大的盈利，所以，多数情况下腰部突破并不会引发止损位的移动。

在图 3-7 中，价格出现了规模较大的调整，虽然较长时间内没有上涨，但持续的调整却可以给投资者带来很好的低点入场做多机会。就持仓而言，没人会希望这种有规模的调整走势出现；但对空仓的投资者而言，只有这种类型的调整才可以提供极好的低点做多机会，很多时候可以达到做多入场后不久便可以获得不菲收益的操盘效果。

图 3-7 不锈钢 2405 合约 2024 年 1 月 60 分钟 K 线走势图

调整结束之后，价格形成了向上突破的走势，一根大阳线有力地完成了创新高的走势，突破点正好处于这根大阳线实体的一半处，形成了明显的腰部突破走势。由于 K 线实体较大，腰部突破后便直接产生了不错的收益。

由于上一根 K 线距离突破点较远，所以，腰部突破走势是无法预估的，这种技术形态只能视为大概率会形成阳线的上端突破走势。但当突破走势真的出现时，不管是什么部位的突破，投资者都应当积极地入场进行操作。突破的部位与能否入场没有关系，它只与调整止损位有关联。

在图 3-8 中，价格下跌见底之后出现了震荡上涨的走势，一波上涨跟着一小波调整，这种技术形态是最为常见的，每一次的调整都将会给投资者带来两次入场做多的机会，一次是调整低点的机会，另一次便是突破的操作机会。想要把握住调整低点，就要求价格一定要有所回落，有些时候价格回落的时间很短、回落的幅度很小，根本不给投资者提供适合的低点做多机会，这种情况下便只能在突破位去把握战机了。

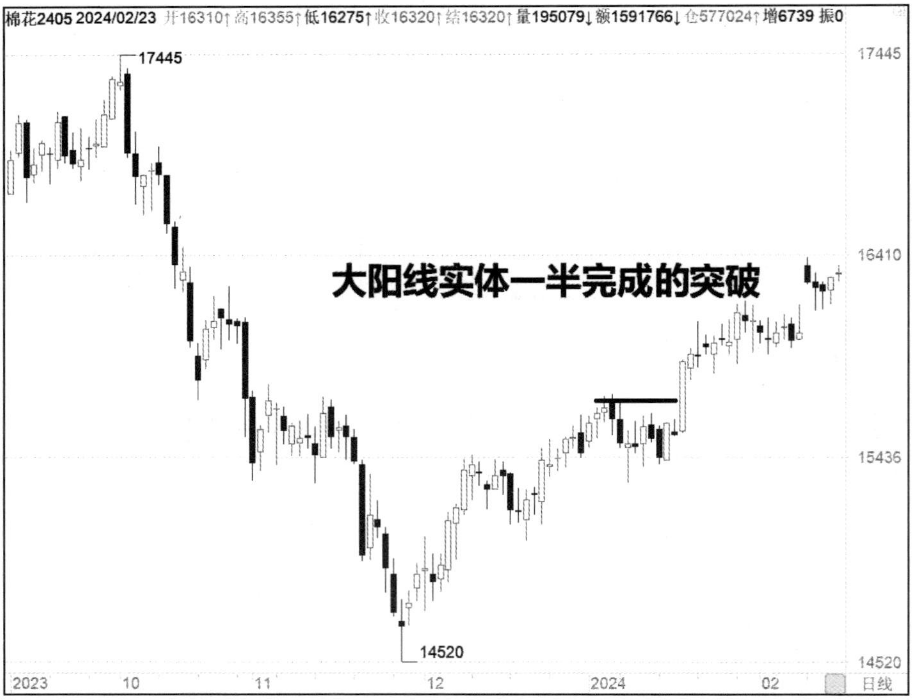

图 3-8　棉花 2405 合约 2023 年 10 月—2024 年 2 月日 K 线走势图

第二次调整结束之后，价格形成了突破上涨的走势，由于前一根 K 线距离突破点并不算太远，因此，较为容易形成腰部突破形态。这将会使得持仓的投资者抗震荡的能力有所提高，并且入场便有较大概率获得中小幅度的收益。前一根 K 线与突破点是否距离适中，这是形成腰部突破的关键。

无论是阳线的上端突破形态，还是腰部突破形态，都意味着突破走势的彻底形成，投资者都应当坚决入场进行做多操作。腰部突破也好、上端突破或是下端突破也好，都是对突破现象的定义，与能否入场无关，不同部位的操作有着不同的风险处置方式，比如阳线上端突破应当考虑放弃操作，而阳线腰部突破则可以入场操作，阳线下端突破则可以更加积极地操作，因为这三者的风险程度是不同的，但若没有详细的规定，则不易直观地区分风险程度。

3.3 下端突破形态

下端突破是指某一根形成突破的 K 线，以它实体的下半部分 1/3 处完成的突破。下端突破有两种形态，一种是阳线的下端突破，另一种是阴线的下端突破。阳线下端突破对于做多操作来说非常友好，突破点入场操作之后当根 K 线便可以实现不错的盈利。而阴线下端突破对于做空操作来说并不友好，当根 K 线实现的盈利很少以及止损幅度较大。

阳线下端突破的形成意味着突破 K 线的前一根 K 线收盘价距离突破点很近，价格略一上涨便完成了突破的走势。因此，入场便可以马上让投资者实现盈利，这种技术形态可以在突破形成之前做出判断。

阴线下端突破形态的出现，往往是因为上一根 K 线距离突破点较远，而当根 K 线又大幅下跌从而完成了突破，突破点距离这根阴线的收盘价是比较近的，这就使得入场做空的投资者无法实现可观的收益，做空操作后投资者的抗风险能力与抗价格震荡能力都比较弱。

在图 3-9 中，价格处于低位处形成了一次突破的走势，在价格处于好位置的情况下，只要形成入场信号都值得投资者去积极进行操作，哪怕止损略微大一些也能够承受，这是因为未来收益的空间将会是很大的。好位置投资者要积极操作，不好的位置一定要谨慎操作。

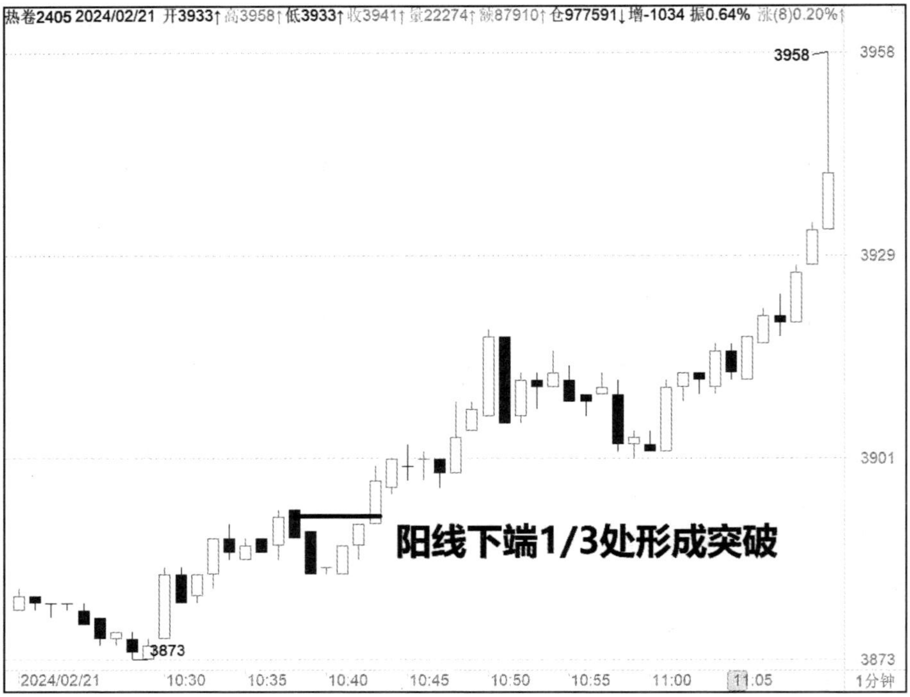

图 3-9 热卷 2405 合约 2024 年 2 月 21 日 1 分钟 K 线走势图

价格调整结束后形成上涨的走势，一根阳线完成了向上创新高的突破，突破点位于这根阳线实体下端 1/3 处，这种技术形态便称为阳线的下端突破。形成这样的技术走势主要原因就是前一根 K 线的收盘价距离突破点非常近，下一根 K 线只要涨一点儿就可以顺利地完成突破。

阳线的下端突破一旦入场操作，马上便可以获得或大或小的盈利，其盈利幅度往往大于腰部突破形态与阳线上端突破形态，是投资者最值得操作的多单突破形态。在长周期 K 线图中操作时，投资者一定要对那些收盘价距离突破点很近的品种重点关注，两者离得越近，形成阳线下端突破的概率便越大。

在图 3-10 中，价格见底第一波上涨结束后出现了小幅度的调整走势，当调整出现时要先判断价格所处的位置，而后再观察价格调整时的具体幅度。如果处于好位置，价格回落的幅度又不大，这往往预示着后期价格大概率还将会继续上涨。

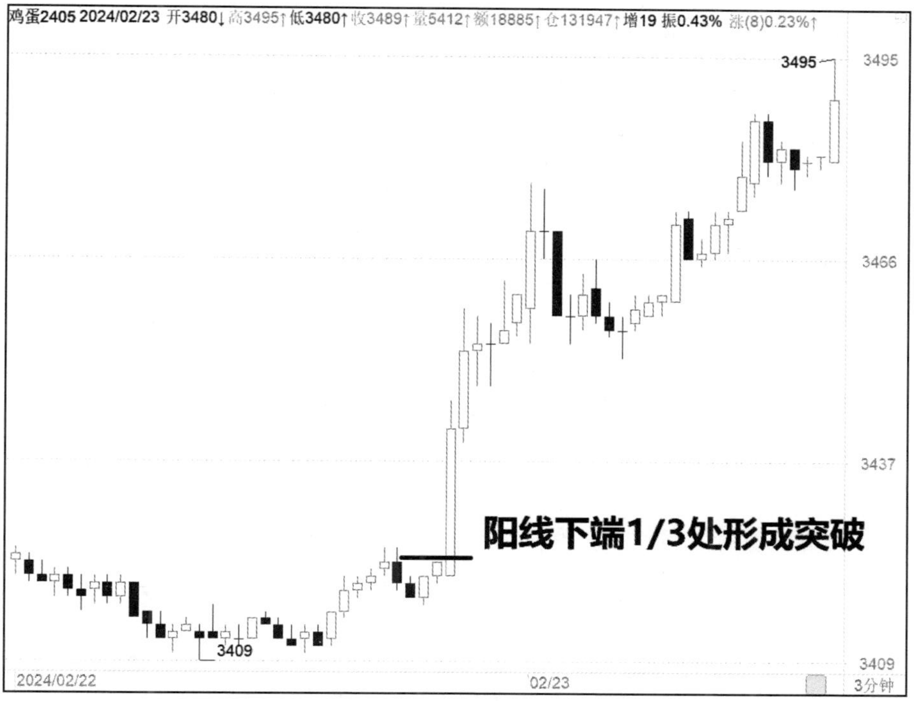

图 3-10 鸡蛋 2405 合约 2024 年 2 月 22—23 日 3 分钟 K 线走势图

在突破形成之前，阳线的收盘已经逼近突破点，只差轻轻一跃便可以完成突破。若是在长周期上进行操作，一定要事先画线开仓，否则很容易错过机会。而在短周期上看到这种距离突破点很近的走势时，一定要盯紧盘面，做好随时入场操作的准备。随着一根大实体阳线的出现，突破走势随之完成，从这一根大阳线上来看，价格形成突破的时候想必速度是极快的，投资者稍有犹豫就会错过大好的获利机会。

如果能够在突破点及时开仓，当根 K 线便可以实现不菲的收益，并且完全可以对持仓成本进行彻底的保护，这次操作随着下端这根突破阳线的出现，已经不可能再亏损出局。抗震荡能力强，抗风险能力强，这就是阳线下端突破走势最大的优点，因为多单的持仓成本占据了绝对的优势。

在图 3-11 中，标注处价格已经出现了一定幅度的下跌，虽然整体跌幅并不是很大，但该点位已不能再称为好的操作位置了，最多只能算是中等的位置，这样的位置多数情况下也只能给投资者带来中等幅度的收益，比不好的位置收益略多，比好位置处操作收益要少。

图 3-11　纸浆 2405 合约 2024 年 1 月 24 日—2 月 6 日 60 分钟 K 线走势图

又一次反弹结束之后价格继续下跌，一根大实体的阴线向下完成了突破，突破点位于这一根阴线实体下端 1/3 的位置，从当根 K 线的走势来看，入场操作后无法实现较大幅度的盈利。这一根阴线收盘价距离突破点比较近，持仓投资者抗震荡的能力与抗风险的能力都比较弱。

之所以形成阴线下端突破，是因为在突破形成前，前一根阴线的收盘价距离突破点比较远，这种情况下，价格如果继续小阴线小阳线震荡回落，突破还要晚一些时候才能出现。若价格大力度下跌，那便只能形成阴线的下端突破了。因此，在不是太好的位置处若看到价格距离突破点较远，最好放弃对该次突破点位的操作。

在图 3-12 中，经过一次反弹之后价格完成了向下的突破，由于完成突破的位置是阴线实体下端 1/3 处，因此，把这种突破形态称为阴线的下端突破。在突破点入场操作后，投资者是很难在这一根 K 线上直接获得较高的收益的，从图 3-12 中可以看到，这一根阴线的收盘价距离突破点很近，想要扩大盈利，必须有后期价格继续下跌的配合。

图 3-12　鸡蛋 2501 合约 2023 年 10—12 月日 K 线走势图

从突破之前的价格表现来看，前一根小阳线的收盘价离突破点略有距离，这意味着阴线上端突破很难出现，除非收盘时一根没有形成突破走势的阴线，最大限度逼近突破点。在距离突破点略远的情况下一旦形成突破走势，那大概率会形成阴线的下端突破，这对做空操作来说并不友好，它会抬高投资者本次突破操作的风险度，一旦形成假突破，投资者很容易做空在最低的位置。

碰上阳线下端突破自然要积极进行操作，一入场便占据了持仓成本的主动，将会使得实战操作的压力变得很轻。而阴线下端突破则是要尽量放弃的，除非当前价格处于非常好的位置，否则不建议对该形态进行操作，投资者应当积极寻找阴线上端突破的技术形态。

3.4 放量突破

价格在形成突破走势的时候，结合成交量进行分析有两种突破类型，一种是放量突破，另一种是无量突破。难以判断是放量突破走势更好，还是无量突破更好，因为从不同的角度解读它们的意义不一样，价格所处的位置不同，放量突破与无量突破的意义又将有区别。就实战角度来说，在价格突破走势形成的那一刻，不建议对成交量进行过多的关注，对突破走势形成之前的上涨或下跌行情判断一下成交量变化反而更有意义，看一下本次突破之前有没有资金提前入场进行建仓操作，这对于实战操作的帮助更大。突破形成之前，出现放量上涨或下跌的品种，肯定要比保持着无量上涨或下跌的品种更好，因为这说明有资金在之前的波动过程中主动参与，只要当前价格上涨或下跌的幅度并不是很大，这些资金便无法顺利脱身，因此，其还将会在场中继续进行操作。

而突破形成的这一刻，有多少走势成功的放量突破，便有多少走势失败的放量突破，同理，有多少走势成功的无量突破，便有多少走势失败的无量突破。所以，突破形成的那一刻放不放量，并不会对突破的走势造成影响，这也是笔者不建议在突破形成时对成交量进行过多关注的原因。但就学习突破操作方法，研究突破操盘方法的各项理论知识而言，则必须知道放量突破与缩量突破技术形态的特点，以及各种解读方式。

简单来说，中低位的放量突破往往意味着更多的场外资金积极参与了操作，资金的入场将会对价格后期的上涨起到更好的推动作用。而高位的放量突破则多是主力资金借助突破新高或新低来吸引人气以便悄然出货，因为价格的位置已经不好，主力资金此时已经获利颇丰，一旦放量肯定是主力资金的出货信号。普通投资者的离场是无法促使成交量明显放大的，一来普通投资者资金规模有限，二来普通投资者也不太可能在某一个固定的点位大量出货。

在图 3-13 中，价格形成了一轮震荡上涨的行情，绝大多数上涨行情的走势都如此，不管在何种周期 K 线图中，这是最为常见的一种波动形态。因为震荡次数较多，便给投资者提供了足够多的中途入场的交易机会，又因为上升趋势始终确定，中途入场的投资者都有利可图。

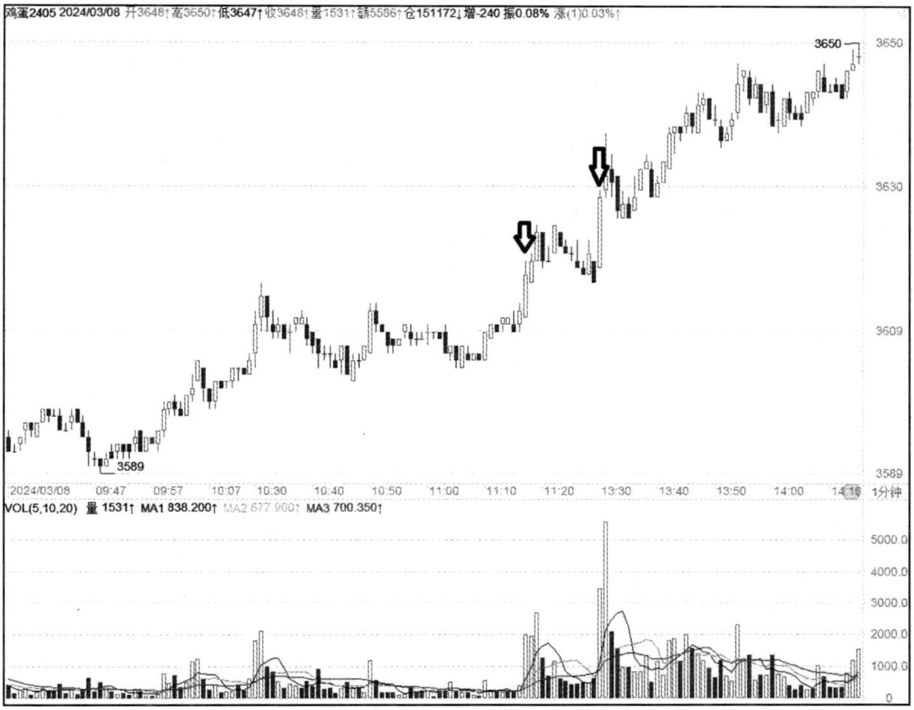

图 3-13　鸡蛋 2405 合约 2024 年 3 月 8 日 1 分钟 K 线走势图

上午 11：10 之后，价格对前高点完成突破，在超过前高点的时刻，成交量出现了明显的放大迹象，这种技术形态就是放量突破。放量突破说明价格在突破关口时，是有资金主动推动的，不然，价格没办法完成上涨动作。但同时，也说明有资金在突破这个点位进行了抛售，这多是前期高点套牢盘所导致的。被套了许久，重新由亏损变成不亏，一些技术不成熟、心态不稳定的投资者将会选择出局，从而增加了价格在突破点的抛压。

有资金在进，就有资金在出，这说明整体市场持仓意见并不统一，价格后期是否继续上涨，仍然取决于成交量的放大，若成交量可以连续放大，持续有资金介入，则价格将会继续上涨，而一旦成交量萎缩，就如同松了油门的车必将减速一样。

在图 3-14 价格下跌结束转为上涨的过程中，成交量始终保持着温和放大的状态，这说明有资金在积极地推动价格的上涨。在价格上涨的过程中，一定要优先选择成交量放大的波段进行参与，这是资金集中入场积极推动价格上涨的体现，持续放量上涨的行情更容易给投资者带来大幅度盈利的机会。

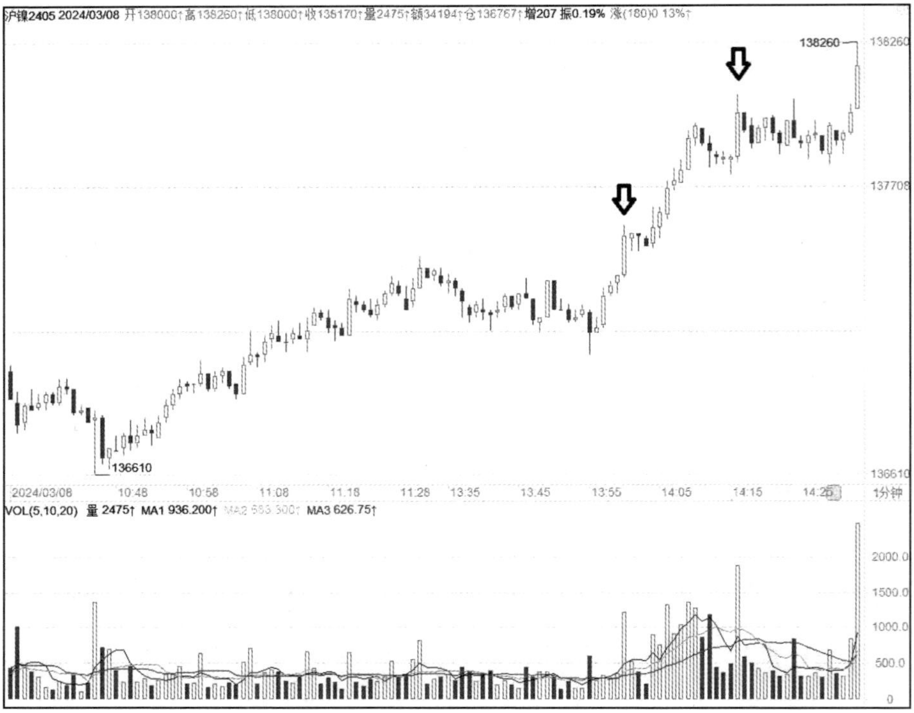

图 3-14　沪镍 2405 合约 2024 年 3 月 8 日 1 分钟 K 线走势图

上涨中途价格出现了连续的调整，整个调整区间阳线的成交量都出现了萎缩，这说明资金做多的热情暂时有消退的迹象。好的调整低点形成后价格再度上涨，并于突破前高点的位置出现了进一步的放量，随着放量突破走势的出现，投资者要做好两手准备：一是随后价格出现下跌，这将意味着有资金在放量突破时进行了出货的操作，随着资金离场价格的下跌也就是正常的技术现象了；二是成交量仍然保持放大状态，在价格越过了重要高点，上方获利空间完全打开的情况下，继续推动行情的延续。

放量完成前高点的突破之后，价格略作停留便在成交量连续放大的推动下继续大幅上涨，这说明放量突破是资金做好发动行情准备的信号。当然，不管放量突破之后价格是继续上涨还是就此回落，放量突破的那一刻投资者是必须入场进行操作的。突破是真实的则赚取波段大收益，突破是假的则设好止损小幅度亏损离场，在突破形成时刻未来价格到底是涨是跌无从得知，投资者一定要先做进去再看最终结果。

在图 3-15 中，价格形成了一轮单边下跌的行情，在主要的下跌阶段，价格的运行结构是非常简单的，之所以能够跌得这么迅猛，就是因为在价格下跌的过程中阴线的成交量始终保持着放大的状态，这说明整个下跌过程中资金的参与度是非常高的。而在这些成交量中，主力资金的占比最大，因此，持续的放量说明了主力资金盘中正在积极运作。

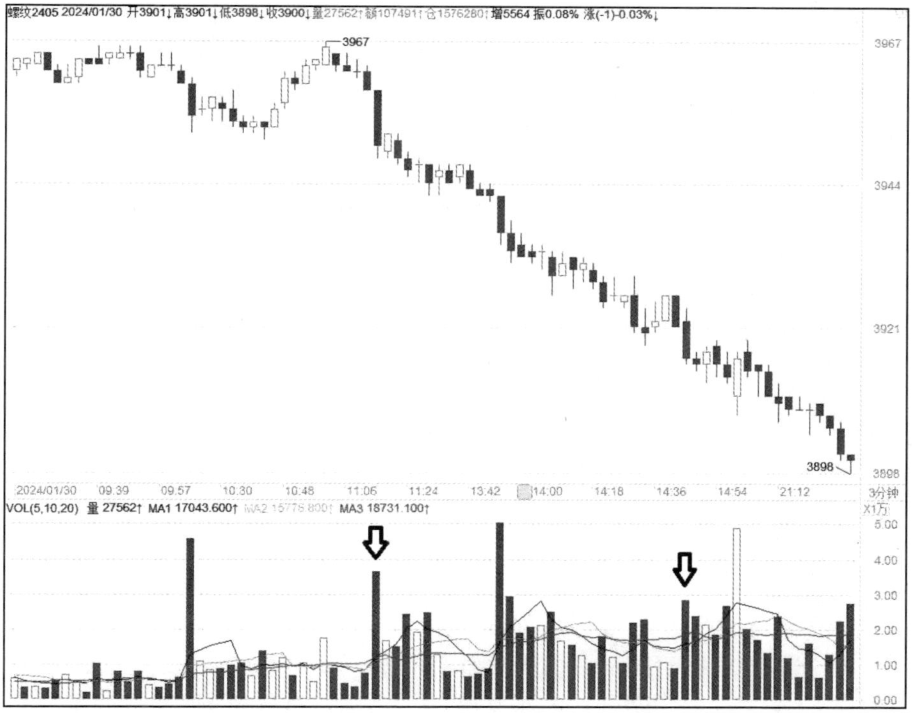

图 3-15　螺纹 2405 合约 2024 年 1 月 30 日 3 分钟 K 线走势图

在价格下跌的过程中，每当反弹结束价格再度向下创新低时，成交量就会进一步放大。突破点是一个技术点，但也是一个矛盾点，在这个点位会有一些投资者由亏损转变为不亏，因此，会有一些不看好后市或技术分析能力不足的投资者选择平仓出局，还有一些投资者会在突破走势形成时主动入场操作，两股力量的累加将会使价格形成突破时出现明显的放量现象。但就实战操作而言，不管资金的操作性质如何，破位创新低形成突破的那一刻，只要价格处于好的位置，投资者就必须按照操作纪律及时入场做空。

于放量突破点入场后，只要价格没有打掉止损，只要成交量没有一直保持萎缩状态，下降趋势结束的可能性便不高。特别是成交量再配合出现放大，继续下跌基本上就是极高概率的事情了。

在图 3-16 中，价格在主要的下跌阶段成交量都保持着放大的状态，这说明资金入场做空的积极性非常高。而在下跌中途反弹的过程中，成交量则都出现了萎缩的迹象，这说明入场做空的资金并未在缩量之中出局，仍然留在了场中，放量下跌、缩量反弹往往意味着价格将会进一步下跌，这是完美的量能变化形态，也是价格将会高概率延续当前趋势方向的重要信号。

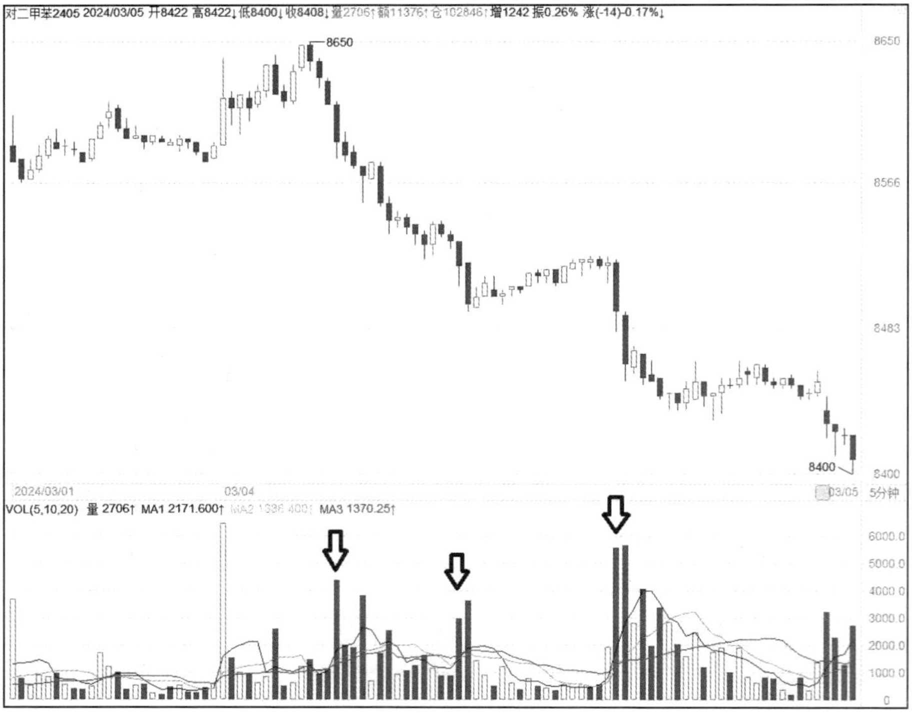

图 3-16　对二甲苯 2405 合约 2024 年 3 月 1—5 日 5 分钟 K 线走势图

下跌过程中形成了多次或大或小反弹的走势，每一次反弹结束价格继续下跌时，都在重要的突破点出现了放量的迹象，虽然有资金会在此时出局，但价格向下的动作说明做空的资金更占上风，多空双方谁能引领行情，投资者就一定要跟随着谁的方向进行操作。

放量突破走势的关键并不是突破时的放量，而是资金的流动，但资金到底是流入场中还是流出场外，投资者必须结合突破形成之后的价格变化来分析，放量突破的那一刻是无法做出正确判断的：是形成突破再来一波下跌行情；还是演变成了假突破，主力资金在突破形成时借机出货了。突破的形成无法告知答案，突破的形成发出的只是入场的信号，投资者应先进来，再去判断突破的真与假。不入场，便没有资格判断突破的真或假。

放量突破有它的优势，当前以及未来价格波动时的状况可以通过成交量的变化准确判断，放量突破之后一旦缩量，不是回抽就是反转，这是有风险的信号；放量突破后若能继续放量，那将会迎来又一波大好行情。成交量的变化反映了资金的操作态度，只要读懂了成交量放大与缩小所代表的含义，操作的胜算将会大幅提高。当然，也要注意一个细节，即对成交量放大与缩小的研究分析，只适合在 1 分钟、3 分钟这些短周期 K 线图中进行，长周期 K 线的使用效果非常差，因为在长周期 K 线图中，成交量没有过于明显的放大与缩小的规律。

3.5 无量突破

有多少成功的放量突破案例，便有多少失败的放量突破案例。同样，有多少失败的缩量突破案例，便会有多少成功的缩量突破案例。不只是突破操作方法，任何操作方法都有这样的特性！无论投资者接不接受这个观点，它都是铁一般的事实。放量突破通过对成交量放大与缩小的变化可以较为准确地推导出主力资金各种行为的可能性，而缩量突破则无法做到这一点，但缩量突破也并不是说就一定不好，它最大的优点就是向投资者发出了场中资金操作稳定性较高的提示。

不管价格是涨是跌，成交量都保持一定的水平，这说明资金的操作是有序的，没有出现混乱，没有大量资金进出，只要这种稳定的量能保持下去，趋势延续的概率就将会是非常大的，这就是无量突破的一大优势。一旦成交量有序的状态被打破，成交量出现了明显的放大，这便说明资金操作的矛盾在加剧，这反而是有风险的信号。

虽然形成突破时成交量并没有明显放大，但并不意味着未来的行情推动力小，涨得不多或跌得不深，有一些行情在突破时无量，但突破形成后趋势更加明显了，于是空仓资金纷纷入场，这会使未来的行情走得比较长远。放量突破是在突破形成前、形成时、形成后都有资金积极参与，而无量突破则是在突破形成后，在上升或下降趋势更加明显时，才有更多资金积极参与。正常情况下，放量突破要比缩量突破好，所以，投资者在有选择的情况下，要优先选放量突破，但无量突破也是市场突破形态构成的一部分，也必须重视。突破形成时，不管放量与否，投资者都要先参与进去，这一点是必须做到的。

在图 3-17 中，价格形成了一轮持续时间较长的震荡上涨行情，但其有一个明显的特点，第一波上涨与调整的整个过程，成交量都没有放大的迹象，在价格突破了第一波上涨的高点之后，成交量才出现连续的放大。由此可见，很多时候，没有成交量放大的推动价格也可以上涨，但这种走势多属于被动式上涨，即价格上涨的动力来自整体市场上涨氛围的带动。在对形成被动式上涨行情的品种进行操作时，收益预期一定要主动降低，因为它们后期可能会出现放量，也可能会一直保持着无量上涨的状态。若形成放量上涨的走势，价格波动的空间将会扩大；但若始终处于无量状态，价格能上涨多高就很难做出判断了。

一番调整之后，价格向上突破了第一波上涨的高点，在突破形成时，成交量依然没有明显的放大，这种突破形态便称为无量突破。无量突破并不代表价格涨不上去，它体现的只是突破形成时，市场中的抛盘数量很少，入场操作的资金也较少，因为价格始终是被市场带动着波动，并未有大量的投资者关注它，大家都去关注那些走势更加强劲的品种了，这也是成交量始终保持较低水平的一大原因。

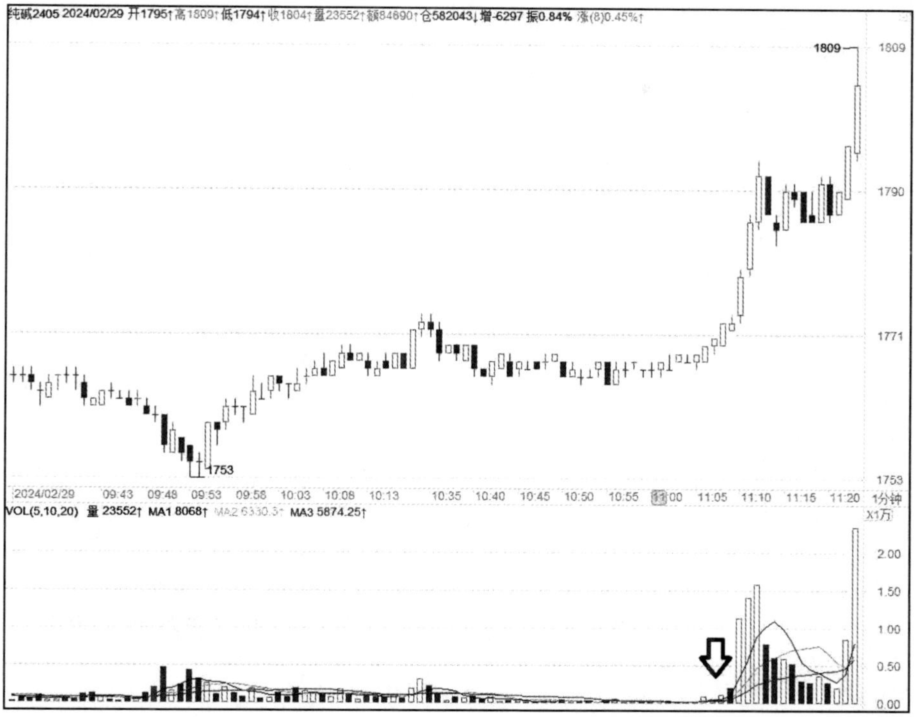

图 3-17 纯碱 2405 合约 2024 年 2 月 29 日 1 分钟 K 线走势图

当突破形成后，价格的上升趋势更加明确时，大量的资金认可了当前的走势于是纷纷入场操作，突破之后出现放量意味着资金错失了价格之前上涨的机会，因此，必然会在后期要求得到补偿，这就会使得放量过程中价格的波动幅度加大。所以，无量突破并不代表价格上涨没有动力，也不代表突破的成功率低，外部环境的变化本身也是一种动力来源。

在图 3-18 中，价格见底之后第一波上涨成交量便保持着温和放大的状态，这是主力资金提前谋划的结果，下跌过程中主力资金早已做好了入场建仓发动行情的准备。对于这种主力资金在上涨初期便积极介入的品种，投资者一定要重点关注，因为价格后期往往都会有非常不错的上涨行情。

第一波上涨结束价格出现了调整，调整回落的幅度很小，这说明空方力量非常弱，从 K 线形态的表现来看，可以得出结论：价格后期将会继续上涨。而如果结合成交量进一步分析便可以更加确定上述分析结论：调整

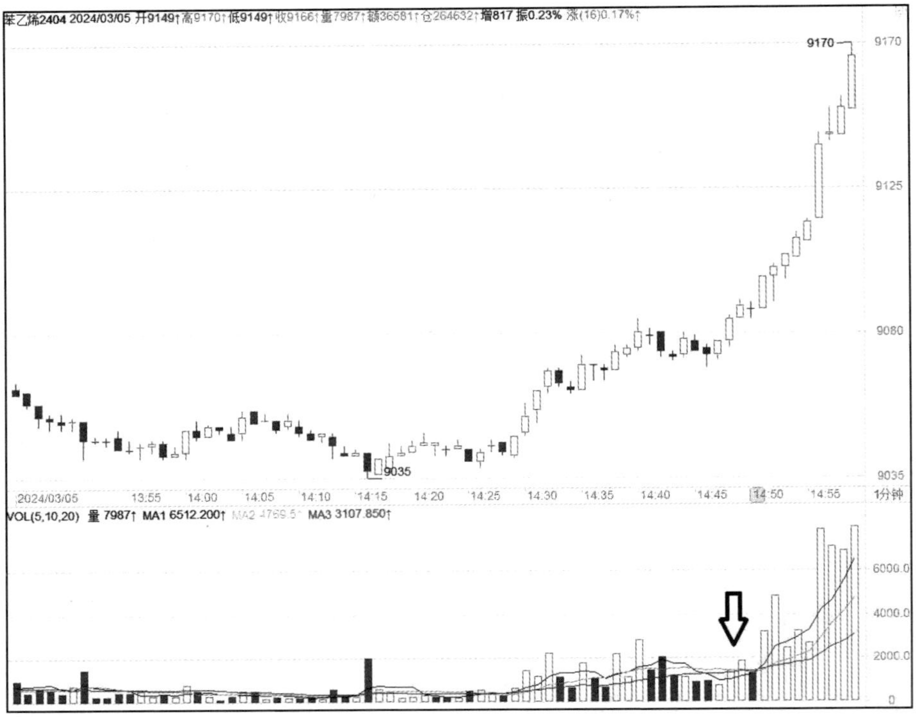

图 3-18　苯乙烯 2404 合约 2024 年 3 月 5 日 1 分钟 K 线走势图

区间成交量明显萎缩，这说明之前入场做多的资金并未在此时离场，做多的资金都沉淀在场中，自然会更好地推动价格进一步上行。

在价格形成突破时，成交量依然保持着较低的水平，这说明此点位的抛盘压力非常轻，任何抛盘压力轻的位置，价格都容易继续上行。虽然缩量突破显示该区间入场的资金数量并不多，但这个缺点却能够与场中资金操作情绪稳定做对冲，如果价格后期仍然缩量上涨，投资者就要主动降低收益预期，因为多数情况下，无量上涨行情的幅度都不会太大。但若成交量后期出现放量，资金选择在突破形成之后才入场操作，那价格照样有机会爆发出力度较大的上涨行情。

在图 3-19 中，价格第一波下跌的时候成交量出现了放大的迹象，这是非常好的技术走势，说明下降趋势刚形成便有资金积极入场做空，这将会使得价格下跌的延续性非常好。历史上所有跌幅较大的行情，往往都会伴随明显的放量现象。

图 3-19　PP2405 合约 2024 年 3 月 8 日 1 分钟 K 线走势图

一波缩量反弹之后，价格向下创出了新低，在空单突破形态形成时，成交量出现了萎缩的迹象，相比之前下跌时的阴线成交量，图 3-19 中标注处成交量的减少非常明显。这种走势虽然没有大量资金对价格主动进行推动，但也说明在突破点的位置市场中的资金持仓状态比较稳定，在大趋势形成的情况下，各类资金的持仓状态越稳定越容易使得下降趋势延续。只不过在成交量没有放大的情况下完成突破，投资者不宜有过高的收益预期。

放量突破与无量突破的区别只是突破形成的那一刻成交量有没有放大，放量突破形成后价格继续下跌，成交量必须连续放大，无量突破形成后价格想出现大幅下跌的行情，成交量也得继续放大，后期走势能不能放量决定着价格是否可以出现大幅度的波动。只不过放量突破是资金已经有了参与的兴趣，而无量突破表明资金暂时还没有过多的参与兴趣，突破的形成多是由于整个市场走空带动的。

在图 3-20 中，21：45 之前形成的主要下跌阶段成交量的表现并不太好，虽然有放量现象的出现，但放量全都出现在价格下跌的低点附近，高位以及下跌时成交量始终都没有明显放大。这说明资金主动参与做空的积极性并不高，而一旦价格下跌到达了低点，愿意平仓出局的资金数量反而增加，这种量能状况是被动式涨跌行情中最为常见的技术特征，价格的下跌完全被市场的氛围所左右。

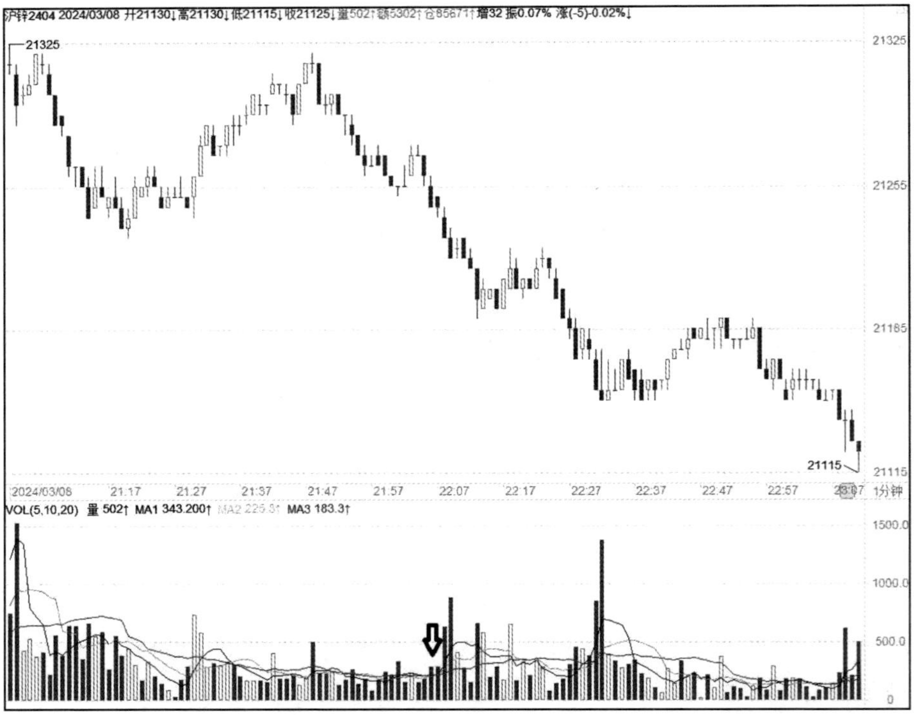

图 3-20　沪锌 2404 合约 2024 年 3 月 8 日 1 分钟 K 线走势图

在价格第一次小反弹形成之后创新低时，成交量依然保持着低迷的状态，既没有大量资金入场做空，也没有资金在突破点离场，各类资金持仓的稳定性都非常高，虽然这是趋势可以延续下去的信号，但是，波动的幅度却无法做出预期。无量状态下的行情，跌是会下跌的，但能跌多少就很难说了。

缩量突破是一种标准的突破形态，也是必须去操作的一种走势。若资金在突破形成之后入场进行操作，则会迎来一波大的下跌行情，从而实现较高的收益；若始终没有资金入场，成交量一直保持低迷的状态，那么可能突破失败，也可能继续受市场走空的影响形成一小波下跌行情。这种行情虽然有一定的利润，但多数情况下并不会给投资者带来较大幅度的收益。

投资者在有选择的情况下一定要操作形成放量突破走势的品种，有资金推动的行情肯定比没有资金推动的行情爆发力与持久性更好。但放量的行情出现的次数并不多，而无量行情的次数会更多，所以，对于无量行情以及无量突破走势，投资者也有必要总结其技术特征，抱着赚不到大钱就赚一笔小钱的态度进行操作，没准儿碰到了突破之后才放量的行情，也就能获得一笔远超预期的丰厚利润了。

3.6 开创式突破

开创式突破也是价格波动过程常见的一种走势，但开创式突破并不是什么时候都会出现，它只会发生在价格波动方向模糊的或宽幅、或窄幅的箱体震荡形态中。因为价格处于无方向的状态，此时突破的形成便开创了一个新的局面、新的方向，故此，把这种突破形态称为开创式突破。

开创式突破只能用于分析价格的波动性质，而无法进行操作，因为突破走势形成之前的趋势方向变化并不满足技术上的要求。开创式突破形成之后，价格往往还提供再度入场的机会，它的出现只是在提示投资者注意未来的机会。

在实战操作时不必刻意留意开创式突破是否出现，只需要盯紧突破形成前的技术形态是否满足操作要求便可以捕捉到机会了。但想要学习突破操作方法的各项细节，这种带有理论性质的对价格波动性质定性的方法，投资者还是有必要掌握的。

在图 3-21 中，价格见底之后出现了第一波上涨的走势，上涨结束也如期出现了调整，只要价格有了调整的迹象，投资者就必须意识到：入场的好位置将要到来，上升趋势形成后的第一次调整无论是调整低点的机会，还是第一次突破的机会都必须要盯紧。

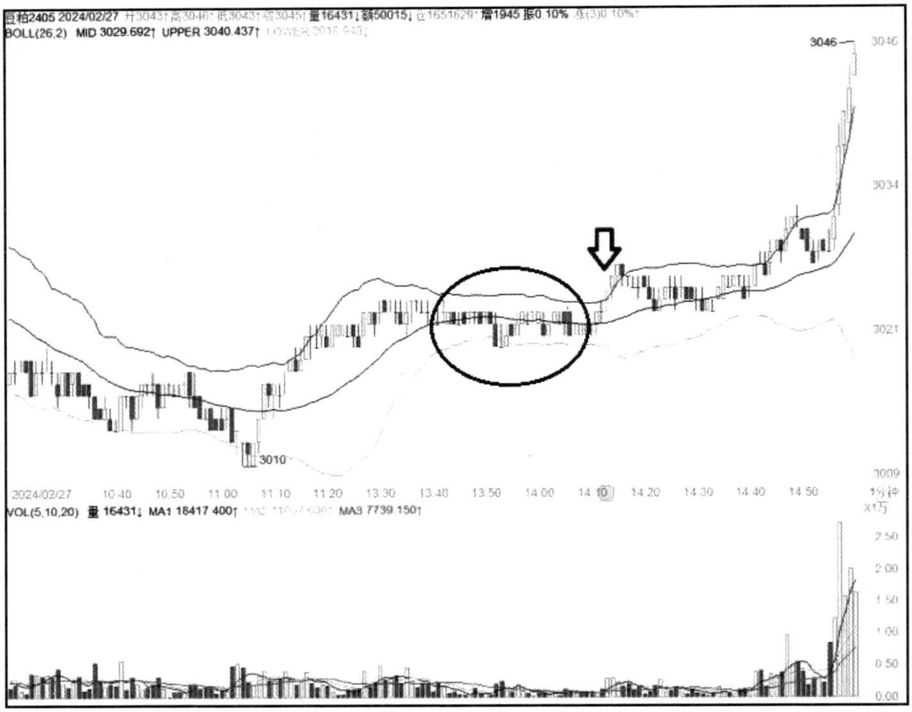

图 3-21　豆粕 2405 合约 2024 年 2 月 27 日 1 分钟 K 线走势图

整个调整区间价格回落的幅度是很小的，这说明未来继续上涨的概率非常大，但持续的调整使得布林线指标中轨形成了基本走平的状态，从趋势类指标的提示来看，价格当前的波动失去了方向。一旦布林线指标中轨没有明确的上升趋势，调整低点的做多机会便不好把握了，同时，突破点的操作机会也不好把握了，此时所有顺势操作的方法都不宜在没有清晰方向的时候运用。

在布林线指标中轨开始微微向下，但价格波动重心又是横盘预示着未来还可以继续向上的情况下，创新高的突破走势随之出现，这种在方向不清晰的情况下形成的突破走势便是开创式突破。从后期的走势来看，正是这一轮的突破重新开创出了对多方有利的局面，推动价格进一步上行。

在图 3-22 中，价格下跌后出现了长时间震荡反弹的走势，整个反弹区间价格波动重心始终没有明显下移，因此，布林线指标中轨随之形成了横向运行的状态。一旦布林线指标中轨明显走平，以非常小的角度下行或者上行，就意味着趋势明确的方向暂时消失，此区间所有顺势操作的方法都不宜再运用。

图 3-22　热卷 2405 合约 2024 年 2 月 25—26 日 3 分钟 K 线走势图

经过一段时间的震荡之后，价格向下创出了震荡区间的新低，并且随着标注处向下突破的形成，布林线指标中轨也形成了明确的向下运行态势。这一次突破的出现使得下行趋势得以明确，促使新一轮波动的形成，开创了下跌行情的新局面，这也是将这种结束横盘震荡的突破命名为开创式突破的原因。

在价格形成空头开创式突破时，布林线指标中轨明显走平，不满足突破形成时中轨方向必须明确向上或向下的技术要求。虽然明知价格创出了新低，但由于突破前的技术形态不符合操作纪律，投资者是一定要主动放弃本次突破机会的。想要操作只能在开创式突破形成之后，出现符合要求的入场点形态时再做打算。

在图 3-23 中，随着价格的下跌，布林线指标中轨由之前的上升趋势转变成为下降趋势，第一波下跌结束后出现反弹，这意味着绝好的做空机会就此到来。中轨转变方向之后价格第一次出现的反弹以及之后第一次出现的突破都是最佳的操作点位。

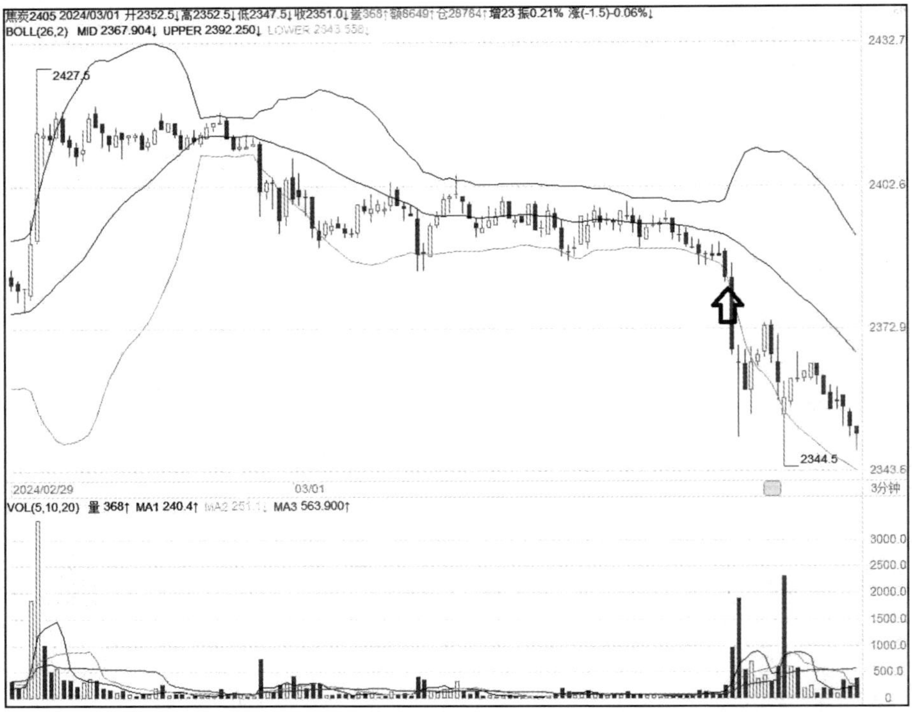

图 3-23　焦炭 2405 合约 2024 年 2 月 29 日—3 月 1 日 3 分钟 K 线走势图

第一次反弹出现之后，价格一直没有下跌，而在一个较窄的区间形成长时间震荡的走势，这就使得布林线指标中轨形成了走平的状态。虽然价格所处的位置极好，但始终无法形成真正的上涨，这都预示着价格后期将会继续下跌，但中轨失去了方向指引将会使得操作很难进行。顺势操作最重要的就是必须有趋势类指标提示出交易的方向，顺势、顺势，先形成趋势，再顺之去做，这才叫顺势。所以，一旦布林线指标中轨方向变得模糊不清，好像走平，又或者微微有些向下或向上，都统一视为价格的波动失去了方向。

在中轨没有明确方向的情况下，价格形成了创新低的走势，突破了窄幅震荡区间的低点，这说明趋势的新方向随着突破走势的到来得以出现，这一次的突破开创出了新的局面，推动价格再度下行。虽然开创式突破形成前的走势不符合要求，但随着开创式突破的形成，未来一定会给投资者提供符合操作要求的反弹高点操作机会以及突破机会。开创式突破只是一轮新趋势的开始而已。

在图 3-24 中，由于长时间的调整，布林线指标中轨由之前的上升趋势转变成为横盘的状态，之所以不要在布林线指标中轨走平的时候进行操作，就是因为价格此时既可能继续向上，也可能随时转变成为下降趋势。在趋势未明时投资者不宜去赌未来的方向，而是要耐心等新的方向形成之后再顺势去做。

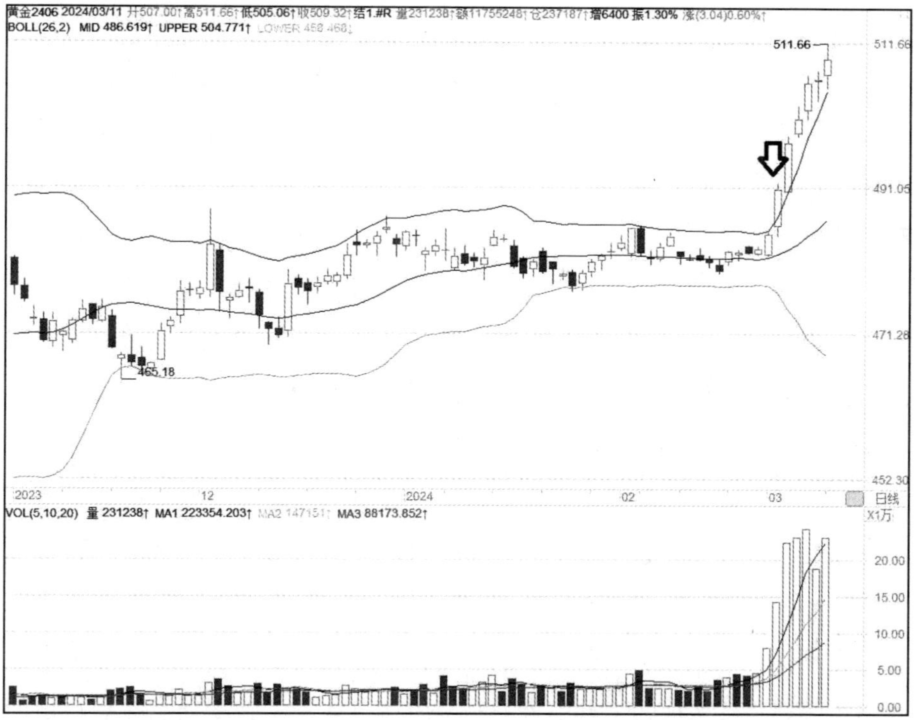

图 3-24　黄金 2406 合约 2023 年 12 月—2024 年 3 月日 K 线走势图

调整结束之后，价格向上突破了震荡区间的高点，并且开创了价格继续向上的新局面，它的出现起到了开疆扩土的重要作用，为价格后期的上涨打下了坚实的基础，因此才被称为开创式突破。它提示投资者新的行情将会就此展开，投资者要密切留意后期顺势过程中的新机会。

多单开创式突破形成时由于布林线指标中轨方向走平，没有满足布林线指标中轨必须明确向上的硬性技术要求，因此，投资者无法入场进行操作，只能眼看着价格的上涨而错过这一次赚钱的机会。无法入场操作这也是所有开创式突破走势的共同特点，它并不是让投资者捕捉当前操作机会的，它只是提示投资者震荡行情已经结束，新的行情将要展开。新的行情一旦展开，往往会延续一定的时间，在这个时间段内，投资者便有了中途入场操作的机会，所以，开创式突破其实是对未来机会的重要提示。

3.7 延续性突破

延续性突破走势出现的次数较多，是投资者进行突破操作的唯一类型。延续性突破是指在趋势方向非常明确的情况下，按当前趋势方向形成的向上创新高或向下创新低的突破走势，它的出现将延续当前的上升或下降趋势。

并不是所有的延续性突破都值得操作，在价格连续几波上涨或下跌之后形成的突破走势就需要投资者主动放弃，在突破形成前的走势没有满足要求时投资者也需要放弃……虽然会有多种类型的延续性突破走势需要主动放弃操作，但能够操作的突破走势都属于延续性突破则是不变的看法。

延续性突破对实战操作而言只是一种理论上的定义，并不会对操作产生任何影响。只要在趋势类指标方向明确的情况下形成的突破就是延续性突破。

在图 3-25 中，价格见底之后随着波动重心的上移，布林线指标中轨也由下降趋势转变成为上升趋势，一旦中轨方向发生转变便意味着行情的性质发生了彻底的改变，投资者应当于此时扭转思路由做空改为做多。

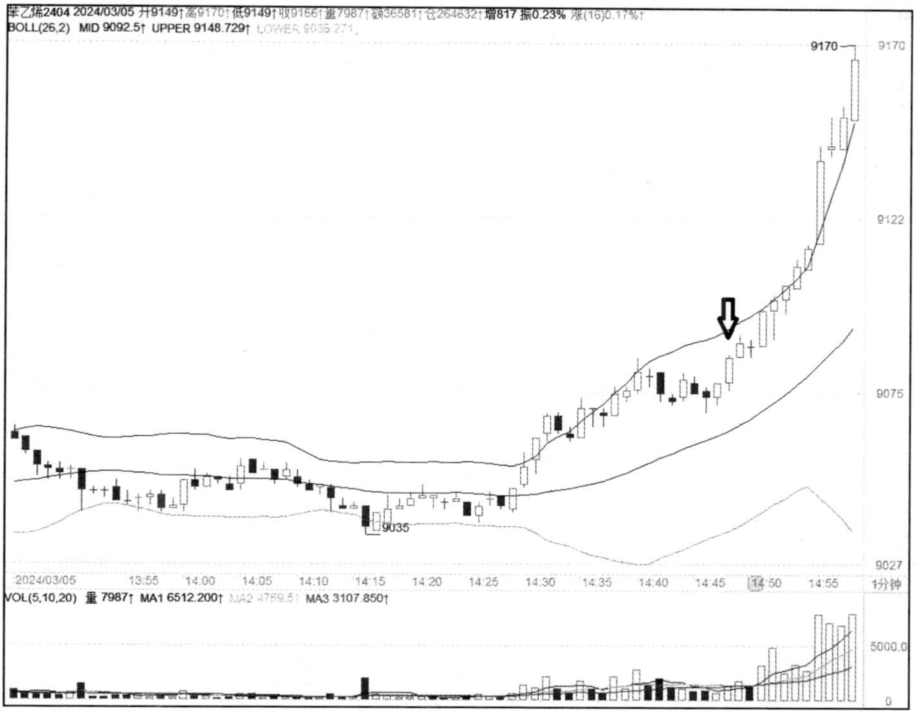

图 3-25　苯乙烯 2404 合约 2024 年 3 月 5 日 1 分钟 K 线走势图

上涨中途价格调整之后形成了向上突破创新高的技术形态，无论是突破形成之前的走势，还是突破形成时的走势，都完全符合突破操作的各项技术要求。在这种情况下，一旦价格突破上涨时最高阳线的收盘价，投资者便可动态开仓完成突破操作。

这一次的突破发生在布林线指标中轨已经形成明确上升趋势的情况下，不存在趋势方向无法分辨的情况，它是上升趋势延续的信号，并且很好地推动了上升趋势的进一步展开，因此，将这种突破形态定义为延续性突破，是符合价格波动性质的。

在图 3-26 中，价格上涨时成交量出现了明显的放大，这说明有大量的资金入场进行建仓操作，价格一上涨便放大量说明主力资金早已做好了发动行情的准备。当通过成交量可以判断出主力资金明显活跃的迹象时，投资者应当盯紧随后的走势，因为中途入场操作的机会将会非常多。

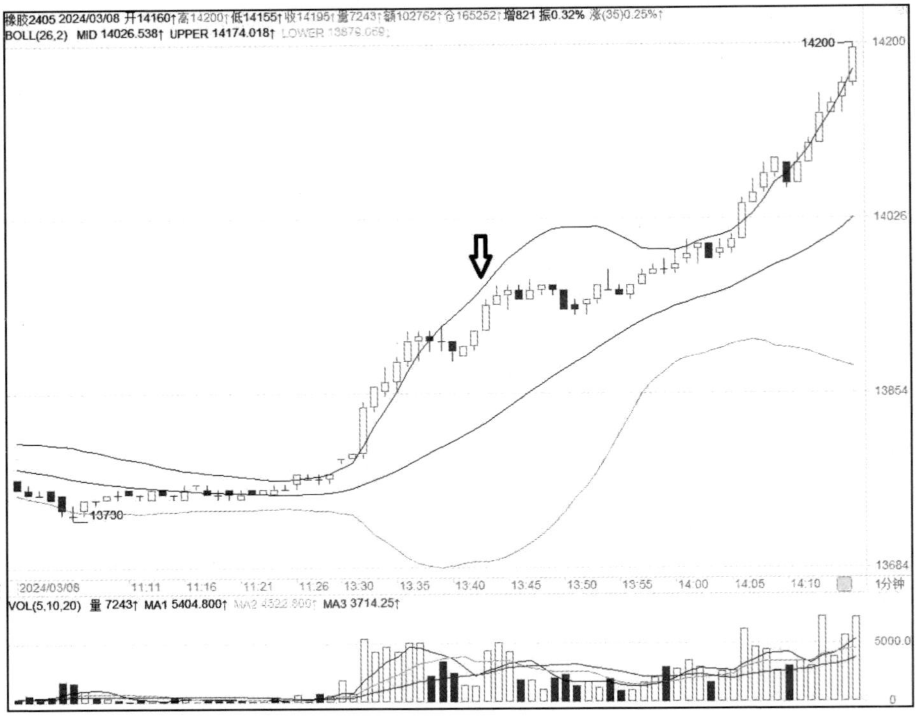

图 3-26 橡胶 2405 合约 2024 年 3 月 8 日 1 分钟 K 线走势图

第一波上涨结束之后，价格形成了小幅度缩量调整的走势，量价配合非常完美，只要量能健康，价格的波动便会呈现非常明显的规律，这将是投资者中途入场操作的绝佳时机。当短暂的调整结束时，突破走势随之出现，价格向上创出新高的那一刻，投资者便应当及时地入场进行做多操作。

图 3-26 中标注处的突破属于上升趋势形成后的第一次突破，这说明价格正处于极好的位置。本次突破延续了之前的上升趋势，并且对当前的上升趋势起到了很好的促进作用。突破创新高的走势吸引了更多的资金入场，从而使得一轮持续放量的大波段上涨行情出现。

在图 3-27 中，上涨行情结束后，随着布林线指标中轨转为下降趋势，一轮持续时间较长的下跌行情随之出现。可见，只要布林线指标中轨发生了方向上的改变，便很容易给投资者带来新的盈利机会。在未来操作的过程中，投资者在面对布林线指标中轨方向转变的走势时，一定要以积极的态度主动寻找入场的机会。

图 3-27　对二甲苯 2405 合约 2024 年 3 月 5 日 3 分钟 K 线走势图

第一个标注处价格形成了本轮下跌行情以来的第一次标准的反弹（之前虽也有反弹出现，但可操作的技术形态并不规则），短暂的反弹很快结束，在价格形成空单突破向下创出新低时投资者便要积极地入场操作。因为此时价格虽然有了一定幅度的下跌，但整体跌幅并不是很大，这就意味着价格正处于非常好的位置，未来的下跌空间还很广阔，在此区间投资者一定要积极地操作。

第二个标注处价格同样形成了突破的走势，但由于这是下跌趋势形成后的第二次突破，位置不好不坏，投资者也可以入场操作。这两处突破虽然反弹形态有较大差异，突破时的细节也有很大不同，但它们都具有一个技术共性：突破形成时布林线指标中轨都保持着整体向下的态势。因为突破顺应了当前的下降趋势，并且使得下跌行情可以很好地延续，便可以称这两次突破为延续性突破。

在图 3-28 中，笔者共标注了三次突破走势。虽然它们都是标准的突破形态（即无论是突破前的走势，还是突破形成时的走势都完全满足可入场操作的要求），但因为价格所处的位置不同，制定的操作策略也将是完全不同的。

图 3-28　玻璃 2405 合约 2024 年 2 月 27—28 日 3 分钟 K 线走势图

第一次突破形成时，布林线指标中轨刚刚由上升趋势转为下降趋势不久，此时的突破走势属于下降趋势中的首次突破，价格正处于非常好的位置上，于此区间投资者一定要积极操作，这个位置是最容易赚到大钱的。第二次突破形成时，价格已经有了一定的跌幅，如果当时整体市场空头状态非常明显，投资者也可以考虑参与一下，如果市场空头迹象并不明显，或是整体市场空头力量较弱，则最好放弃操作，另行寻找处于好位置的目标品种。可见，在不好不坏的位置，是否可以入场操作投资者便多了一些顾虑。而第三次突破形成时，投资者则更是要谨慎对待，哪怕市场空头力量较强，也最好放弃操作，这个点位对于已开仓的投资者来说可以继续大胆地持仓，但对于空仓投资者来说却不是入场操作的好时机。

不同的位置必然会导致不同的操作结果，但不管是否值得入场操作，这三次突破形态出现时布林线指标中轨都保持着明确的下降趋势，这说明三次突破的性质是延续性突破，它们的出现延续了当前明确的下降趋势，并且还对未来的下跌有良性的促进作用。创新低的突破很容易吸引一批资金入场做空，从而可以更好地推动价格不断向下。

3.8 二次再突破

在好位置处的突破形态是最值得操作的，但好位置的突破入场机会并不见得只有一个。有的突破走势只要创出新高，马上便会走出一波强劲的上涨行情；而有的突破形成之后却演变成了假突破，价格并没有成功上涨，而是出现了回落。但因为价格正处于好位置，再次经过一番调整后，价格第二次形成突破并上涨，这便是市场中常见的二次再突破技术形态。

之所以形成如此走势，多是因为调整并没有结束，只是调整过程中因为多方力量较大，价格不经意向上完成了突破，而后又延续调整性质的波动，直到调整彻底结束，一轮上涨行情才随之出现，从而形成真实的突破。或是主力资金刻意为之，本身调整就是主力资金的洗盘行为，利用假突破故意挑逗一下投资者，更有利于清理出低成本的持仓者。但不管怎样，延续之前的趋势是主旋律，只不过中间多了一段小插曲而已。

二次再突破走势并不会让投资者错失机会，只是在捉住行情之前有过一次突破入场以及止损离场的操作，虽然投资者亏了一次钱，但后期大幅度的盈利足以数倍覆盖亏损。只要价格处于好位置，一次突破没有成功，在方向没有改变的情况下，只要第二次或是第三次突破形态再度形成，投资者就一定要坚决入场把握机会，要么价格就此完全走失败，要么走成功，失败只不过小亏，而成功则会大赚。

在图 3-29 中，随着波动重心不断上移，原来下行的布林线指标中轨终于被带动地形成了上升趋势。一旦发现趋势类指标的方向发生了转变，投资者就要意识到，之前做空的行为需要停止，并建立新的做多思维。

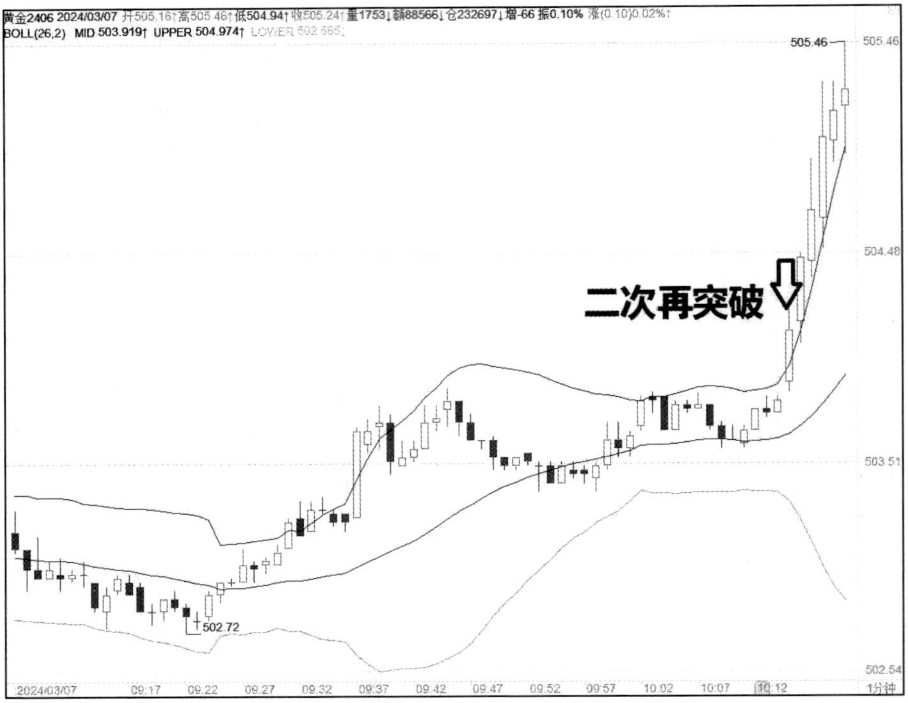

图 3-29 黄金 2406 合约 2024 年 3 月 7 日 1 分钟 K 线走势图

第一轮上涨行情结束之后，价格出现了调整，因为调整回落有一定的深度，同时又有一定的时间跨度，因此，给投资者提供了极好的逢调整低点做多的机会。调整结束后价格继续上涨并向上创出了新高，在创新高走势出现时，投资者是一定要积极入场进行操作的。但这一次的突破并未引发价格持续性的上涨，而是形成了再度的回落。在图 3-29 中，此时的回落因为幅度较浅，并不会对突破点的多单造成持仓上的干扰，投资者只是需要耐心地在价格并未跌破止损点的情况下继续持仓。

经过一番震荡之后，价格再度形成向上创新高的走势，这第二次的突破形成后便引发了价格大幅度的上涨，这种走势就是二次再突破技术形态。事后来看，第二次的突破性质其实仍然是调整，只是价格的上涨略高了一些，一不小心形成了突破。因为这是上升趋势形成之后第一次的调整区间，是难得的极佳的入场位置。不管是调整低点的做多机会，还是突破点的做多机会，只要在好位置上，一次技术形态没有成功，投资者一定要敢于在第二次，甚至第三次出现做多信号时入场，只要价格上涨，保持连续作战的精神必然可以捉住盈利的机会。

在图 3-30 中，价格上涨之后出现了一次时间较长的调整走势，虽然跌破了布林线指标中轨，但下轨依然发挥着强大的支撑作用，使得多头形态完美地保持着。调整结束后价格形成了第一次的突破，在阳线越过前高点之后价格却并未连续上涨，而是形成了再度调整的走势，虽然没有跌破前低点的止损位，但这种走势难免会让投资者产生碰到假突破的担心。真正的突破应当是越过新高便马上起涨，而一旦价格涨不起来，很容易形成下跌的走势。

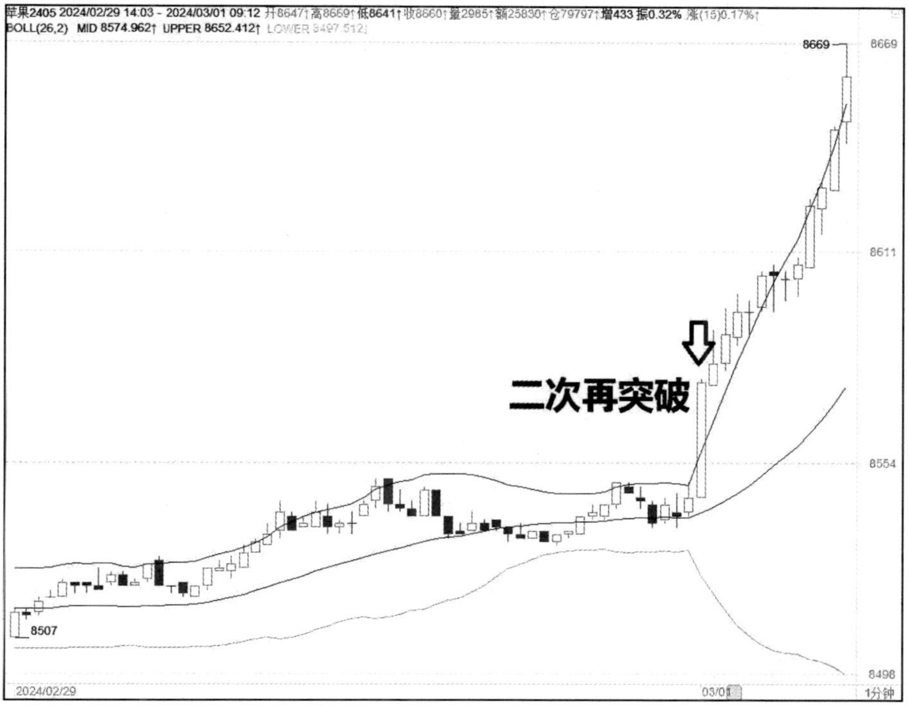

图 3-30　苹果 2405 合约 2024 年 2 月 29 日—3 月 1 日 1 分钟 K 线走势图

价格之所以在形成假突破之后没有下跌，主要原因就是位置非常好，在好位置处主力资金并没有实现盈利，因此价格易涨难跌，只要布林线指标中轨上升趋势依然明确，价格随时有可能上涨。短暂的调整之后价格再度形成突破，在同样的区间内这是第二次出现突破现象，既然价格的波动符合突破操作的所有技术条件，投资者就必须坚定地入场进行做多操作。

第一次突破操作失败后，如果价格直接跌破布林线指标下轨并破坏掉多头形态，投资者便可以放弃对该品种的做多关注。但在多头形态依然保持完好的情况下，投资者就必须注意价格随时有可能再次上涨，并且一定要在高点被清晰暴露出来的时候，事先进行布防，以防止第二次再突破快速出现。多数情况下，第二次再突破形成后，价格很容易爆发出真正的上攻行情。

在图 3-31 中，布林线指标中轨转为下跌之后，价格出现了第一次的反弹，只可惜反弹的幅度较小，未能给投资者提供高点做空的机会。没有逢高做空的机会也没关系，只要价格下跌就必然会给投资者提供突破的机会，因为突破形态是价格波动过程中的必见走势，它一定会出现的。

图 3-31 纯碱 2405 合约 2024 年 3 月 8 日 1 分钟 K 线走势图

布林线指标中轨转为下降趋势之中，价格的第一次突破并没有成功，虽然创出了新低，但很快又反弹了起来。由于第二次反弹走势并未向上突破第一次反弹形成的高点，因此，并不会打掉进行突破操作的止损，投资者可以继续在浮亏的状态下进行持仓。经过一番蓄势之后，在相同的位置，价格第二次形成了突破的走势。这种在方向明确向上，位置又基本相同的区间内所形成的先后两次突破就称为二次再突破。

多数情况下二次再突破一旦形成，行情便会马上展开，这是一件较大概率的事情，一旦碰上二次再突破形态投资者一定要坚定地进行操作。虽然在突破之后价格走出一波行情的概率比较大，但无法预期价格波动时一定会形成二次再突破，这种走势只能是可遇不可求的。

在图 3-32 中，在布林线指标中轨转为下降趋势的第一次反弹处，是下跌行情最好的入场点，可以赚到这一轮顺势下跌过程中最大幅度的收益。反弹结束价格形成了突破走势，这一次的突破非常干净利索，创出新低便直接展开了行情。由此可见，二次再突破是无法提前预期的，投资者见到突破走势时必须入场操作，不要想着是否会形成二次再突破，二次再突破只能是正好碰到了再做打算。

在下跌的中后期，价格再度形成了突破的走势，在实际操作过程中，这些点位无论是反弹的高点还是创新低的突破点都不宜进行操作。价格出现了一定程度的下跌，意味着主力资金此时已经获利丰厚，是否有继续推动价格下跌的意愿，投资者是无法做出准确判断的。价格可能在不好的位置处继续下跌，也可能就此见底难以再跌，但就算还能下跌，主要的下跌阶段已经过去，很难再给投资者带来大幅度的盈利机会。能确定的盈利空间并不大，但不能确定的风险却较多，这就是不应当在不好的位置继续积极操作的主要原因。

当然，作为学习案例，沪镍的走势仅是为投资者提供了一次了解什么是二次再突破的机会。从图 3-32 中可以看到，在相似的区间内价格先后形成了两次二次再突破走势。标注处均为价格在相同区间范围内的第二次突破，前一次的突破虽然创出了新低，但价格很快又反弹了上去，虽然没有打掉前反弹高点的止损位，但也会给持仓的投资者带来一定的持仓压力，毕竟做空之后都希望价格下跌，没有人会希望价格出现反弹上涨。虽然价格处于不好的位置，但二次再突破走势形成之后，价格却又能继续下跌，可见，二次再突破不管在什么位置都能更好地促使价格延续当前的趋势，只是价格所处的位置不同能够推动的下跌幅度也各有不同。

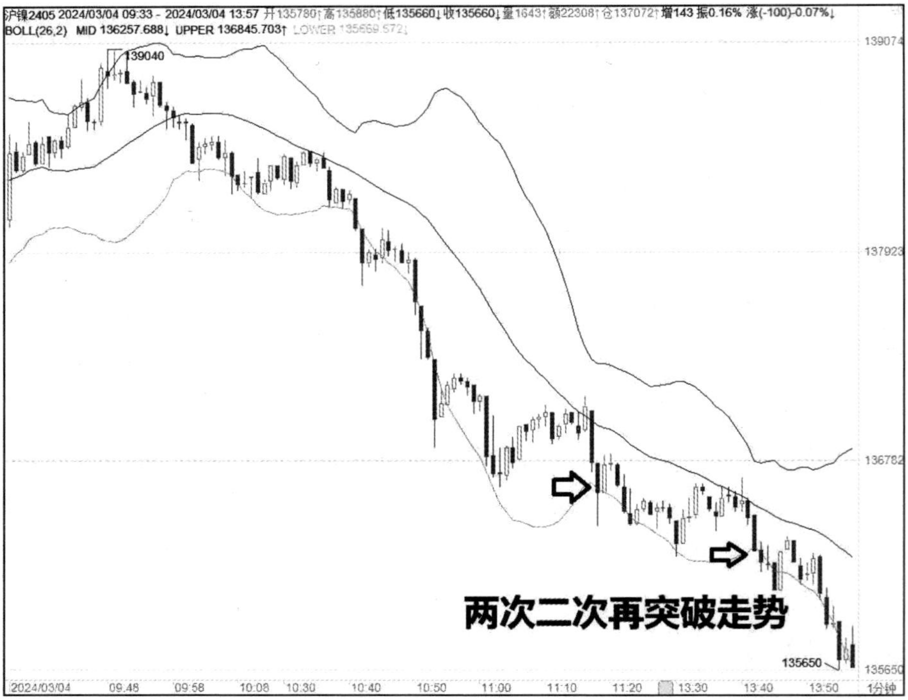

图 3-32　沪镍 2405 合约 2024 年 3 月 4 日 1 分钟 K 线走势图

多数时候二次再突破形成时，投资者已经在第一次突破的点位入场了，由于多单二次再突破价格往往会呈现调整低点抬高的迹象，空单二次再突破会形成反弹高点降低的迹象，因此，并不会打掉第一次突破操作时的止损，预期中的行情未能马上到来，形成了延迟性的行情，只会给投资者的持仓心理带来一些影响，而并不会产生实质性的亏损。而一旦二次再突破明确形成，一轮大好的行情便会很容易出现了。

3.9 窄口突破

因为笔者在实战操作时喜欢使用布林线指标，而布林线指标在价格波动过程中会出现通道变窄以及变宽的技术现象，所以，就有了在布林线指标窄口以及宽口状态下形成的突破走势。而同类性质的移动均线则没有窄口与宽口突破的形态，读者朋友们要注意识别，这是通道类指标独有的技术形态。

随着价格的调整，布林线指标上轨与下轨将会呈现不断接近的状态，这是由于价格波动幅度变小而引发的常见技术现象。在布林线指标上轨与下轨相距较近，通道形成缩口状态时所形成的突破走势，称为窄口突破。

窄口突破更多的是一种定义，用于描述突破走势的技术特征，于实战操作影响不大，因为在符合要求的情况下，无论是窄口突破还是宽口突破投资者都必须参与操作。但就笔者的操作喜好而言，更喜欢在窄口突破的情况下进行突破操作，一是获利效果比较好，二是技术形态非常容易观察确定。布林线指标通道的放宽与收窄是交替进行的，放宽之后必定收窄，而收窄之后必定放宽，一旦布林线指标通道由窄变宽往往意味着价格的波动幅度越来越大，若在窄口处进行操作，自然就赚到了由波动幅度加大而带来的高收益。

在图 3-33 中，每当价格下跌时，布林线指标便呈现上轨向上、下轨向下的宽口状态，可见，当价格波动率增大时，布林线指标通道就会处于宽口的状态。这对于实战操作的指导意义是：一旦发现布林线指标通道正处于宽口状态时，就要意识到价格此时的波动幅度将会加大，手中的持仓一定要拿牢。

图 3-33 中标注处价格形成了反弹的走势，一旦价格反弹上涨，波动的幅度就将会变小，从而使得布林线指标形成上轨向下、下轨向上的态势，布林线指标通道逐渐收窄。通道放宽的时候容易给投资者带来盈利的

机会，而通道收窄的初期则意味着风险的到来，价格可能只是形成一次反弹，但也可能由此转为上升。而当通道明显收窄时，它又是机会的孕育期，因为布林线指标通道将会始终处于放宽与收窄的交替中，一旦发现通道开始变窄就要意识到，机会就在眼前了。

图 3-33　沥青 2406 合约 2024 年 3 月 4 日 1 分钟 K 线走势图

在布林线指标通道收窄的区间，价格形成了向下创新低的突破走势，这种技术形态就称为窄口突破。对于实战操作来说，窄口提示机会即将到来，突破给出了明确的入场提示，因为窄口是先于突破形成的，所以更容易让投资者提前做出判断。

在图 3-34 中，随着价格的下跌布林线指标中轨由之前的上升趋势转变为下降趋势，趋势指标方向的转变大多数时候都意味着新一轮机会的到来，这必须成为投资者操作时重点关注的技术现象。

图 3-34 IM2403 合约 2024 年 2 月 27—28 日 3 分钟 K 线走势图

第一轮下跌之后价格形成了一次有规模的反弹走势，随着下降趋势的暂停布林线指标通道也开始由宽口状态转为窄口状态，布林线指标上轨依然向下，而下轨则转为向上的态势。窄口现象出现时投资者一定要重视，价格虽然暂时失去了大幅度波动的能力，但却是在孕育下一次的机会，可以理解为这是空方的一次休整。

窄口期间所形成的入场信号投资者都可以积极地进行操作，因为价格波动幅度减小，使得止损的幅度随之降低，更容易用小亏去换未来的一波行情。在窄口期间价格反弹结束后也形成了向下创新低的走势，结合布林线指标来看，此时形成的突破就是窄口突破。因为布林线指标窄口现象往往发生于突破走势之前，更利于投资者提前做出决策。

在图 3-35 中，开盘之后由于低开及价格的快速下跌，使得布林线指标上轨与下轨之间的距离非常远，宽口形态非常明显。价格在布林线指标处于宽口状态时，无论是下跌还是反弹，震荡的幅度都是比较大的。价格的波动率有保证之后，就看有没有好的入场点信号出现了。

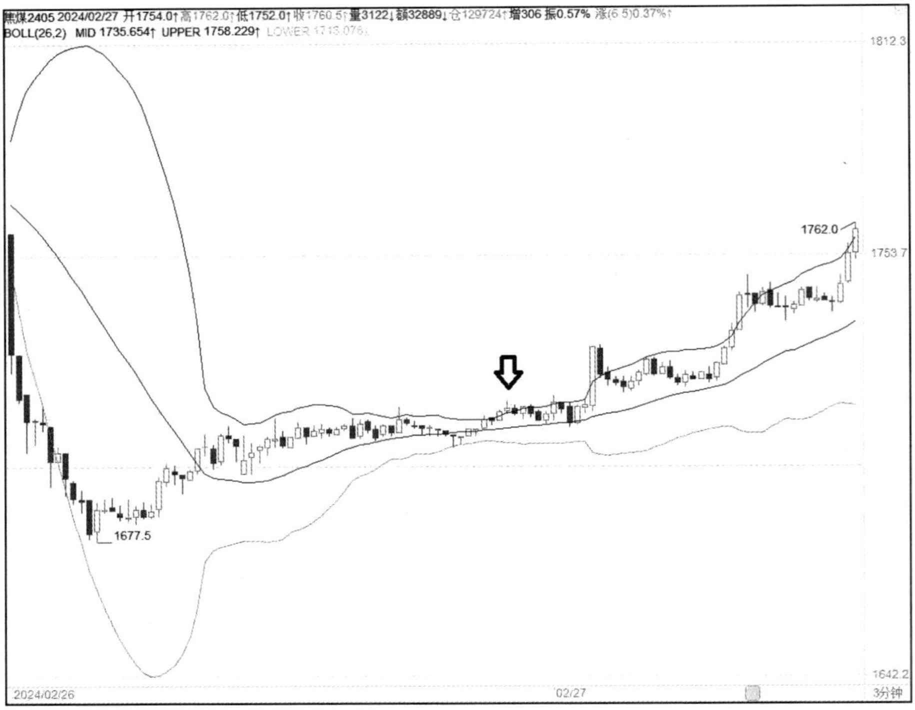

图 3-35　焦煤 2405 合约 2024 年 2 月 26—27 日 3 分钟 K 线走势图

开盘的杀跌结束之后，随着价格持续性地上涨，最终价格的波动性质由反弹转变成为上涨，而价格波动性质的改变则可以通过布林线指标中轨的方向及时地做出判断，不仅可以回避转势的风险，还可以更好地把握转势后所带来的大好机会。上涨之后价格出现了调整，随着波动率降低，布林线指标上轨与下轨靠得越来越近，虽然此时的波动无法给投资者带来更大的收益，但通道的缩口却意味着价格正在孕育下一轮的机会。缩口之后必然张口，只是张口的方向朝向哪里当时并不太清楚，需要结合后期的波动进一步判断。若价格有上涨动作，那就表示张口后价格要向上；若有下跌动作，便意味着张口后价格将要下跌。

在价格缩口期间，由于布林线指标依然保持着明确的上升趋势，所以，形成的突破走势并非开创式突破，而是延续性突破，投资者是完全有机会能够做出判断并入场操作的。同时，由于突破现象发生于布林线指标通道处于缩口状态时，因此又称为窄口突破。窄口突破最大的好处就是通过先出现的窄口现象发现机会，能够提前做好操作的准备，无论是调整低点的做多机会还是突破点的做多机会就都跑不掉了。

在图 3-36 中，价格形成了跳空高开的走势，这使得布林线指标直接形成了宽口的状态。仅从布林线指标的形态来看，上轨与下轨之间的距离较远，但这并不是由价格连续上涨造成的，而是因为高开一步到位形成的，所以，这种类型的宽口形态是失真的。投资者需要放弃高开或低开造成的宽口形态中的机会，必须耐心等待通道形成一次窄口状态，消除掉指标失真状态之后再寻找操作的机会。

图 3-36 橡胶 2405 合约 2024 年 2 月 30 分钟 K 线走势图

经过一段时间震荡后，布林线指标上轨形成了向下的运行状态，并与下轨越来越近，形成了非常明显的缩口形态，这意味着大好的机会正在孕育，投资者应在缩口区间积极地寻找机会。由于布林线指标中轨依然向上（受到高开影响也有一定失真表现），但为了统一操作依据，仍然要在此区间保持做多的思路。通道缩口告知了投资者下一次的机会正在孕育，中轨方向提示投资者应当继续做多，接下来便是等待好的入场形态出现。

因为价格的调整有一定时间的跨度，于是便有了逢调整低点做多的机会。调整结束后价格又向上形成了创新高突破的走势，这也给投资者带来了极好的获利机会。由于突破发生在布林线指标处于窄口的状态，此时的突破性质便为窄口突破。通过布林线指标通道的收窄可以提前发现机会，再通过具体的入场突破形态则可以确定性地捕捉到机会。

3.10 宽口突破

有窄口突破形态就必然有宽口突破形态，两者在技术形态上非常容易区分，一个是布林线指标上轨与下轨距离非常近，另一个则是上轨与下轨的距离非常远。在价格后期的波动上，两者其实都一样，一旦形成突破走势都可以促使价格形成一轮更好的行情。大多数的宽口突破容易使得价格直接上涨或下跌，较少形成假突破；而窄口突破形态中，会有一些假突破存在。不管真假突破的次数有何区别，在价格未来的涨跌幅状况上，宽口突破与窄口突破没有区别。

宽口突破与窄口突破一样，于实战操作来讲，没有什么大的影响，它们只是一种对价格波动性质的定义，将突破出现的位置进行一下定性。相比较而言，窄口突破更容易提前发现机会，而宽口突破则无法提前发现，因为通道一直保持着较宽的状态，一直延续着趋势的方向在大幅波动，这本身就是持仓最明显的信号，而非操作的信号。“张口赚收益，缩口找机会”，这是布林线指标通道宽窄正确的运用思路。

宽口突破与窄口突破最重要的区别就是：窄口突破可能会发生方向上的逆转，之前是下跌趋势，可能继续下跌，也可能转为上涨。而宽口突破形成时，之前是下跌的趋势，突破形成还是要继续下跌，极少会出现趋势方向的逆转现象。

在图 3-37 中，随着价格下跌，布林线指标中轨由之前的上升趋势转变成为下降趋势，趋势类指标一旦转向便意味着之前的趋势方向转变，此时投资者手中的多单要赶紧出局，而后转变思路寻找做空的入场机会。

图 3-37　沪铜 2404 合约 2024 年 3 月 8 日 1 分钟 K 线走势图

因为价格始终保持着连续下跌的状态，受波动率较大的影响，布林线指标上轨与下轨之间的距离始终比较远，在通道处于张口的情况下，多数的操作思路是进行持仓操作，入场操作的机会要在缩口区间寻找。在宽口状态时，价格形成了一次短时间小幅度的反弹形态，随后的突破也再度引发了一轮下跌的行情，因为突破发生在布林线指标张口状态下，因此，把这种突破走势称为宽口突破。

宽口突破形态出现时，价格往往会延续当前的趋势方向，很少会改变，就算暂时看是假突破，也容易演变为二次再突破走势然后继续下跌，入场做空获利的可能性非常高。这是宽口突破的一大特点。窄口突破可以提前发现，但存在假突破以及转势的可能；而宽口突破虽然无法提前发现，但延续当前趋势方向的可能性非常高，基本上不存在转势的可能。

在图 3-38 中，价格于下跌中途形成，受到反弹的影响，布林线指标通道出现了一次缩口的迹象，可见，下跌之后一旦出现反弹，上涨之后一旦出现调整，原本处于张口状态的布林线指标必将会形成缩口的状态。一旦缩口形成，便意味着新的机会就在眼前。

图 3-38　螺纹 2405 合约 2024 年 3 月 7—8 日 5 分钟 K 线走势图

缩口之后由于布林线指标中轨形成了上升趋势，因此，第一次向下创新低的点位是无法进行做空操作的。而标注处的第二次突破投资者则可以入场进行做空，因为布林线指标中轨此时呈现明确的下降趋势，并且反弹的幅度也比较小，多空双方的力量对比非常明显，所以投资者应当积极入场进行做空操作。

由于突破形成时布林线指标通道正处于宽口状态，因此，将此时的突破称为宽口突破，它的出现降低了价格假突破逆转为上涨的可能性，入场之后只存在赚多赚少的区别。在布林线指标宽口状态下，价格延续当前趋势方向的概率非常高，若在宽口区间出现了某种可以入场的技术信号是非常值得信任的。

在图 3-39 中，价格上涨之后形成了调整的走势，由于调整有一定时间跨度，给投资者提供了极好的逢低做多机会。随后的窄口突破则提供了投资者第二次中途入场的机会。当价格继续上涨时，往往都会给投资者提供多次中途入场的时机，只要掌握了相应的操作方法，获利的机会是很难溜走的。

图 3-39 纸浆 2405 合约 2024 年 3 月 6—7 日 3 分钟 K 线走势图

窄口突破形成后价格开始上涨，从而使得布林线指标再度形成了张口的状态，上涨不久又一次形成了短时间、小幅度调整的形态，并很快第二次形成突破，此时的突破发生于布林线指标张口状态中，因此称为宽口突破。布林线指标处于张口状态时，价格的波动都比较迅猛，这个时候形成的突破往往会给投资者带来可观的收益。

宽口状态下形成的突破走势，大多数时候调整回落的幅度都非常小，因为价格正在剧烈地波动，不会允许长时间大幅度的调整出现，想要在宽口状态下进行逢低做多操作基本上是没机会的。所以一旦碰到布林线指标形成张口状态时，投资者要么进行多单持仓操作，要么随时准备进行突破的操作，其他操作手法暂时不要做出预期安排了。

在图 3-40 中，价格转势的过程中布林线指标通道形成了缩口的迹象，这是由于之前的反弹逐渐演变成为震荡上涨。价格在该区间失去了明确的趋势性，失去了大幅波动的活跃性。不过缩口的出现本身就意味着机会的孕育，只是未来的价格可能是继续向下，也可能是向上的。

图 3-40　两年国债 2406 合约 2024 年 2 月 30 分钟 K 线走势图

上升过程中，布林线指标逐渐张口，这是一种常见技术现象，只要价格有了明确的趋势方向，只要上涨走势确立，张口现象必然会出现，在张口过程中，除非有大实体阴线的出现，否则投资者都应当坚定地进行持仓操作。除此之外，投资者还需要密切留意有可能出现的突破走势，因为上涨之后价格必然会调整，但在张口状态时价格调整回落的幅度往往都很小，只有运用突破的操作手法才可以捕捉到机会。

转势之后不久价格便出现了调整，形成了一次短时间、小幅度的回落调整形态，这是价格在张口状态下最为常见的调整走势，因为调整回落幅度很小，投资者想在低点处进行做多操作完全没有机会。这就给投资者一个如下的提示：布林线指标张口状态下，已持有多单的投资者应当坚定持仓待涨，空仓投资者则要以突破操作为主，其他的入场机会很可能市场不会提供。

之所以要对窄口突破以及宽口突破进行定义，是因为它们波动特点的不同，将会导致未来的走势有所区别。宽口突破一旦形成，价格的上涨或下跌往往会马上出现，并且绝大多数都会延续当前的趋势方向，很少会在假突破形成后直接转势，这就使得投资者在宽口突破形成时的获利效果最好。当然，不管是窄口突破还是宽口突破，当价格向上创出新高，以及向下创出新低时，投资者都应当积极地入场进行操作，在入场点出现时先入场操作，事后再研究其波动性质，推导未来价格大概率的波动变化。

3.11 高点降低式突破

高点降低式突破以及高点抬高式突破都属于二次再突破的表现形式，当然，有时也可能会在同一个区域范围内形成三次或更多次的突破。由于在一个区间内形成了多次调整的走势，这就会形成多个小波段的高点，这些高点都是有意义的，都将会对突破操作产生影响。高点的影响主要针对开仓点位的选取，而调整低点影响的则是止损位。

其实每一个高点都是一个可选取的突破位，但出于成本最优化考虑，当突破形成时，临近的那个高点才是当前最佳的突破决策点。价格上涨时最先完成突破的那个高点才是真正的突破点，而这个突破点在高点降低的情况下是持仓成本最低的位置。而与之对应的最为临近的调整低点便是止损位。

对于多单来说，临近高点开仓；对于空单来说，临近低点开仓。与之对应的便是，多单突破的止损点是临近的调整低点；对于空单来说止损位则是临近的反弹高点。在高点降低，以及低点抬高的情况下，将临近的高点与低点作为突破位的参考，可使成本最具优势，而临近调整低点或反弹高点，则往往可以保证亏损的额度最小化。成本最具优势、止损最小化就是高点降低式突破与低点抬高式突破最鲜明的技术特点。

在图 3-41 中，价格上涨到高点后出现了调整，调整进行过程中就需要事先在上涨高点处画线下单或是设置条件单提前布防，当大阳线出现时价格已经逼近上涨高点了，但可惜的是突破走势并未形成，而是形成再次的调整。这种走势与二次再突破形态相比，只是高点没有完成突破，其他的走势都是高度相似的。

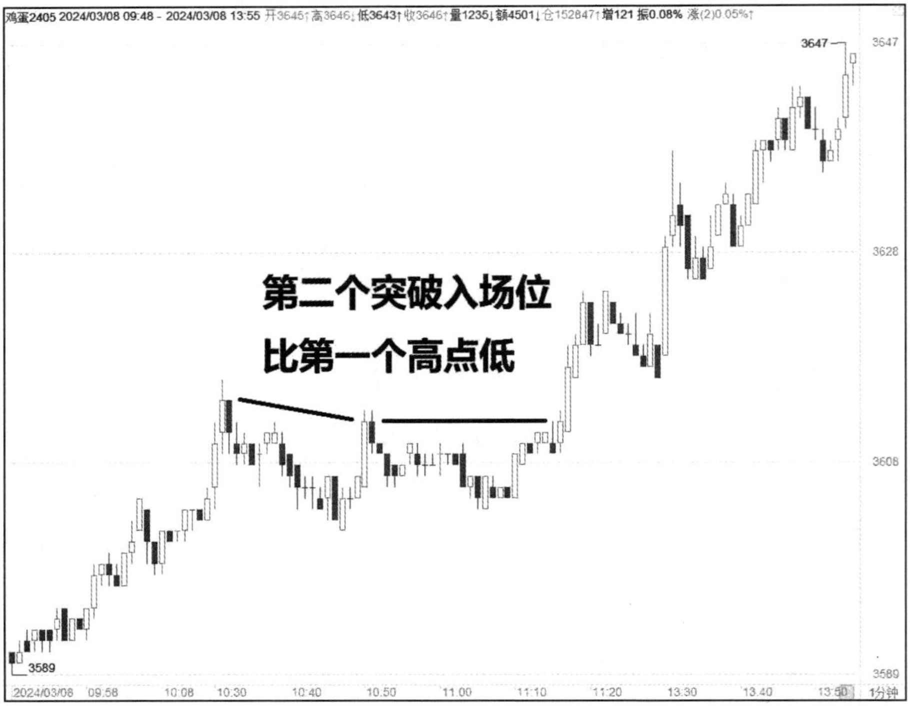

图 3-41　鸡蛋 2405 合约 2024 年 3 月 8 日 1 分钟 K 线走势图

第二次的调整又将价格新的高点暴露了出来，这个高点相比第一个高点呈现明显降低的态势。在实战操作时，这两个高点的确都是标准的突破位，但有着更低的多单入场点位又为何要在高的点位入场操作呢？因此，当价格后期再度出现上涨并越过更低的第二个高点时，投资者便可以入场进行突破操作了，而不必等到突破第一个高点时才入场做多。

突破可以分为局部突破与整体突破两种形态，整体突破是价格对全局最高的那个高点进行的突破，局部突破则是对当前最为临近的高点进行的突破，它们都具备一致的突破技术特征与操作方法，不同的就是入场点位。高点降低式的突破会让投资者的入场点位更低，这就意味着一旦行情确立，收益也将会更多一些。

在图 3-42 中，开盘后价格形成了一波上涨的行情，随后出现了调整，但是，这一波调整回落的幅度太大，虽然有逢调整低点做多的机会，但就突破操作来说是必须放弃的。投资者一定要养成不在过大调整走势出现后进行突破操作的良好习惯。

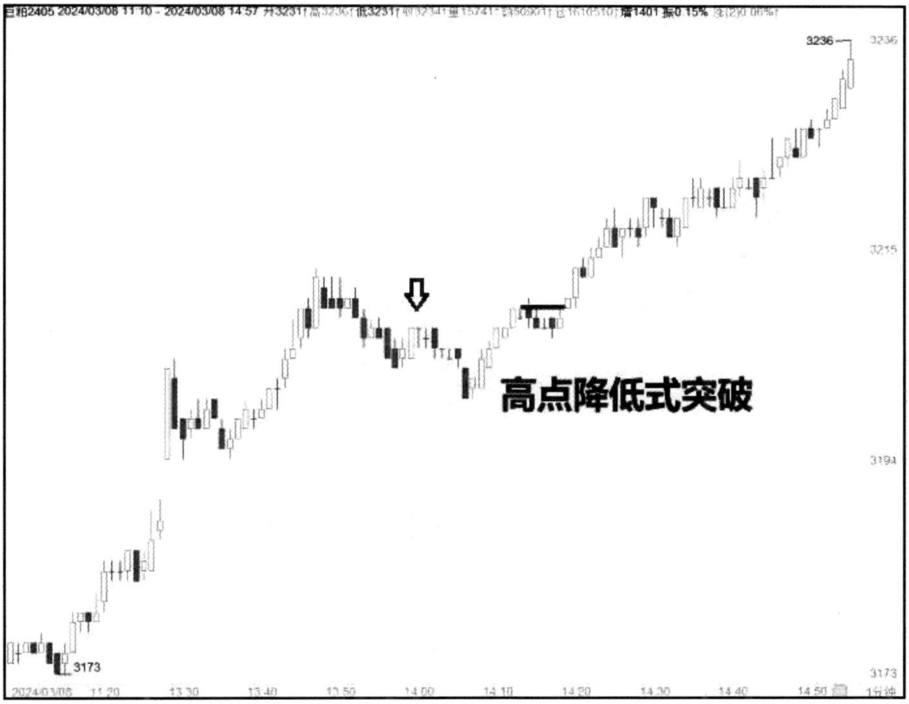

图 3-42　豆粕 2405 合约 2024 年 3 月 8 日 1 分钟 K 线走势图

深幅调整出现之后，价格在持续回落过程中于箭头标注处形成了一个更低的高点，而后的上涨将突破该高点。但这个更低高点的突破位存在的问题，同样也是价格回落的幅度较大，如果在价格越过这个高点时进行突破操作，并使用调整低点进行止损，则亏损的额度将会比较大，所以，它也是应当放弃操作的技术形态。

在横线标注处价格再度形成了一次小幅调整的走势，此时暴露出来的局部高点相比之前的最高点仍然处于降低的状态，高点的降低意味着入场的成本更具优势，又由于此时调整回落的幅度很小，这就使得止损的额度非常小。成本具优势，止损又非常小，这就是应当积极参与与主动去寻找的操作形态，当突破形成时，自然不允许获利的机会溜掉。

在图 3-43 中，价格下跌到中途后的反弹结束并开始继续下跌时，在价格临近前低点的时候，投资者一定要做好随时作战的准备。虽然可以画线或设置条件单自动完成开仓，但也需要在开仓成功后手工调整一下止损位。所以，在价格接近形成突破走势时，投资者一定要密切留意操作机会的形成。

图 3-43　玉米 2405 合约 2024 年 3 月 8 日 1 分钟 K 线走势图

在价格接近突破但并未形成突破时，下跌结束然后价格再度反弹向上，这又将刚才的回落低点给清晰地暴露了出来，此时投资者应当将前低处的画线或是设置的条件单移动至当前低点的位置。虽然两个低点的价格相差并不是很大，但一定要有上述操作的意识与动作，这是一个良好的交易习惯。

低点抬高式的反弹形态可以让投资者空单突破操作的入场点位置更高，面对未来相同幅度的下跌行情，自然入场位置越高收益便会越大。若此时再对反弹的高点进行分析，当看到高点呈现降低态势时，便可以更加明确地判断出价格后期将会有较大的下跌概率。

在图 3-44 中，价格于下跌中途出现了一次整体时间并不算长的反弹走势，加之反弹上涨的幅度也很小，因此可以判断出：价格后期还将会继续下跌。反弹幅度小说明多方力量很弱，空方依然把控着局面，反弹时间短则说明空方下跌的急迫性，这种情况下价格自然更容易下跌。

图 3-44　IM2403 合约 2024 年 1 月 19—22 日 5 分钟 K 线走势图

在小反弹区间价格到达高点后连续收出三根小阴线，就在即将完成创新低突破走势时，却又反弹了起来，一下子把新的低点暴露了出来。只要见到有新的低点形成，就必须把开仓点位修正到当前最为临近的低点位置，有时可能这个点位与最低点只相差一个最小变动单位，那也必须进行修正开仓点位的操作。

在实战操作时，如果错过了临近低点进行突破操作的机会，则全局最低点位置的突破也可以进行操作。但这并不是说之前低点位置的突破不能再进行操作，而是有了更合适的入场点位、更低的做空成本，没必要在高成本的点位去操作。但如果错过了更合适点位的开仓机会，之前的突破点依然可以入场操作用以补救。

本节为读者朋友们列举的案例都是只有两个高点或低点的技术形态，实战操作时，可能会碰到三个或是多个高点与低点的形态，无论有几个高低点，谁是当前最为临近的高点或低点，就把谁视为最佳的入场位置，然后拿其他的位置作为补充。最好能在最合适的点位完成突破的操作，若错过了机会，也可以在其他高低点的突破位进行操作。高点降低式的突破形态与低点抬高式的突破形态提供了更多的操作机会，而不是减少了操作的机会。

3.12 高点抬高式突破

高点抬高式突破相比高点降低式突破出现的次数少，这种技术形态对于操作而言不是最优形态，因为在第二次或第三次形成突破时，入场的成本将会提高，每进行一次操作，便要在更高的点位去进行做多，虽不是追涨性质的操作，但具有与追涨性质一致的持仓成本较高的缺点。

高点抬高式突破在形成时，整体技术形态多会呈现扩散状，即价格的高点在抬高的同时，低点则在降低，形成一个呈扩散状态的三角形。这种形态导致的问题便是：入场成本会提高，同时，止损幅度也将会加大。相比低点降低式的突破形态，缺点多多。因为优势非常不明显，所以，在没有市场的多空状态高度配合的情况下，投资者不宜对这种突破进行操作。

因为多是扩散形态的走势，所以，突破形成前价格的调整往往较深，这是最常见的应当放弃操作的形态，从这个角度出发其实也就可以避免在较高成本的二次再突破点位进行操作了。但作为对突破操作方法全方位波动性质的了解，高点抬高式突破形态也必须知晓它的技术特点。

在图 3-45 中，于标注处价格先是完成了一次突破的走势，但却是假突破，随着后期价格跌破了调整低点，这一次的操作必须止损出局了。因为价格所处的位置只是上涨中途，并未出现过大幅度的上涨，因此，在这个点位投资者依然可以寻找机会进行操作。

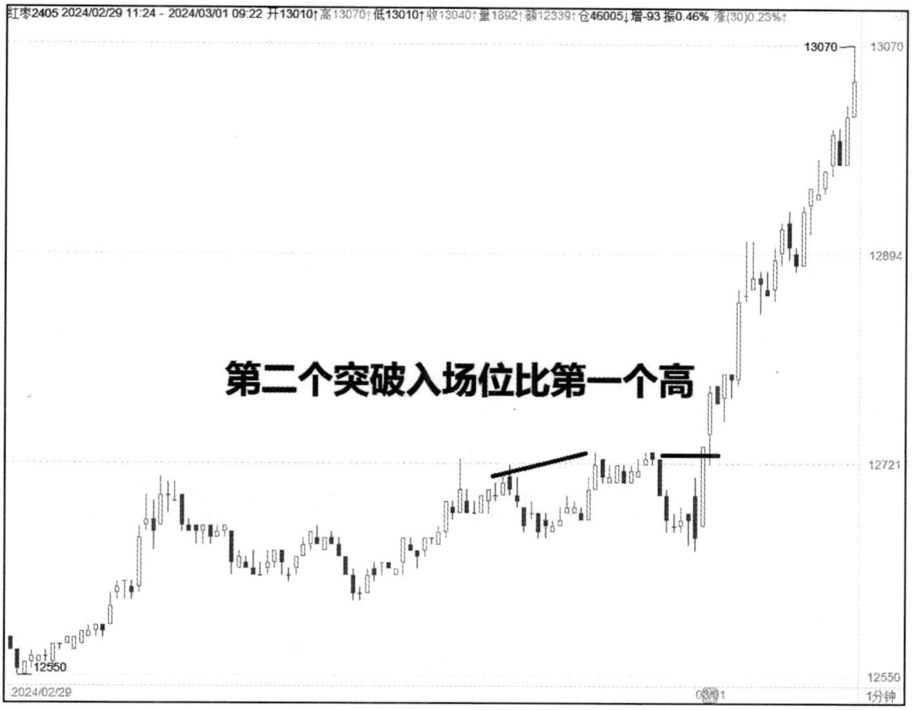

图 3-45　红枣 2405 合约 2024 年 2 月 29 日—3 月 1 日 1 分钟 K 线走势图

在跌破了前调整低点后，调整结束价格再度上涨并完成了突破的操作，从突破的入场点来看，第二次多单突破的入场价格要高于前一次的突破买点价格，这是最常见的第二次入场位比第一个高的技术形态。如果将高点进行连线，再将低点进行连线，便可以形成一个扩散式的喇叭形态，高点抬高的同时低点则在降低，虽然突破点可以进行操作，但由于低点的位置更低，止损的额度也将会加大，所以，这种二次再突破形态是不宜进行操作的。

入场成本高并不是最主要的问题，只要能赚钱，哪怕追涨都可以，这种形态最大的问题是止损的幅度无法控制。实战操作时投资者一定要积极寻找止损小的形态进行操作，这样才是实现小亏换大赚的根本，一旦止损幅度比较大，要么采取其他方式进行操作，要么就要主动放弃当前的机会。

在图 3-46 中，初期上涨后价格如期形成了一次调整的走势，第一个线体标注处价格回落的幅度很小，调整的时间也很短，这是突破操作最佳的技术形态。位置又好，止损又小，一旦形成创新高的突破投资者必须坚决入场做多。

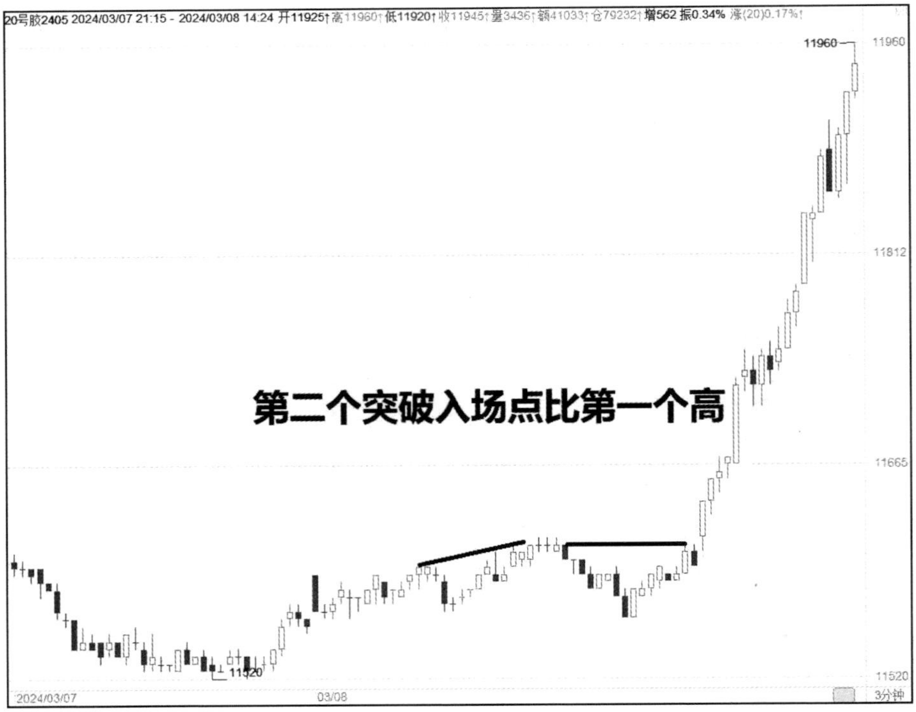

图 3-46　20 号胶 2405 合约 2024 年 3 月 7—8 日 3 分钟 K 线走势图

但第一次的突破却形成了假突破的走势，在好的位置价格并未趁势大涨，而是再度形成调整的走势，这也容易理解，主力资金有在行情展开之前震仓洗盘的需要。也正是因为位置比较好，所以投资者不能放弃该区间的操作，一定要密切留意价格波动带来的再次入场的操作机会。

第二次调整的低点便给了投资者绝佳的低吸机会，而后价格重新上涨并再次形成突破，那么，此时的突破可以操作吗？虽然此处是绝佳的入场位置，但第二次突破时回落的幅度过大，这就使得止损额度变大，从这个角度来说应当放弃操作。对于高点抬高、低点降低的扩散形态，买点是有的，只是止损幅度过大。投资者要么放弃此时的机会，要么变更一下止损的方式，不做出调整是很难对这种形态进行操作的，但临时调整操作时的部分原则，又不利于做到进出标准的统一，这个两难的问题只能由读者朋友们自行决策到底该如何去做了。

在图 3-47 中，价格于下跌中途形成了一次小反弹的走势，从整体反弹走势来看，价格下跌的概率是极大的，因为整体反弹的幅度很小。价格始终涨不上去，便说明空方对趋势的掌控能力更强。

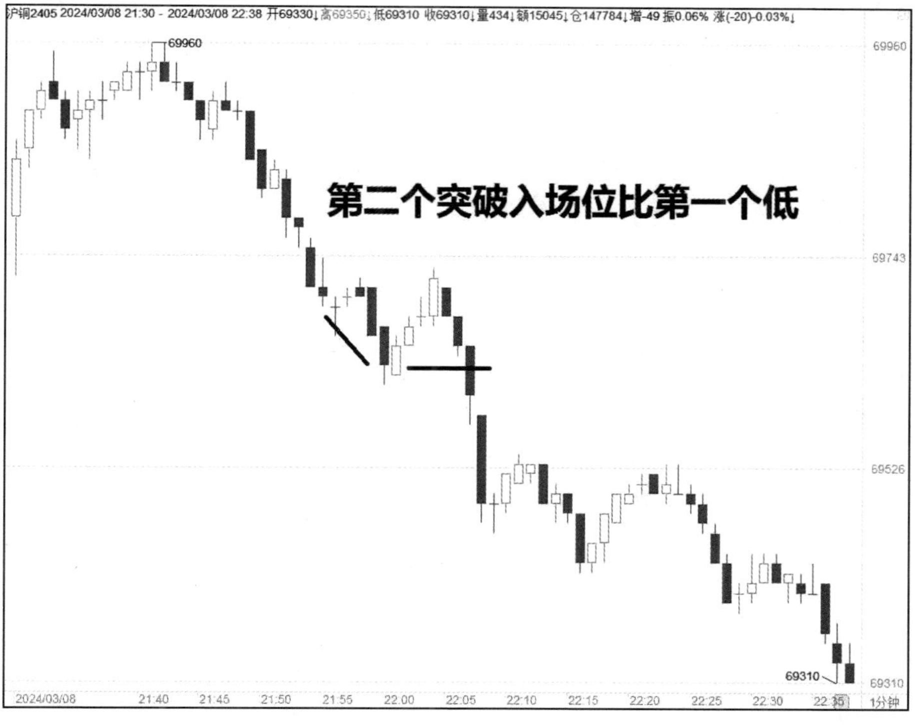

图 3-47　沪铜 2405 合约 2024 年 3 月 8 日 1 分钟 K 线走势图

图 3-47 中标注处第一次形成突破之后，价格还没下跌太多便出现了反弹，并且越过了前反弹高点的止损位，这意味着第一次的突破操作要止损出局。反弹过后价格再次形成突破，因为各项技术特征依然看跌，因

此，在该点位应当继续入场进行操作。但第二次突破操作的止损额度要比第一次突破明显大了很多，这是因为价格在此区间形成了一次小级别的扩散形态。

从位置的角度来说，这是开盘之后第一次下跌时的反弹区间，是非常理想的操作点位，是应当积极入场操作的区间。但从止损的角度来讲，由于价格的扩散形态导致本次突破操作止损额度过大，应当采取主动放弃操作的态度。这就使得操作的决策产生了矛盾，如果当时的市场环境明显利于空方，就算止损幅度略大也可以搏一下，但若整体市场空头力量并不强大，就应主动放弃操作。

在图 3-48 中，价格于不太好的位置形成了突破走势（见两次标注处）。如果不是为了案例的学习，实战操作时，这种不好位置处不管形成什么样的技术形态，都是要放弃操作的。投资者一定要养成主动放弃在不好位置处进行操作的习惯，这将会大大地提高投资者的操作胜算。

图 3-48　沪镍 2405 合约 2024 年 3 月 4 日 1 分钟 K 线走势图

标注处第一次破位下跌的技术形态还是比较好的，除了位置不好以外，K 线形态保持着小幅度反弹的走势，这种反弹形态说明价格后期继续下跌的概率是非常大的，也正是因为反弹幅度很小且下跌概率较大，才值得投资者进行操作。这一次突破之后价格虽然很快再次出现反弹，但并未形成扩散形态，而是出现了高点降低的态势，这就使得第一次的止损位并不会被触及，投资者可以一直持仓直至获得不错的利润。

实战操作时，若上一次操作没有打掉止损，后期形成的入场点是没有必要再去操作的。若第一次的突破并没有操作，则第二次突破形成时可操作性就变差了，因为再次入场空单突破点位入场成本变得更高。空单入场成本变得更高便意味着未来盈利的幅度将会变小。

做交易跟做实体生意一样，讲究的是低买高卖，只有遵循这个原则才可以实现盈利，否则买入卖出成本过高，能够稳定盈利的难度就会非常大了。高点抬高式突破与低点降低式突破恰恰是入场成本不具优势的典型形态，除非市场环境高度配合、价格所处的位置非常理想，不然，投资者最好放弃对这种突破技术形态的操作。

4

突破操作的开仓与止损

对突破走势形成前一系列技术细节进行要求，并且价格的变化形态以及成交量的变化形态都满足技术要求后，便进入最关键的入场时刻了。既然对突破前的走势进行了诸多要求，当突破真正到来的那一刻肯定是要做出相关要求的。这些要求主要集中在开仓与止损的细节上，这些细节处理不好，将直接影响突破操作的精准度以及面临风险的大小。

对于突破操作来说，当价格形成高点或低点时，突破点位的参照物也就有了，投资者可以提前知道在哪个具体的价格处进行开仓。当调整低点形成，价格准备继续上涨时，止损位也就可以于突破形成前知道了。所以，对于突破操作来说，开仓点和止损点都能够提前知道，在技术形态还没有形成前便知道该笔交易要承受的风险有多大。再结合其他判断价格未来涨跌幅的技巧，就可以在入场点形态没有形成前，知道未来能够赚多少钱。入场具体价格、亏损风险大小、盈利幅度多少，都可以事先确定下来，这都是技术分析方法所能实现的操作细节。

4.1 突破点位的取值

价格形成高点或低点的时候，有多种形态，有的技术形态比较简单，见到最高点后价格直接下跌，最高处的那一根 K 线孤零零地待在那里很容易辨认；有的技术形态很复杂，比如常见的区间内横盘，都是星 K 线且都有一定的影响，使得突破的决策点很难准确判断。为了解决这些问题，市场上有多种前高点取值的方式，比如有取高点或低点区间上影线或下影线的，也有取值前高或低点最高或最低 K 线实体的，这是两种最常见的取值方式。

笔者对前高点与前低点取值的方式为：多单突破取上涨过程中最高收盘价的那根阳线，价格上涨过程中，以多方为主，没必要过多关注空方阴线的情况，只有突破后的价格超过前高点最高收盘价的阳线，收益才会进一步增加，只要价格位于前高点最高收盘价阳线下方，收益便不可能增加，故以此为突破的取值点；空单突破则以下跌过程中最低收盘价的那根阴线为参照，反弹结束后价格一旦跌破该点位便可入场进行突破操作。

市场中可能还有其他对前高点与前低点的取值方式，其实任何前高点或前低点的取值方式都是正确的，前高点或前低点的确认只要有一个统一标准就是对的。有了统一的标准就不会出现一会儿选择这里作为突破点，一会儿选择那里作为突破点的乱象，每一次交易突破点的取值都是统一的，交易行为得到了约束，胜算自然就会大增。

在图 4-1 中，价格形成了一波震荡上涨的行情，这种形式的上涨对于持仓的投资者来说，或多或少会造成一些干扰，说不准哪次调整就可能触发了做多者的止盈行为。但震荡式的上涨对于空仓投资者来说却是非常友好的，可以提供多次中途入场获利的机会。

在第一波上涨行情结束时，价格收出了一根带有上影线的大实体阳线，市场中有一些投资者便会将此时的上影线视为未来突破的参照点，只要价格没有突破这根上影线，就不能入场进行突破操作，何时越过了上影线才意味着价格真正向上创出了新高。将上影线作为突破与否的参照，其含义为：上影线代表着价格曾经最高涨到过这里，既然价格曾经到达了这里，未来的突破就必须越过曾经到达过的价位，这才叫真正意义上的突破。只要价格没有越过上影线的位置，就说明真正的新高并没有出现。

这样的取值方式也有可取之处，因为某一个高点处必定只会有一个最高的价格，干扰性比较小，但缺点就是万一上影线太长，会浪费掉一大段上涨行情的空间，入场点可能正好处于下一个波段的次高点附近，导致后期盈利空间较小，或刚入场不久便可能碰到价格再次调整导致的风险。

图 4-1 苯乙烯 2404 合约 2024 年 3 月 11 日 1 分钟 K 线走势图

在图 4-2 中，价格在下跌中途形成了一次很好的反弹形态，整个反弹过程中阳线的实体都非常小，这说明多方的力量非常弱，空方依然牢牢把控着局面。这种小幅度反弹走势的出现，意味着价格后期继续下跌的概率将会是极大的，应当于此区间积极寻找入场做空的机会。

反弹结束后价格开始新一轮下跌的时候，可以把低点处的下影线作为突破的参照点，因为下影线必定是反弹区间的最低处，非常容易辨认出它的具体价格。哪怕该区间有多根下影线也没关系，因为价格最低的下影线只能有一个，这种取值方式抗干扰的能力是非常强的，不会让投资者无法判断突破的取值点。

若是下影线并不太长，这样取值倒非常适合实战操作，但若碰到下影线非常长，类似图 4-2 中右侧大实体阴线处的下影线时，将该下影线视为突破点，则会浪费较大盈利的空间，原本可以用于获利的空间，此时便只能用于观察而不能进行操作。正因为使用影线有浪费空间的弊端，所以，笔者并不推荐大家使用这种方法来确定前高点或前低点突破形成时的取值。

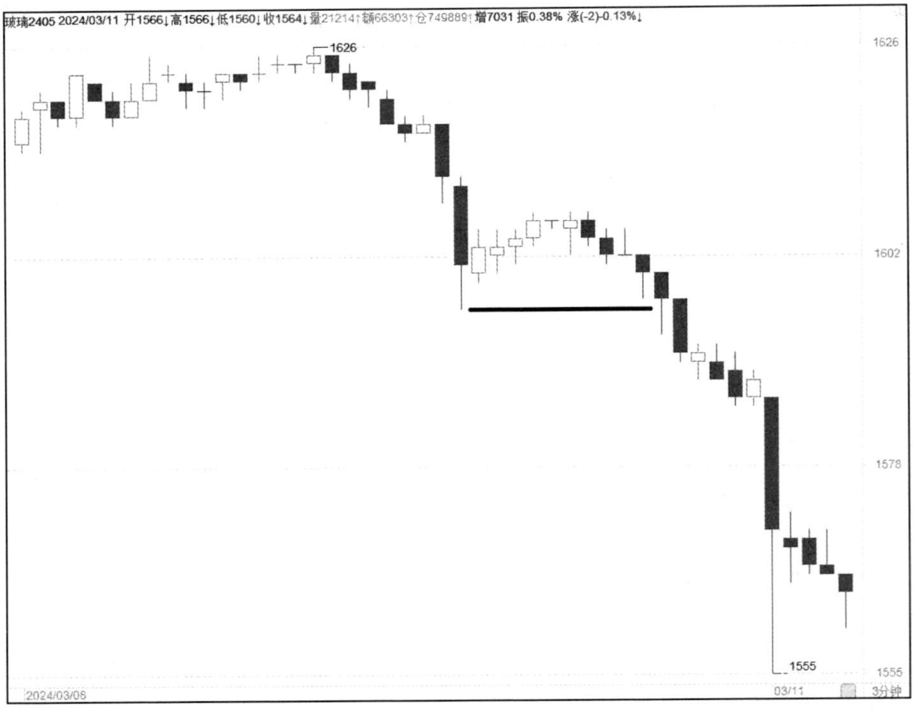

图 4-2　玻璃 2405 合约 2024 年 3 月 8—11 日 3 分钟 K 线走势图

在图 4-3 中，价格整体上涨时的技术形态比较简单，没有出现过较深的调整。这种走势对于持仓的投资者来说非常友好，因为持仓的压力很轻，价格基本上不怎么下跌，可以轻松持有到高位。但对于空仓的投资者来说却并不是很友好，因为价格没有像样的调整低点出现，便失去了逢低做多的操作机会，虽然有突破入场点可供操作，但这也是无奈之举，毕竟，能在低点做多收益将会更大，突破操作虽然也有收益，但持仓成本却略高一些。

上涨初期价格调整时，收出了一根高开低走的大阴线，对于喜欢使用 K 线实体最高处来确定突破入场点的投资者来说，这一根大阴线的开盘价便是未来突破的入场点。使用 K 线实体最高处来决策突破点，有时是上涨阳线的收盘价（因为它是实体的最高处），有时则是阴线的开盘价（因为这是一根阴线实体的最高处)。这种方法因为同样统一了突破操作入场的标准，因此，只要每一次突破操作时都这样执行，那就是正确的突破交易。

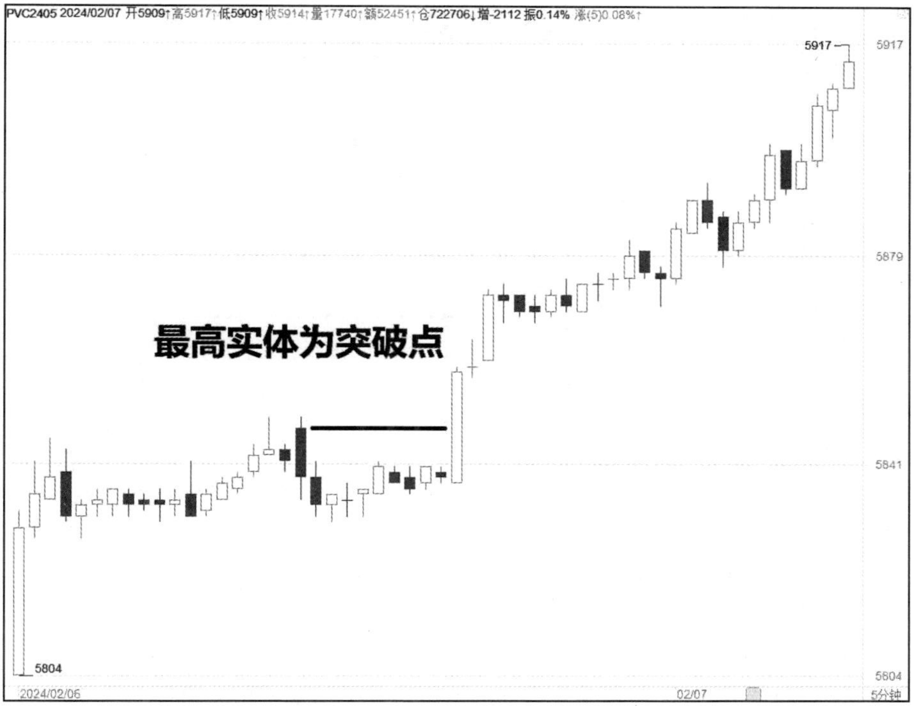

图 4-3　PVC2405 合约 2024 年 2 月 6—7 日 5 分钟 K 线走势图

相比使用上影线决策突破点的做法，使用 K 线实体来确定突破点的频率会更高一些。在许多技术指标中，上影线与下影线的数值其实并不太重要，而开盘价与收盘价才是两个非常重要的数据，因此，将收盘价或开盘价作为突破点的参照也是合理的。

在图 4-4 中，价格在下跌途中出现了几次常见的反弹技术形态，其最左侧形成了一次小幅度、短时间的反弹，面对这种反弹走势只能进行突破操作，而没有任何逢高做空的机会。而后两次标注处的反弹走势投资者既可以进行逢高做空的操作，也可以进行突破操作。因为价格形成了一定幅度、一定时间跨度的反弹，虽然价格出现了上涨，但上涨的幅度又不是很大，这就给投资者提供了多种手法都可以入场的交易机会。

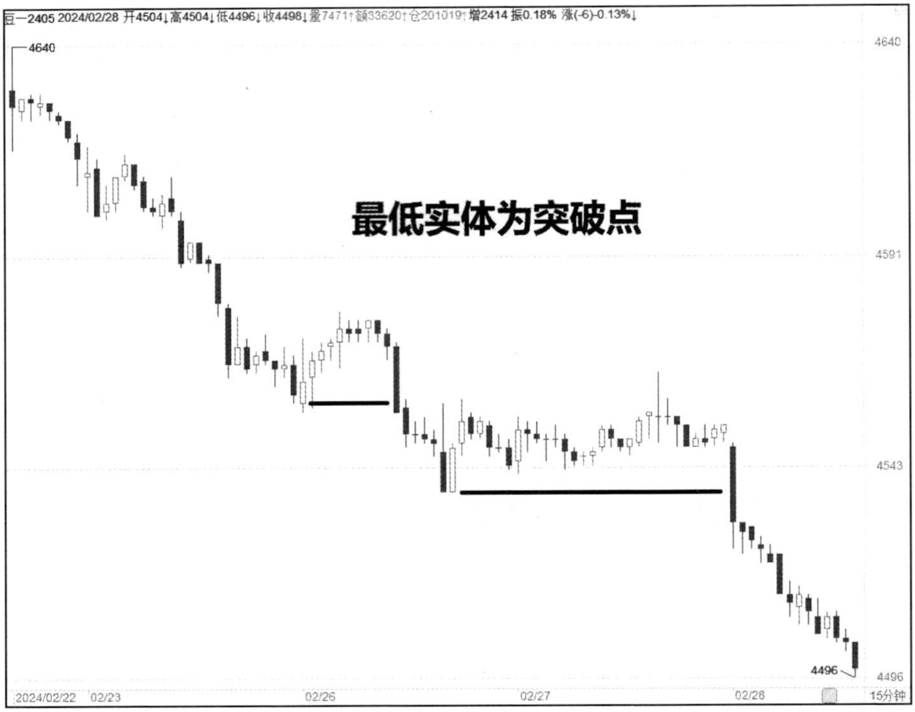

图 4-4 豆一 2405 合约 2024 年 2 月底 15 分钟 K 线走势图

在第一次反弹出现时，一根阳线的开盘价低于上一根阴线的收盘价，这就使得这一根带有较长上影线的小阳线成为下跌后实体最低的 K 线，因此，它的开盘价便成了后期价格是否形成突破的重要参照。只要没有跌破该价格，投资者就要耐心等待突破的形成，如果趋势逆转，那自然也不会跌破该价格。若价格向下完成突破并创下新低，这就意味着一轮新的下跌行情将要展开，只要提前在此处布防，便可抓住盈利的机会。

在图 4-4 中，第二个标注处价格形成反弹后，阴线的收盘价与阳线的开盘价在同一个价位处，那该点位便是未来突破与否重要的关卡。从后面的走势来看，价格长时间都没有形成突破，只要未能突破并创出新低，下跌行情便不会展开，投资者在此时应当耐心等待而不宜入场操作。直到第二个交易日，价格才形成突破。可见，价格能否越过突破位，直接关系着下跌行情能否延续。

在图 4-5 中，价格开盘后出现了一轮运行结构很简单的上涨行情，上涨中途的调整全部都是回落时间短、回落幅度小的技术形态，逢调整低点做多的操盘手法没有任何用武之地，如果投资者只使用这一种方法操盘，那肯定要丢失很多大好获利机会，但只要再结合突破操作方法，则任何机会都很难再放跑了。有合适的调整低点就于低点做多，没有适合的低点则在突破点等待，无论价格如何波动，都有对策。

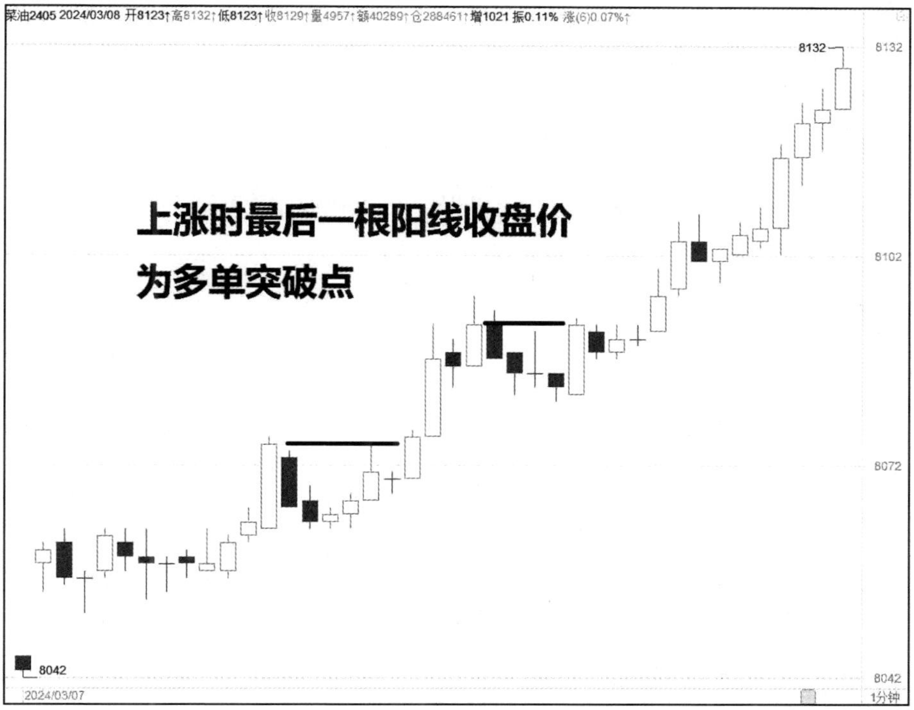

图 4-5　菜油 2405 合约 2024 年 3 月 7 日 1 分钟 K 线走势图

价格上涨过程中，阳线的作用远比阴线重要，阳线曾经涨到过的价位会对后期价格的波动有很大的影响，如果价格无法继续向上，则高点将会不断降低，如果价格能够延续当前的趋势不断上行，则之前的高点必定会被不断突破。而在突破区间，上影线的确可以反映出价格曾经到达过的位置，但为了操盘标准的统一性，还是要更多地关注阳线的收盘价，因为基本上所有趋势类的指标都是以收盘价取值的，上影线与开盘价虽然重要，但最为核心的还是收盘价。价格虽然曾经上涨到某个点位，但又跌了回来，相当于无功而返，而收盘价才是多方能够真正到达且守住的点位。

因此，在进行突破操作时，上涨过程中以阳线的收盘价为参照，既符合了上升趋势阳线为主的事实，也符合了绝大多数指标以收盘价取值的要求，使得突破点取值具有更多的统一性。

在图 4-6 中，价格于上涨中途出现了一次规模略大的调整走势，相比之前的调整，标注处价格回落的幅度略大，同时调整时间也略长，这种走势同时给投资者提供了两种入场的机会，一是可以在调整低点附近逢低做多，二是可以待调整结束再进行突破操作。因为调整低点做多不是必见形态，价格波动时可能提供这样的操作机会，也可能不提供，而突破操作因为是必见形态，价格想要上涨就必须形成突破。因此，投资者在操作时，两种操盘手法必须结合起来用，以确保好的获利机会绝对不会放跑。

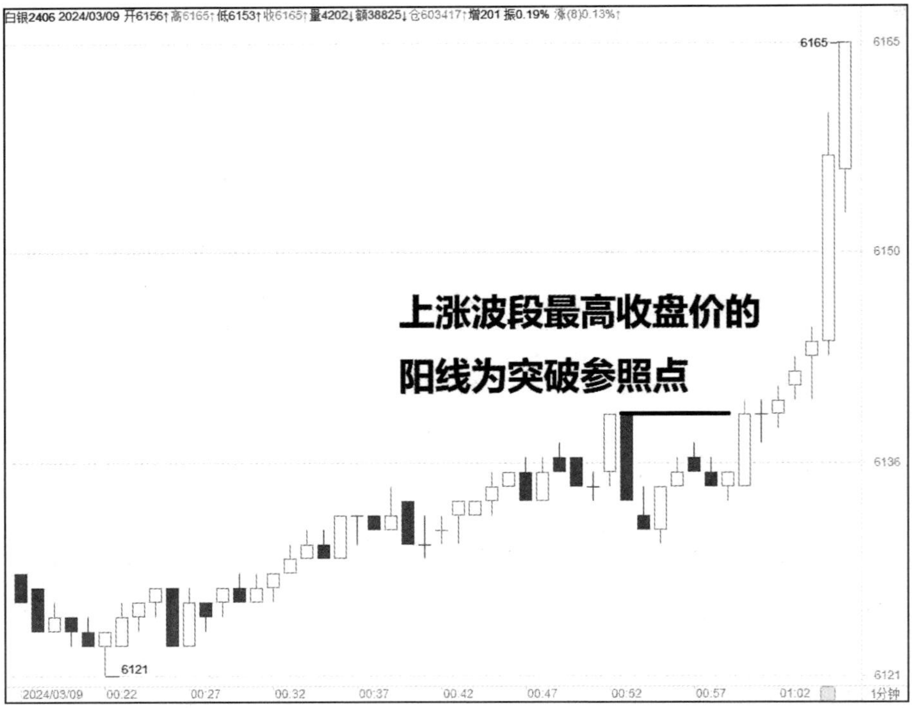

图 4-6　白银 2406 合约 2024 年 3 月 9 日 1 分钟 K 线走势图

因为 K 线的收盘价是最为重要的，也是绝大多数技术指标计算时的取值对象，所以，当投资者决策突破点在哪里时，也要更多地参照收盘价数据。又因为上涨过程中阳线普遍比阴线更具有分析的价值，所以，必须对阳线的收盘价进行关注。一旦价格出现调整将高点暴露出来，投资者就必须看一下哪一根阳线的收盘价是最高的收盘价，然后将这个点位视为突破与否的参照点。

在一轮上涨行情中，只会有一个最高收盘价，最多的就是两根阳线的收盘价完全一致，但这也是上涨行情中最高的收盘价格，所以，非常容易识别，并且与上影线作为突破决策点的方法一样，具有较好的抗干扰性。一旦后期价格又有能力向上突破之前的最高收盘价，便意味着多方做好了继续发动行情的准备，同时，只有价格超过前最高阳线的收盘价时，账户中的收益才会真正地增加。

在图 4-7 中标注处，价格形成了一次短时间、小幅度的反弹，这意味着所有的投资者都没有逢反弹高点入场做空的操作机会了，想要赚钱便只能在突破点进行操作。

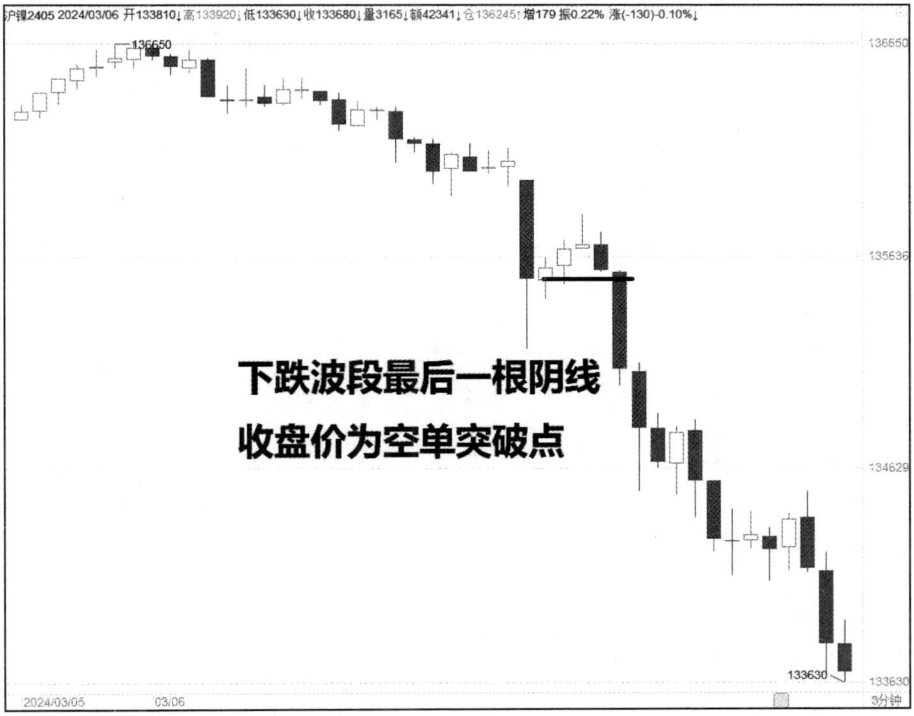

图 4-7　沪镍 2405 合约 2024 年 3 月 5—6 日 3 分钟 K 线走势图

若以下影线为突破的参照点，则要在大阴线出现的时候进行操作，这种操作虽然是正确的，但浪费了很大的空间，原来可以赚钱的空间却全部用来观望了，略显可惜。若以最低 K 线实体为决策点，第一根反弹的小阳线开盘价便是突破的参照点，该点位进行操作的效果显然比下影线要好，基本上不浪费下跌的空间。而如果使用下跌时最后一根阴线收盘价作为开仓决策也是可以的，该开仓点与最低 K 线实体有时是一样的价格，但有时也会略高一些（阴线收盘价肯定优于最低高开阳线的开盘价）。

而之所以在下跌过程中选阴线的收盘价为突破的参照点，是在提醒投资者在下行趋势中，一定要更多地关注阴线的变化，因为带来利润的都是阴线，而后期价格能否低于之前阴线的收盘价，将决定着做空操作时利润是否可以继续增长，只有每一根新出现的阴线收盘价都低于前一根阴线的收盘价，收益才可以不断地扩大，而在这个过程中，阳线只会减少收益、造成干扰。

在图 4-8 中，第一个标注处价格形成了一次规模较大的反弹，只要反弹时间有一定的跨度，就会给投资者带来逢高做空的机会，根据不同的入场细节设定，虽然进行逢高做空的投资者做空点位会有所差异，但都可以成功地把握住价格后期下跌所带来的盈利机会。而第二个标注处的反弹则无法给投资者提供逢高做空的机会，因为反弹的时间比较短且反弹的幅度比较小，因此，只能在第二次反弹结束时进行突破操作。由此可见，逢反弹高点做空的操作并不适合短时间小幅度的反弹，而突破操作无论价格形成怎样的反弹形态，都可以帮助投资者捕捉到盈利的机会。

在价格下跌过程中，必然会出现一根收盘价最低的阴线，自这根阴线出现，之后的走势往往都是反弹，此时空单的利润将会随着反弹上涨的出现而不断减少，只有当价格再度创出新低，真正跌破这根阴线时，空单利润才会重新开始增长，因此，把盈利开始出现增长的点位设为突破点的参照，这是符合价格波动性质的。

笔者在日常操作时，就是以上升趋势中最高阳线的收盘价，以及下跌过程中最低阴线的收盘价为突破取值点的，其余的取值方法也都是完全正确的，只是操作习惯不同而已，没有哪种取值方法好或是不好，如何取值只是一个标准，只要在进行突破操作时严格去执行这个标准就可以避免操作混乱行为的出现。同时，在选取突破点位时，最忌讳的就是一会儿用一种方法取值，一会儿又用另一种方法取值，取值点变来变去就等于失去了统一的标准，直接暴露了投资者此时混乱的情绪，交易情绪、交易行为越乱，资金就必然会越来越少，交易行为越是统一，收益越会稳步增加。

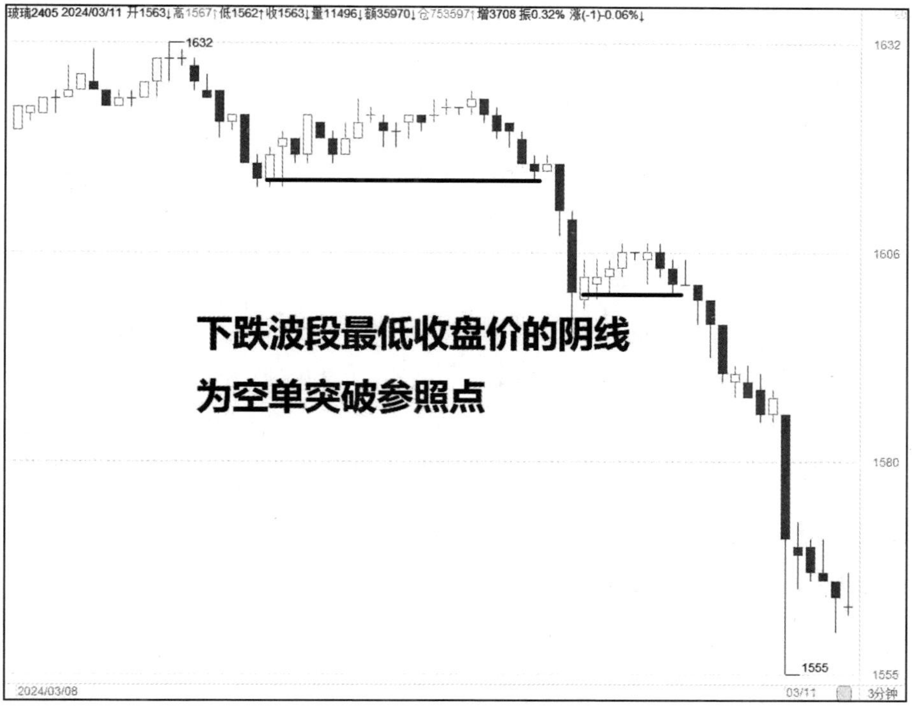

图 4-8　玻璃 2405 合约 2024 年 3 月 8—11 日 3 分钟 K 线走势图

4.2　动态开仓还是静态开仓

当价格的波动形成某一个技术形态后，市场中会有两种开仓方式，一种称为静态开仓，另一种称为动态开仓。鉴于许多投资者对这两种开仓方式不太了解，本节将详细介绍一下。这两种开仓方式不是突破操作独有的，任何一种操盘方法都适用。

静态开仓是指当某个技术形态形成时，等待发出入场信号的K线定型之后再入场操作；或是当这根发出入场信号的K线临近收盘时入场操作，比如还有5秒便收盘定型，在这5秒时间内价格大幅波动的概率并不大，因此可以视为收盘定型。

静态开仓的好处是可以过滤掉价格收出上影线或下影线时假信号的干扰，因为当K线定型时原来的入场信号已经消失，既然没有了入场信号，投资者自然也就不会入场进行操作，从而回避了干扰。但除了这一个优点以外，更多的则是弊端了。

动态开仓是指价格形成某个技术形态时，投资者马上入场操作，不管这根K线距离收盘定型还有多长的时间。入场点可能在发出信号的这一根K线的任何价位上。

动态开仓的不足就是如果这一根K线收出上影线或下影线并形成干扰，投资者需要进行一次开仓操作，以及在打掉止损的时候再进行一次止损操作。但不管是开仓还是止损，成交的价格都是预期之内的价格，风险完全在自己的掌控之中。除了可能会受上影线或下影线影响以外，没有其他的缺点。动态开仓方法是笔者推荐各位读者朋友们使用的开仓方式，笔者日常操作时也都是按此方法进行开仓与止损操作的。

在图4-9中，价格于上涨过程中出现了多次短暂调整的走势，由于这些小调整未能将上涨高点清晰地暴露出来，因此，这些小幅度短时间的调整是无法进行突破操作的。

从下午2：25开始价格终于形成了一次有一定规模的调整，这使得调整高点清晰地暴露了出来，根据前高点价格设定，若在后期进行突破操作并动态开仓，入场价格应当在2522元。但若采取的是K线定型开仓的方法，则2522元的价格将会失去意义，因为价格到达2522元时不见得正好收盘。

夜盘开盘后价格便直接形成了上涨，形成突破的那一根K线于2529元收盘，这也就意味着投资者要在2529元收盘之后的第二根阴线处进行开仓，或是在 2528 元当根 K 线临近收盘时进行开仓。无论以哪一种方式进行开仓，都是与 2522 元标准入场点有一定距离偏差的，而这就是 K 线定型开仓最大的弊端。

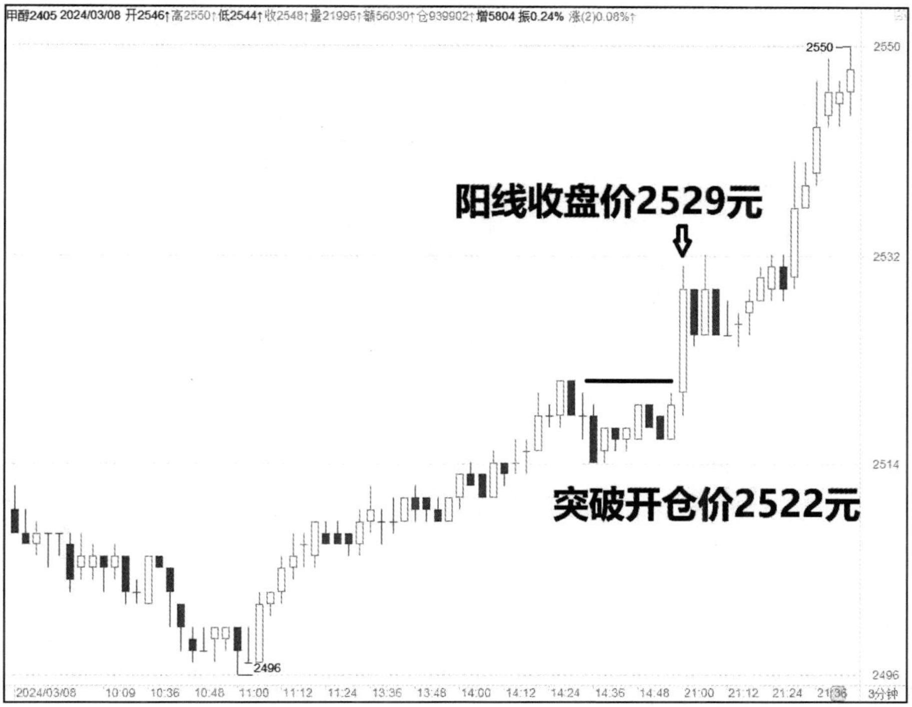

图 4-9 甲醇 2405 合约 2024 年 3 月 8 日 3 分钟 K 线走势图

偏差值越大便意味着止损幅度越大，对于那些离标准开仓点偏差较大的走势，为回避风险是应当放弃操作的，但放弃操作便意味着在 K 线定型时没有按原则执行操作，这又违背了交易的原则，这样进行操作很容易导致原则的丧失。有的 K 线定型参与操作，有的 K 线定型则放弃操作，有的 K 线定型也会因为偏差值不大不小而令投资者左右为难，不仅没有简化分析与操作的流程，反而增加了新的麻烦，因此，笔者不推荐使用 K 线定型的方法进行开仓。

在图 4-10 中，价格于下跌的初期阶段形成一次反弹后，以阴线上端突破的形态完成了一次突破走势。若按照 K 线定型的方式入场进行操作，在标注处阴线收盘后的小阳线处，或是在这根阴线临近收盘的低点处才能入场。从图 4-10 中的走势来看，无论是在哪个位置入场，都将与画线处的标准突破位有一定距离的偏差。

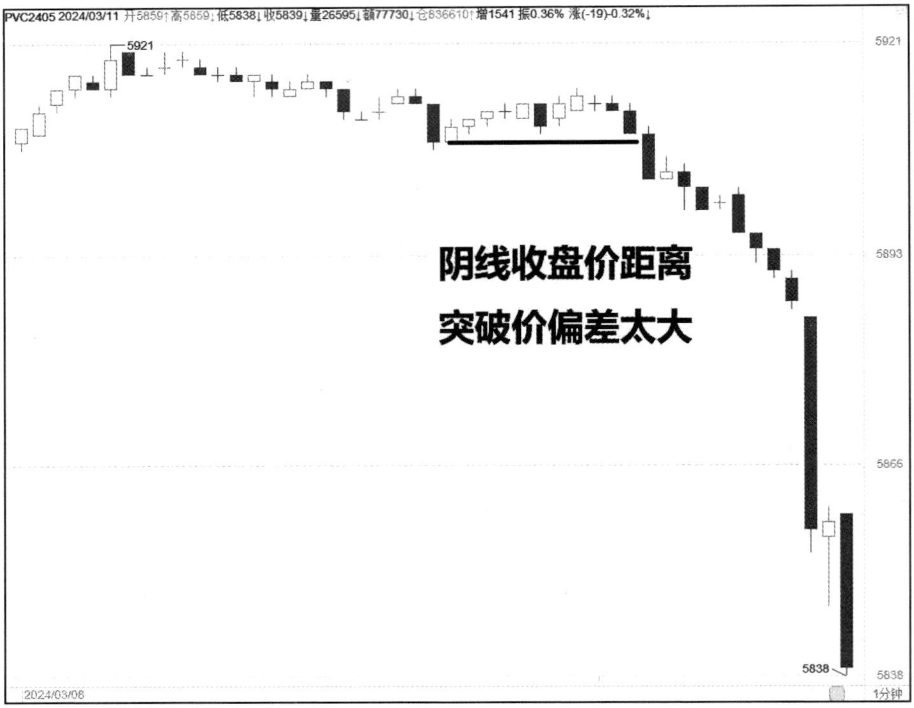

图 4-10　PVC2405 合约 2024 年 3 月 8 日 1 分钟 K 线走势图

与标准入场点的数值偏差越大，便意味着按标准止损所产生的亏损幅度越大，但若不按照标准止损点设置止损位，又使得技术形态变得不规范。止损位与开仓位不能随意设置，特别是止损位一旦设置错误，不仅很容易被价格的反抽打掉，还容易在打掉止损后无法再次入场捕捉机会。只有在规定的点位入场，在规定的点位止损，投资者抗价格震荡的能力才会更强，才可以将好位置处的持仓牢牢地拿住。

之所以在 K 线定型时才开仓，为的就是防止价格收下影线，万一价格没有下跌成功，在 K 线形成过程中跌了下去，但收盘又涨了回来，从 K 线定型的情况来看，这个突破走势并没有形成，因此不去操作。这样的确可以回避下影线的干扰，但却也引发了另一个问题：在 K 线定型突破形态明确形成时想要再入场操作的，必然要付出未知大小的偏差值代价。而偏差值是大是小自己根本无法掌控，完全由市场说了算，这样操作就必然会有许多预期之外的风险出现，并不是好的决策方式。

在图 4-11 中，价格调整结束之后形成了突破，形成突破的那根阳线收盘时，距离标准突破位很近，这种走势对于 K 线定型开仓的投资者来说就是最佳的操作形态。标准突破位 9265 元，K 线定型时的收盘价 9266 元，只偏差了 1 元，这种偏差值是可以忽略不计的。

图 4-11　苯乙烯 2404 合约 2024 年 3 月 8 日 1 分钟 K 线走势图

若每一次 K 线定型都是如此状态，操作自然非常简单，但这种偏差值小的形态虽然有，却并不多见，专门刻意去等这种技术形态并不是不可以，只是会错过很多的机会。为了回避有可能的上影线干扰，而错过很多机会，其实是一件非常不划算的事情。一次机会带来的盈利便足以抵过数次上影线干扰所带来的亏损。

静态开仓偏差值的大小无法事先确定，只有当这一根 K 线临近收盘时才能够做出判断，而动态开仓的入场点都是完全可以事先确定下来的，见到这个价格执行操作就可以了。

在图 4-12 中，价格于标注处形成了两次突破的走势，第二次形成突破时因为 K 线实体较小，小阴线收盘价距离标准突破价位很近，这就意味着在小阴线收盘处，或是下一根阴线处进行做空，并不会产生太大的偏差，此时使用 K 线定型开仓的方法并不会额外增加太大的风险。对于喜欢使用 K 线定型开仓方式的投资者来说，这种技术形态是实战操作时的最优选择，但这种偏差小的技术形态却是可遇不可求的，价格波动过程中到底能不能形成小偏差的开仓形态无法提前做出预判。

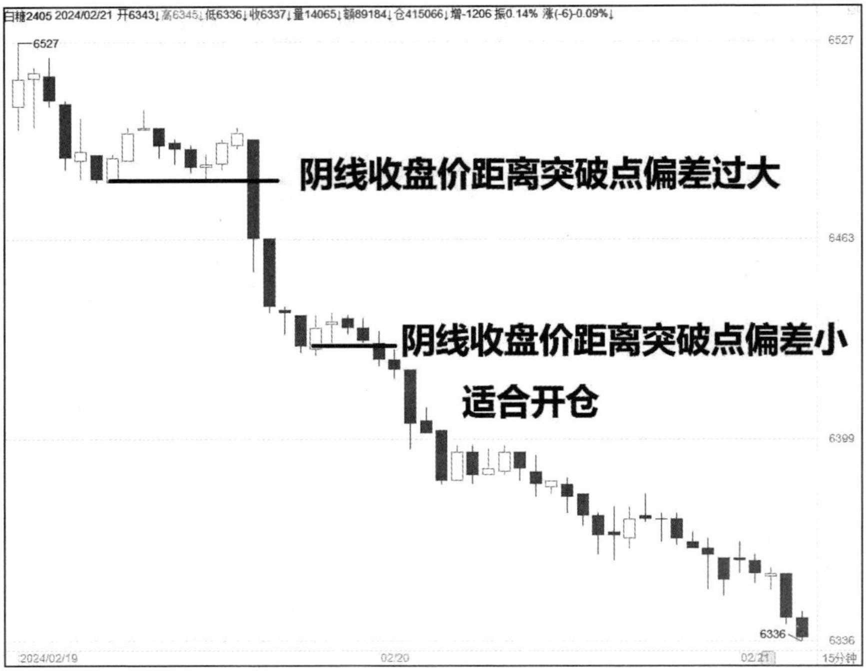

图 4-12　白糖 2405 合约 2024 年 2 月 19—21 日 15 分钟 K 线走势图

第一次形成突破时，收出了一根大实体的阴线，这种走势形态对于使用 K 线定型开仓的投资者来说非常不友好。至这根大阴线收盘，收盘价与标准突破价位已经产生了很大的偏差，如果使用常规的止损方法设定止损位，将会额外增加很多的亏损，但如果自行设定一个止损点，又往往不符合标准止损位的要求，容易被价格的波动轻易地打掉。无法控制较小的开仓偏差值，止损也无法按常规方式控制风险，对于这种突破形态投资者只能放弃操作，但如此一来又将会错过一轮大好的行情。

使用K线定型开仓的方式的确可以回避下影线的干扰，但却是有的技术形态可以做，有的技术形态不能做，无法做到进场标准的一致性。虽然可以等偏差值小的行情时进行操作，但却会错过许多可以赚大钱的行情，为了风险并不大的下影线干扰，而错过一大波行情，这是非常不明智的做法！

在图4-13中，若使用K线定型的方式进行操作，在价格越过前高点的标准突破开仓点时并不开仓，这是为了防止上影线带来干扰。开仓点将会在突破时的那根阳线收盘价处，该点位距离标准突破开仓位有一定的距离，无疑本次突破增加了额外风险。看似K线定型开仓能回避上影线假突破的干扰，但额外增加了开仓成本，这难道不也是一种风险吗？

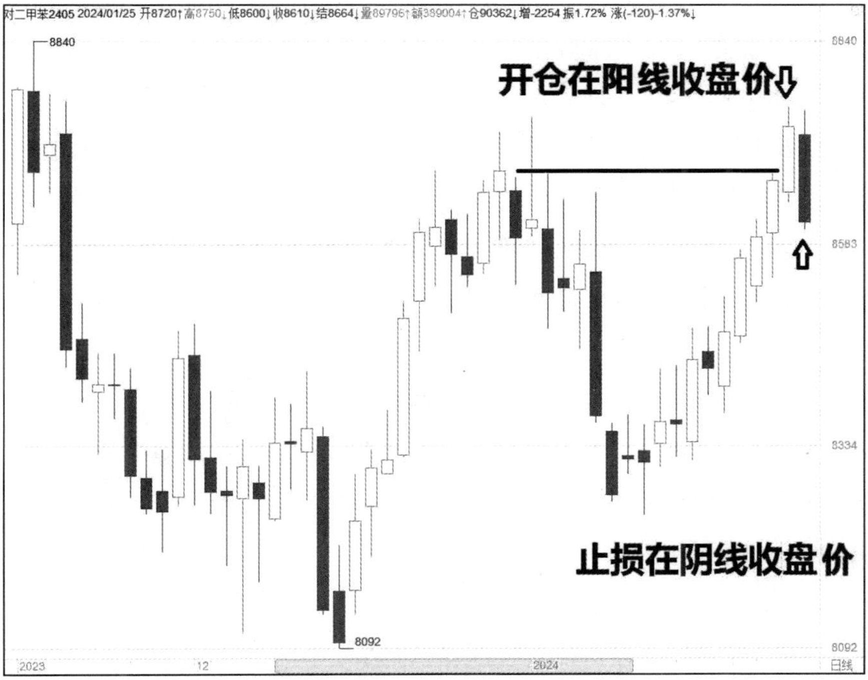

图4-13　对二甲苯2405合约2023年12月—2024年1月日K线走势图

如果使用K线定型开仓方式入场，那么，止损时肯定也要等到K线定型后再止损离场，否则，万一收出下影线进行了一次干扰，收盘时又涨了回来怎么办呢？所以，K线定型入场必然对应K线定型出场，但这种操作碰到图4-13中的类似走势时，将会产生额外的风险。

假设在越过前高点时入场，又在重新跌回到前高点时离场，此时开仓价格便是突破阳线的收盘价，而止损价格便是阴线的收盘价，阳线收盘价与阴线收盘价之间有了更大的差距，而这个差距便是使用K线定型开仓方式的投资者必须硬生生扛下来的风险。如果价格在这一根阴线形成过程中以更大力度下跌，那么，在下跌过程中投资者只能眼看着而无法采取行为，否则，刚一出局，价格便可能重新涨了回去而收出一根下影线。这样做无疑是将风险完全丢给了市场，而不是把风险牢牢把控在自己手中，开仓有未知大小的偏差，平仓也有未知大小的偏差，这些偏差数值累积在一起所造成的风险，将会远远大于影线所引发的止损风险。

在图4-14最右侧，价格盘中曾向上突破了之前高点附近那根阳线的收盘价，但最终上涨未能保持住又重新跌了回来，形成了一根带有较长上影线的小阳线，长上影线的存在形成了一次标准的假突破走势。

若按照K线定型开仓方式的要求，本次操作是不会执行的，因为K线定型时突破走势并没有形成。若按照动态开仓方式进行，见到突破价格便入场，那么在第二根阴线出现的某个点位便会进行止损操作，因为假突破的出现而进行了一次止损操作。此时对比两种方法的优缺点即可看到，K线定型开仓方式面对类似的走势有着绝对的优势。

动态开仓虽然在这种上影线假突破形成时需要进行止损，但并不意味着其没有优势，反而可以更好地衬托出动态开仓可以在标准突破点及时入场，也可以在规定的止损点及时离场，虽然产生了一次亏损，但开仓与止损的具体价格都可以提前做出判断，风险也完全可控并可以提前预知幅度，而这是K线定型开仓所不具备的优点。K线定型开仓方式除了可以过滤上影线的干扰，便没有任何优点了，而动态开仓除了要在影线处进行一次止损，余下的就都是优点了。

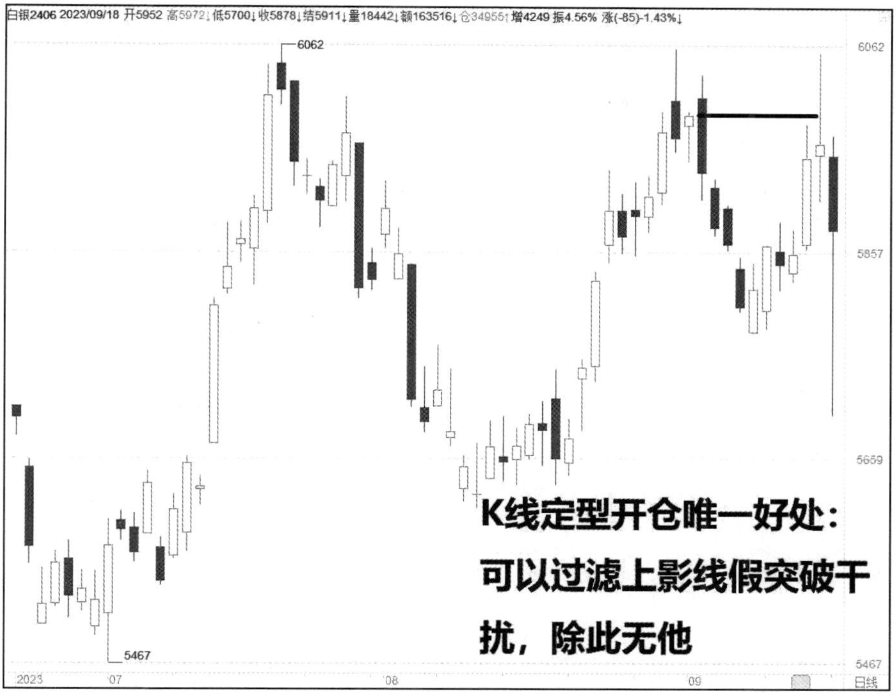

图 4-14　白银 2406 合约 2023 年 7—9 月日 K 线走势图

在图 4-15 中，于上涨中途价格形成了一次规模略大的调整，这种技术形态既给投资者提供了极好的逢调整低点做多的机会，又提供了创新高时突破做多的机会。

之所以推荐读者朋友们使用动态的方式进行开仓，就是因为只有动态开仓才可以提前判断出突破位的具体入场价格，该突破点只要价格形成调整便可以暴露出来，一旦确定出该突破点便可以在突破走势形成前画线下单做好准备。一旦价格形成突破既可以手工开仓，也可以借助软件自动完成开仓。

如果在突破点 7416 元开仓，在调整低点 7406 元止损，在调整形成的过程中就可以确定入场点，在价格结束调整刚刚开始上涨时，就可以提前判断出止损点。这两个点位都可以在突破走势形成之前便确立出来，这是使用 K 线定型开仓方法所无法达到的操盘效果。就算价格形成上影线打掉了止损，风险也完全在预期之内，根本不会面对未知的风险，仅这一点就足以抵平上影线带来的假突破干扰。

图 4-15　PP2405 合约 2024 年 3 月 11 日 1 分钟 K 线走势图

在图 4-16 中，价格在下跌的低位再度出现了一次突破的走势，虽然技术形态符合操作的要求，但在实际决策过程中，在价格已经有了连续数波下跌之后，是不宜再继续运用顺势手法进行操作的。任何顺势类的操盘手法都非常注重位置，好位置要积极操作，中等位置要谨慎操作，不好的位置要放弃操作。在该点若手中持有空单可以继续持有，但空仓的投资者却不能再入场操作。

作为案例经验总结，假设在标注处进行了操作，那么，当反弹形成时，标准突破开仓点便可以判断出来了，那就是最低点阴线的收盘价，而止损点便是反弹最高点阳线的收盘价。在价格刚刚开始反弹把低点暴露出来时，便可以确立突破点的具体价格了，而在价格反弹结束刚刚继续下跌时，便可以再确定出止损点的具体价位，虽然空单突破还没有形成，但参与这笔交易会承受多大的风险是已经可以确定下来的事情了。若认为风险较大且位置不好则投资者可完全放弃操作，若认为风险较小也可以考虑搏一下。由此可见，只有使用动态开仓，即见到突破点便入场的方式执行操作，才可以在突破形态形成前事先确定出交易的细节；若使用 K 线定型开仓的方式便无法实现这一效果，因为任何人都无法判断出 K 线将会在哪个价位收盘。

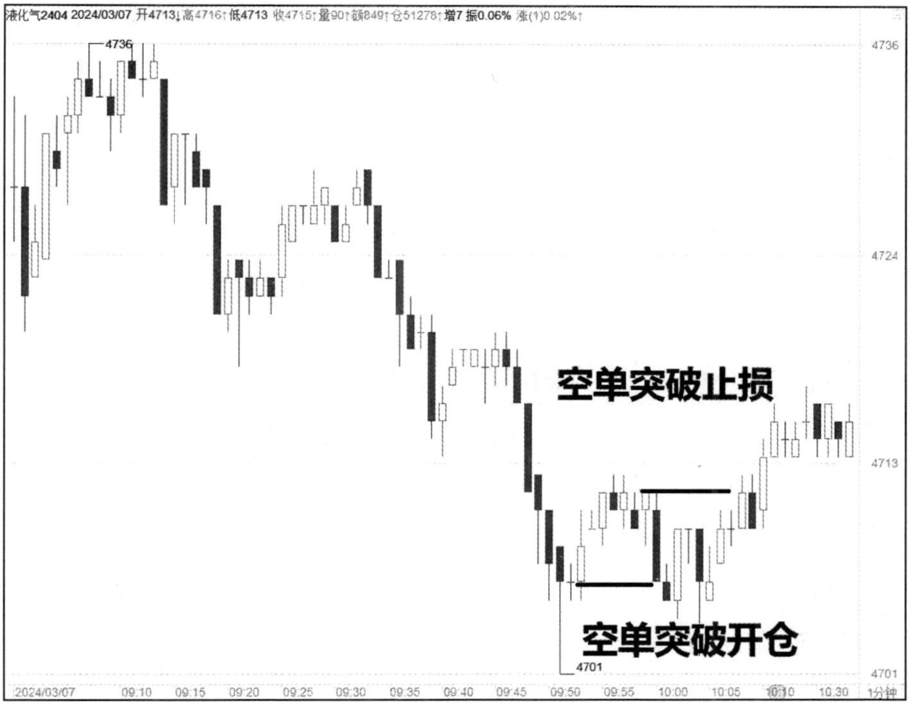

图 4-16　液化气 2404 合约 2024 年 3 月 7 日 1 分钟 K 线走势图

K 线定型开仓能够回避影线带来的假信号风险，但却要承担较大偏差值风险，两者叠加，其实没有任何的实际意义。而动态开仓碰到影线干扰时，的确要进行一次入场与止损的操作，但失败操作所带来的风险完全可控，并且可以事先判断出具体的幅度，预期之内的亏损其实并不能称为风险，风险都是预期之外的亏损。从这个角度来说，K 线定型后才去操作的风险其实更大。而动态开仓最大的作用便是入场价格与离场价格都是可以事先确定的，这就使得入场的技术标准得到了统一，离场的标准也得到了统一，这样才可以使交易行为标准化，该在哪里开仓就必须在哪里开仓，没有在该价位开仓的，都是不符合操作标准的交易，操作是否合规也就有了判断标准。

4.3 提前判断事先布防

价格波动时所形成的入场信号有两种类型，一种是跟踪式信号，另一种是固定式信号。大多数操盘方法的入场信号是跟踪式的，比如逢调整低点做多的操盘方法，调整低点到底在哪里是无法事先得知的，必须随着价格的波动一步步去判断验证，当到达了调整低点附近时才能够判断出入场点信号在哪里。再如抄底摸顶的方法也是如此，底部与顶部也无法事先判断，只能跟踪着价格变化一步步地观察，什么时候价格的波动具备了底部或顶部的形态，什么时候才可以做出判断。跟踪式信号讲究的是即时做出反应，而无法预判，基本上所有的投资者都有跟丢过机会的经历，甚至去个厕所的时候便错过了一轮大好的行情，想抓住机会，就必须盯紧价格的变化，一旦入场信号出现便开仓捕捉机会。但如果事先没有及时发现入场信号，那只能错过机会，或在其他可能不太理想的点位入场操作了。

只有少数操盘方法的入场信号才是固定式的，比如突破操盘方法，因为前高点一直停留在那里不会改变，依据它进行操作，自然也就意味着入场点固定不变，也正因为入场点固定不变，因此，便可以在入场点信号形成之前做出判断。而提前判断的方法本书已经讲解过：只要价格出现调整回落将高点暴露出来，就可以做出预判并提前布防。

此外，市场中还有依据移动平均线操作的方法：出水芙蓉。它是指 K 线向上突破 20 日移动平均线时买进，这种方法严格来说是属于跟踪式的，因为价格在不断地变化，20 日移动平均线的数值也在不断变化，到底下一时刻具体哪个价格会发出入场信号是无法事先确定的。但是，20 日移动平均线波动相对缓慢，虽然无法精准判断出下一时刻的具体价格，但很小的价格区间还是完全可以提前做出判断的，所以，也就具备了固定式信号的部分特点。当然，这种方法只能用于近段时间，如果想看未来一周或更长时间之后的入场点价格，则是无法实现的。

而具有固定式入场信号特点的操盘方法中，只有突破是最有代表性的，所以，在实战操作时，只要在好的位置处发现价格的波动将上涨后的高点或下跌后的低点暴露出来时，一定要提前做好操作的准备，笔者的建议是：直接画线下单。如果价格调整过程中形成了技术形态较好的低点，则采取逢调整低点做多的方法操作，若没有提供低点做多的机会，因为已提前画好了开仓线或条件单，只要价格到位便可以自动成交，以避免突破的当口有其他的事情影响了操盘。

在图 4-17 中，价格开盘经过了一番震荡后便展开了上涨的行情，随后创下开盘以来的新高，上升趋势已经非常明显，这个时候投资者就要做好操作的准备了。在刚刚创出开盘时的新高不久价格出现了一次调整，但只收出了三根小阴线便又继续上涨了，面对这种走势，投资者根本没有机会在调整低点入场做多，只能进行突破操作，但又由于突破走势形成得过快，能不能成功捕捉到突破买点的机会就不太好确定了。

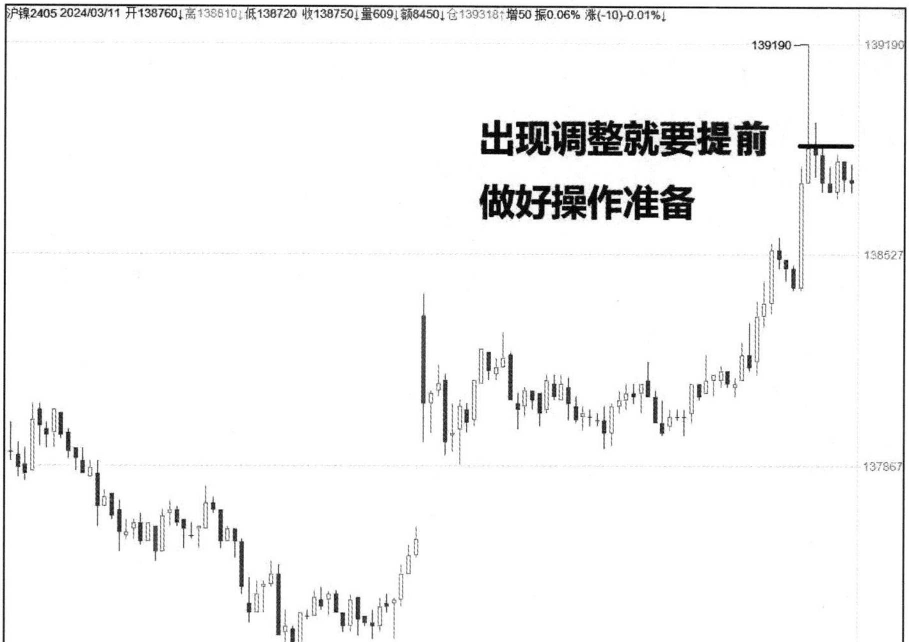

图 4-17　沪镍 2405 合约 2024 年 3 月 11 日 1 分钟 K 线走势图

价格的再度上冲结束后调整又一次出现，这一次调整跟前一次的调整有着很大的不同，那就是价格的回落有了一定的时间跨度，既将高点清晰地暴露了出来，又留给了投资者足够的反应时间，对于这种形态的调整走势，机会肯定是跑不了了。如果价格继续调整并给出符合形态要求的低点机会，则投资者可以在低点处做多，若是浅幅调整无法把握调整低点的机会，则可以进行突破操作。

价格一旦形成调整回落走势便可以暴露出高点所在，因此，当投资者能够发现高点处突破操作的具体价格时，便可以事先画线或设置条件单进行设防。价格调整下来就等低点，直接涨上去便自动成交。因为高点是一直存在的，只要发现了它便可以在突破形成前做好操作的准备，若后期需要修正突破高点，在新高点暴露出来时，便可以调整一下开仓价位。

在图 4-18 中，价格虽然形成了调整，但最终调整的低点并不够低，想要逢低入场做多依然有些难度。但这种小幅度调整的走势对于已开多单的投资者来说非常友好，因为持仓压力很小。只是对空仓的投资者来说，除了使用突破的方法进行操作，便别无他法了。

由于突破点在价格出现调整时便可以做出判断并且还能提前布防，因此，当价格快速上涨并完成突破的时候，投资者其实已经顺利地开仓入场了。从图 4-18 中价格突破时的表现来看，一根大阳线迅速地完成了突破，这也意味着在形成突破的那一刻，价格的波动速度是非常快的。如果手工进行开仓往往很难在标准的突破价位处完成操作，只有提前画线或是设置条件单才能在突破形成时第一时间入场并保证成交。

调整低点不能提前布防，也不需要提前布防，因为调整低点是一个小区间的概念，只要在这个价位附近都可以开仓；但突破则是一个具体价格的概念，必须在这个价格上进行开仓，高于这个价格就是追涨。很多时候，在突破形成时价格的上涨速度都会比较快，若没有提前布防，便会经常性地错过机会了，错过机会并不是说没注意到突破走势的形成，而是因为买点形成得过于迅速，来不及开仓导致机会的错过。

图 4-18　沪镍 2405 合约 2024 年 3 月 11 日 1 分钟 K 线走势图

在图 4-19 中，无论是大的趋势还是局部的走势，价格都已经明显形成了下降趋势。在大方向确立的情况下，价格下跌后又出现了反弹，将突破的低点清晰地暴露了出来，这种情况下，投资者便可以提前在标准突破价位处画线或设置条件单，以防价格突然下跌而错过开仓的时机。

就图 4-19 中的走势来看，由于反弹有了一定的幅度，所以，此时最适合的操作手法便是逢反弹高点做空了，这样有助于降低做空的成本，扩大做空的收益。实战操作时，除非错过机会或是反弹高点的上涨高度不符合要求，否则一定要优先在反弹高点做空，其次才是在突破点做空。

之所以一定要提前布防是因为：价格如果转势上涨，一般不会再跌回到低点的位置，即使在那里画了线也不会成交，等发现价格涨上去之后再删除画线就可以了，但若价格涨不上去，还要继续下跌，则必然要形成破位向下的走势。由于提前进行了布防，在价格下跌过程中，有精力盯盘的投资者就会密切留意价格的波动变化，没精力盯盘的投资者价格一到突破点便会自动成交，省去了人工下单的麻烦。因为入场点是固定不变的，所以，在价格处于好位置的前提下，能提前布防的一定要提前布防。

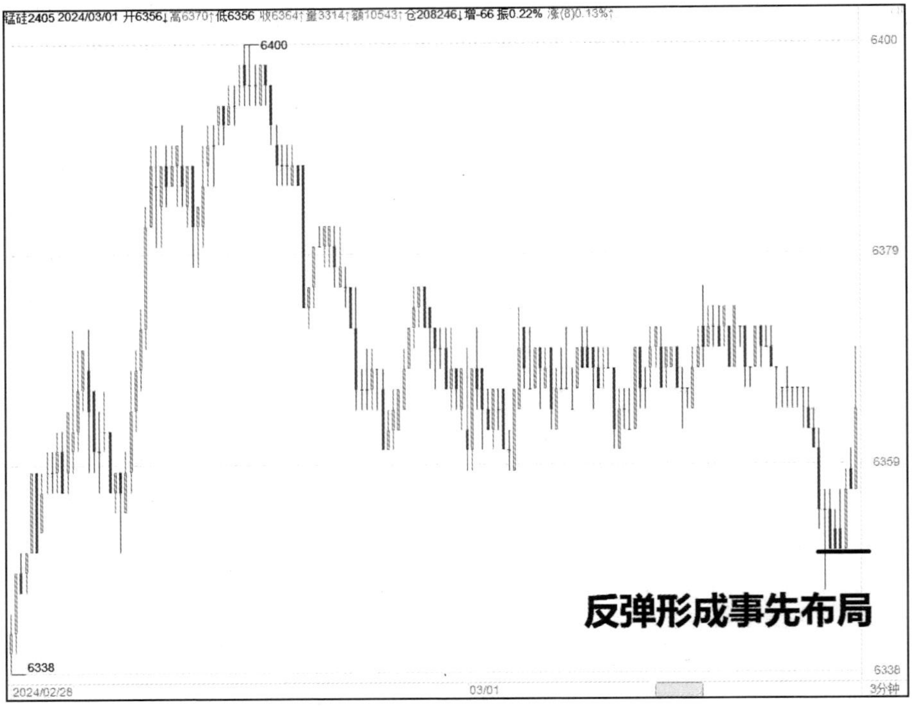

图 4-19　锰硅 2405 合约 2024 年 2 月 28 日—3 月 1 日 3 分钟 K 线走势图

在图 4-20 中，反弹结束后价格形成了快速下跌的走势，大实体的阴线干净利索地完成了对前低点的突破，至此，无论是在反弹高点做空，还是在突破点做空的投资者，都可以保住本金了。

大多数突破走势形成时，价格的波动都是比较快速的，因为新低新高的点位整个市场的人都在盯着，一旦临近创新低的点位，便会有资金开始提前行动，资金入场将会导致价格快速向下，在关键点位价格出现下跌走势时，又会引发更多的资金纷纷入场，从而多路资金形成合力推动着价格完成突破。就算是形成了假突破，那也是先完成突破，再重新涨（跌）回来，突破是一定先出现的。因为价格在此时的波动速度很快，如果不提前进行布防，在价格快速越过标准突破价位时，投资者便不可能顺利地完成开仓操作了。

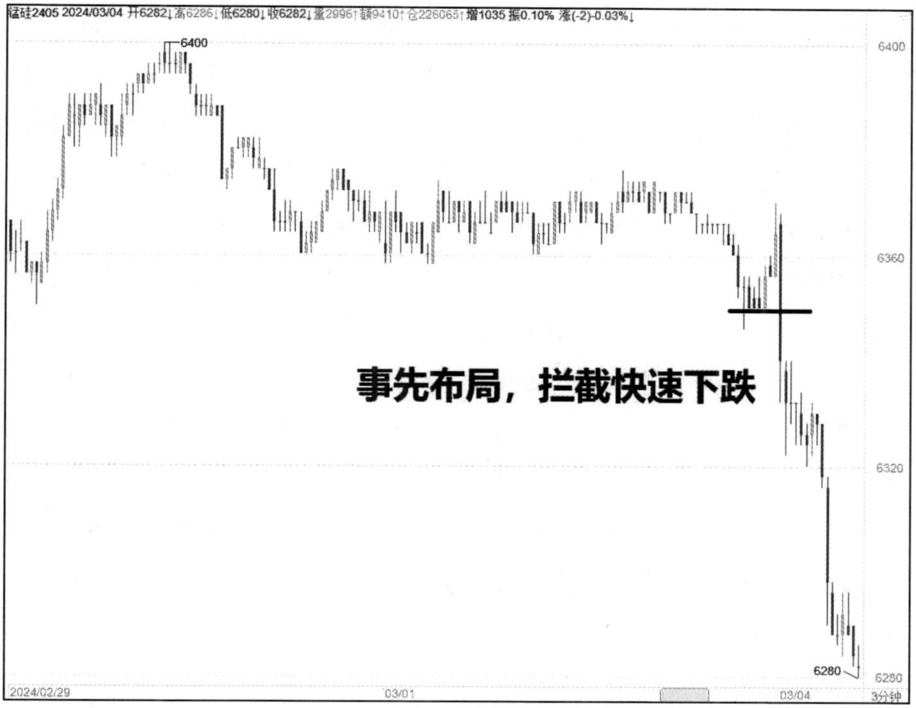

图 4-20　锰硅 2405 合约 2024 年 2 月 29 日—3 月 4 日 3 分钟 K 线走势图

因为价格在面对突破点的时候往往波动速度很快，所以，投资者画线或是设置条件单的指令最好是市价指令，即以跌停价格发出做空申报，而后在最新价格处成交，这样可以保证成交的效率，只不过在价格快速波动时，成交价必然会与标准突破价格有较小的距离，也就是所谓的滑点，以滑点为代价换来百分百成交。最好不要用指定价指令，虽然指定价指令的成交价格是你所想要的价格或是更有利的价格，但是，成交效率非常低，碰到价格快速波动往往很难成交，指定价指令可以在价格调整低点附近运用，在进行突破操作时千万不要使用。

4.4　突破操作的止损技巧

常见的止损方式有：固定数值止损法、技术指标止损法、技术形态止损法。其中，固定数值止损法起到辅助作用，当技术形态规模较大，容易造成较大亏损数值时，才适合采取固定数值的方式进行止损，或是提前画线设定开仓点时，因为与技术形态匹配的止损形态还没形成，为了防止刚一开仓价格就反方向波动，也可以直接使用固定数值止损的方式。多数情况下，只要技术形态大小适合，便不适宜使用固定数值的方法设定止损。

技术指标止损法多针对趋势类指标，比如移动平均线或是布林线指标，当价格跌破某一条移动平均线或是跌破布林线指标某条轨道时进行的止损操作，这种止损方式是跟踪设定的，需要时常调整一下最新的止损位，因为无论是移动平均线还是布林线指标，指标数值都是在不断变动着的。当然，使用技术指标止损法变动止损位，绝大多数时候止损的数值都是越调越小的，这有利于投资者更好地控制风险。

技术形态止损法属于固定止损，一旦设定好某个位置便不再移动，同时，技术形态止损法其实与开仓方法是“一对儿”，就像一个型号的螺丝与螺母的关系，开仓点对应配套的止损点，这是许多依据技术形态进行操作的方法的共性。

突破操作在价格突破前高点或跌破前低点时入场，与之配套的止损方法是：前期高点的突破买点对应调整低点的止损位，前期低点的突破卖点对应反弹高点的止损位。入场之后只要价格没有触及止损位，便可以继续持仓，一旦触及便要手工或画线止损离场。

在图 4-21 的标注处，价格再度出现了一次调整的走势，由于这一次调整有一定的深度，也有一定的时间跨度，所以，最先出现的便是逢调整低点做多的买点，能够在低点处入场，所承担的风险更小，并且一旦价格后期成功起涨，所获得的收益也将会是最高的。

调整结束以后随着价格连续的上涨，必见的突破走势随之形成，在事先布防画线进行开仓时，一定要同步带上止损的设置，此时可使用固定数值的方式设定止损，待开仓成功之后，再随时按技术形态调整止损位。创新高时进行突破操作，与之配套的止损位便是价格的调整低点，只要未来价格的波动没有跌破调整低点，投资者便应当坚定持仓。

有的突破形成后价格马上便展开了上涨行情，投资者一入场便可以赚钱，但有时突破形成后价格却又形成了震荡的走势。开仓之后不管价格如何波动，只要没有跌破调整低点的止损位，投资者就要一路持有，暂时忍受一下浮亏，若未来价格还会继续上涨，则会在一番调整后迎来行情爆发。

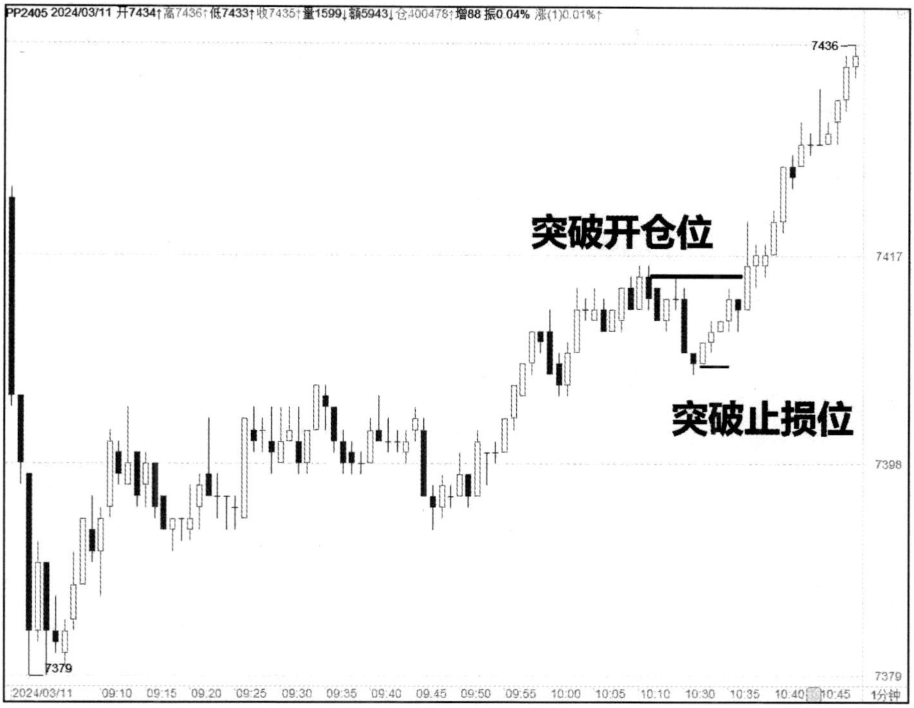

图 4-21　PP2405 合约 2024 年 3 月 11 日 1 分钟 K 线走势图

在图 4-22 中的标注处，价格形成了一次时间较长的大规模调整走势，以及一次短时间小幅度的调整走势。对于调整时间长的走势，应当以逢调整低点做多的手法为主要操作手段；而对短时间调整的走势，则应当以突破的操作方法为主要手段。但实际操作过程中，投资者无法得知价格到底形成长时间的调整还是短时间的调整，因此，只要 K 线回落并将高点暴露出来，就要在高点处设防，以防价格形成短时间的调整，从而错过机会。

调整结束价格创出新高时投资者已完成开仓，因为需要在画线开仓或设置条件单开仓时同步设好止损跳数，因此，在开仓成功后投资者必须手工调整一下止损位，将固定跳数止损线移动至调整低点处。价格创出新高开仓，说明高点在不断抬高，这是上涨行情最明显的技术特征，因此，投资者要在价格形成突破时入场。由于下跌时的技术特征是低点不断向下，因此，投资者要在调整低点设置止损，一旦价格跌破调整低点，便意味着多头的波动转变成为空头的波动，此时手中的多单便没有了持仓的依据。

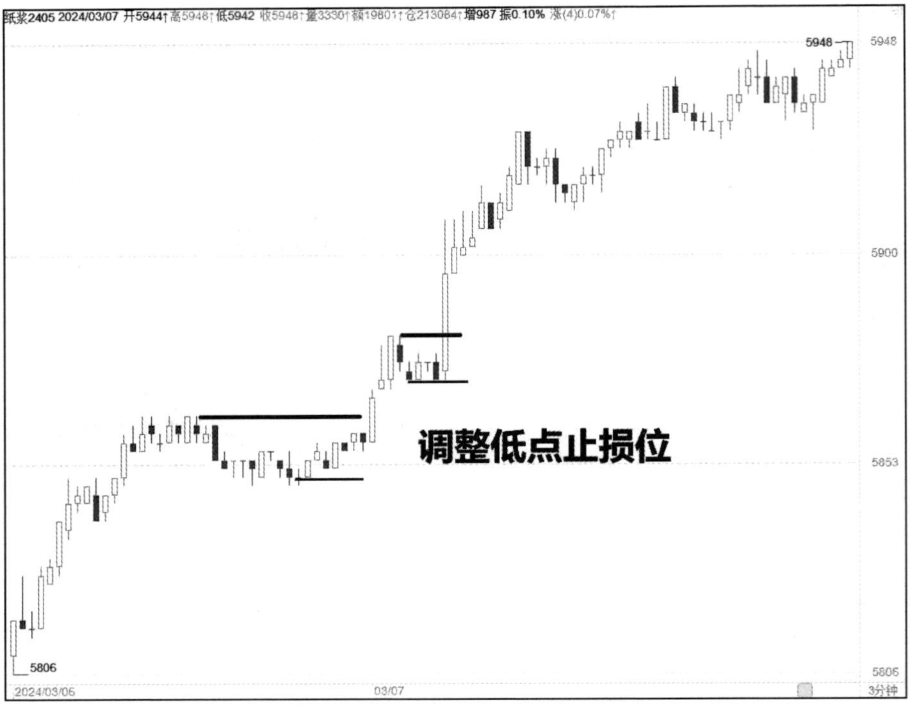

图 4-22　纸浆 2405 合约 2024 年 3 月 6—7 日 3 分钟 K 线走势图

在价格上涨过程中，使用低点进行止损或止盈是一种常用的操盘手法，一旦价格向下跌破低点便形成了空单的突破形态，如果不考虑趋势方向，空单突破形成应当入场做空，这种情况下自然多单就不适合再继续持有。只不过跌破低点现象发生时，布林线指标中轨往往是上升趋势，因此，空单是不能入场操作的，只能进行多单的止损。

在图 4-23 中，价格于下跌中途出现了一次反弹，结合之前的整体走势来看，下跌的幅度并不是很大，这说明当前的反弹正处在好位置上，投资者应当积极地去寻找做空的机会。

由于价格反弹时间较长，最先带来的便是逢高做空的操作机会，合理运用相关技术，可以在反弹区间的高点或次高点处入场，亏损风险不大，而一旦价格继续顺势下跌，则容易获得最大化的收益，逢反弹高点做空是顺势操作方法里盈利幅度最大的。其次便是突破入场点，因为反弹形成时到底会给出怎样的高点做空机会投资者是无法事先知晓的，但可以确定的就是突破走势是必然要出现的，只要价格反弹暴露出低点，一旦再度爆发下跌行情，跌破前低点的现象是必然会发生的。所以，突破操作既是一种常规的操盘方法，又是防止错过行情最重要的机会拦截手段。

图 4-23　红枣 2405 合约 2023 年 12 月 12 日—2024 年 1 月 11 日 60 分钟 K 线走势图

在价格形成突破之后，投资者就需要及时设置或是修正止损位，把止损线放在反弹区间的高点，以此防止价格形成突破高点的上涨形态。价格下跌过程中，高点将会呈现不断降低的状态，如果价格能够继续下跌，那前一个高点处的止损位则必然不会去触碰，价格反弹不碰前高点便意味着空头的波动性质依然保持完好，这种情况下投资者自然就可以放心大胆地继续持有空单。

自 2023 年 11 月中旬开始，豆二 2405 合约出现了一轮结构很简单的下跌行情，除了第一次的反弹幅度略大一些可以提供逢高做空的机会外，其余两次反弹的时间都很短并且反弹的幅度也很小（见图 4-24），根本无法顺利地在反弹高点进行操作。结构越简单的走势，越适合使用突破手法进行操作，因为价格想要继续下跌，就必须创出新低，而创新低就必定会带来突破操作的机会。

图 4-24　豆二 2405 合约 2023 年 10 月—2024 年 1 月日 K 线走势图

这两次反弹虽然所处的位置各不相同，但它们的技术形态都高度类似，在价格创出新低时投资者都应当坚定地入场做空，而后在反弹的高点处设置止损位，以防止价格不再继续下跌而是转为上涨。只要价格想要上涨，就必须向上突破当前的高点，所以，止损设置在反弹高点处可以有效地防止行情的反转。如果不考虑趋势的方向，创新低的点其实与向上突破反弹高点的点是两个不同方向的突破位的组合，只不过一个顺应了方向可以用来开仓，一个没有顺应当前的趋势方向只能用来止损。

在实际操作时，突破点可以提前做出判断，下跌后价格只要出现反弹就可以判断出突破点在哪里。而止损点也可以提前判断，在突破还没有形成时就确立出来，一旦反弹结束价格下跌把反弹高点暴露出来时，止损位也就知道在哪里了。由此便可以推算出这一笔交易的风险有多大，如果价格波动幅度较大，产生的亏损太大则可以放弃操作。若价格波动幅度较小，产生的风险并不大，则可以积极地操作。始终要去寻找那些止损小的形态进行操作，只有小亏才可以换来大赚，这是稳定盈利的基础。

4.5 过滤大亏损突破形态

从时间的角度来说，有的技术形态形成的时间较长，有的技术形态形成的时间很短，就好像上涨后的调整一样，有时间长一些可以提供出好的低点做多机会的调整，也有只收出二三根阴线短暂的调整。从幅度的角度来说，有的技术形态形成过程中上下震荡的幅度较大，有的技术形态上下震荡的幅度较小，同样以调整为例，有的调整走势回落下跌的幅度比较大，而有的调整走势以横盘的方式进行，回落的幅度非常小。

一个技术形态形成的时间长短以及形态波动的宽度与未来行情波动的幅度无关，它们只会对开仓点以及止损点造成影响。形成时间长与形成时间短的技术形态，都有失败的，有只出现了一小波行情的，也有出现了一大波行情的。形成时技术形态比较宽的，同样有走势失败的，有只能走出小波段行情的，自然，也有能够走出大波段行情的。其中，技术形态波动宽的走势对开仓影响不是很大，最主要的是会影响止损。

在对未来行情到底能够形成多大的波动规模无法进行判断时，投资者就一定要从止损的幅度上做文章。在盈利既定的前提下，亏损的幅度越小，越容易达成小亏换大赚的完美操作效果。同时，只有亏损的幅度变小，盈亏比才可以扩大。未来盈利的幅度既然不得而知，那就先来控制好亏损的幅度。对于技术形态宽度较大的走势，一定要放弃对它们的操作，不然入场就亏损较大，是很难实现稳定盈利的。而对于技术形态宽度较小的走势，则需要重点关注，付出很小的亏损代价，去搏未来或大或小的行情，就算没有搏到，至少也不会有太大的损失。

在图 4-25 中，价格上涨的初期阶段形成的调整形态都比较好，最主要的是调整时下跌幅度很小，这说明空方力量比较弱，这是价格能够继续上涨的根本原因。特别是进行突破操作，小幅度的调整很容易带来大波段的盈利行情。

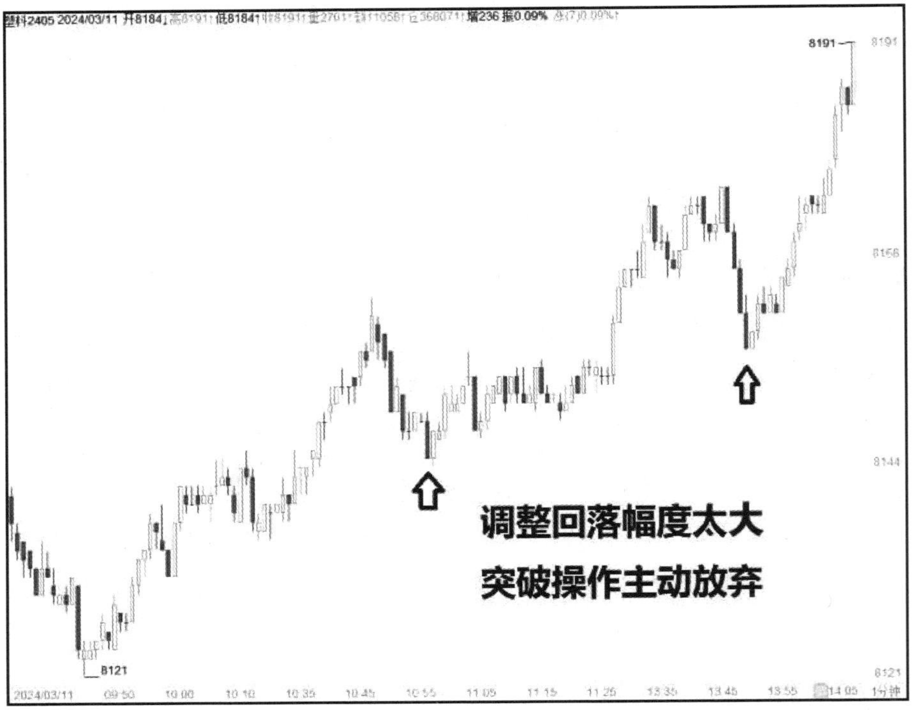

图 4-25　塑料 2405 合约 2024 年 3 月 11 日 1 分钟 K 线走势图

在图 4-25 中上涨中途的标注处，价格先后出现了两次调整的走势，这两次调整虽然位置各不相同，但却有一个共性：调整回落时下跌的幅度比较大。这说明当时空方的力量比较大，这对于做多操作来说是不利的因素。在价格调整回落过程中，阴线的实体也普遍比较大，无论是 K 线的具体形态还是价格回落的深度，都无法让投资者清晰地判断出多空双方的力量对比。说多方力量大吧，价格短线又跌得这么狠；说空方力量大吧，上升趋势却依然存在。对于这种容易让人产生误判的行情投资者最好主动放弃。

价格调整幅度大也会带来另一个问题：止损幅度将会很大。在创新高的点位入场，在调整低点止损，这是突破操作方法所配套的止损方式，但如果在图 4-25 中的两处低点进行止损，未来能赚多少钱很难说，一旦价格转为下跌必定会产生较大幅度的亏损，而一次亏损这么大，下一次操作也未必能够回本，这并不是一笔划算的买卖。

在图 4-26 中，上涨初期价格出现的调整幅度都很小，这就使得投资者很容易分辨出多空双方的力量，显然多方占据上风，而空方力量很弱，多空力量对比如此分明，意味着价格将会继续上涨。同时，因为价格回落的幅度比较小，进行突破操作时利用调整低点设置止损亏损的代价将会很小，就算突破形态失败，这一次操作亏损的钱很容易在下一次操作过程中找补回来。

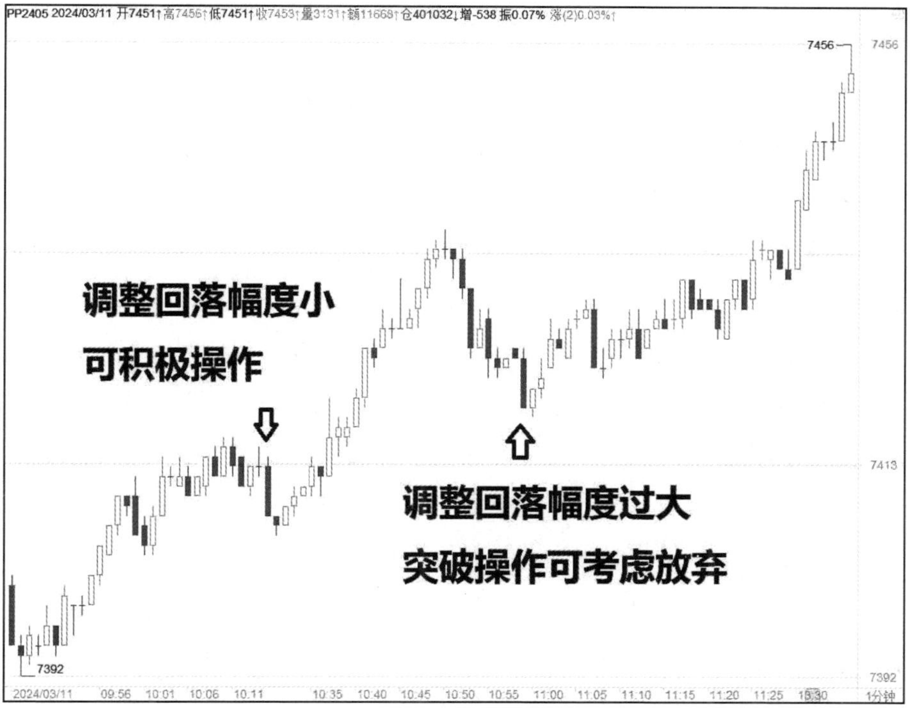

图 4-26　PP2405 合约 2024 年 3 月 11 日 1 分钟 K 线走势图

而上涨中途价格再度出现调整，但这一次调整回落的幅度却比较大，下跌达到了上涨波段 1/2 处，并且调整过程中阴线的实体也远比之前上涨时阳线实体大，这说明调整过程中空方力量有所增大。价格回撤了上涨波段的一半，空方力量又比较大，多空双方力量的对比在此时很难准确判断出来，这种情况下，投资者最好放弃对该品种的操作，去寻找那些调整回落幅度小的品种进行关注及操作。

价格调整时下跌的幅度大除了让投资者无法辨认多空双方的力度，还会使得止损幅度加大，未来到底是形成一小波行情还是一大波行情是未知的，但已知的便是一旦形态失败就要大亏一笔，而且能否通过下一次的操作赚回来都是未知的，这种情况下自然不适合在价格大幅回落之后进行突破操作，一定要本着宁可错过后面未知大小幅度的行情，也绝不在止损幅度较大的情况下入场操作的原则。

在图 4-27 中，于下跌的初期阶段价格先后形成了两次反弹的走势，这两次反弹出现时价格上涨的幅度都不大，多方的虚弱与空方的强大可以一眼做出判断。多空双方的力量相差越悬殊，未来行情的变化就越容易做出判断，并且，无论是进行逢高做空的操作，还是进行突破操作，止损的幅度都非常小。对于这种小幅度反弹的走势，投资者一定要坚决进行操作，因为亏损的额度足够小，就算连续几次操作失败也并不会产生太大的总亏损额度，只有亏得足够少，才容易通过下一次的操作一举回本。

当一波较为凌厉的下跌行情结束后，价格再度出现反弹，但面对这一次的反弹走势，无论是进行逢高做空的操作，还是进行突破操作都必须主动放弃，因为价格反弹上涨的幅度太大了。反弹幅度基本上快将下跌波段全部吞没了，在历史行情中，这种走势一旦出现，价格转势的可能性是非常高的，这是实战操作必须主动放弃的经典技术形态。

虽然后期价格又出现了进一步的下跌，但也不能否认，过大幅度的反弹很容易使得各种类型操作手法的止损幅度加大，在能赚多少钱是未知数的情况下，用较大的亏损去搏未知幅度的未来行情，是不明智的。正确的交易思路是用小亏损去搏，哪怕连亏几回也不会造成过大的损失，搏对一次行情便能连本带利全部赚回来。

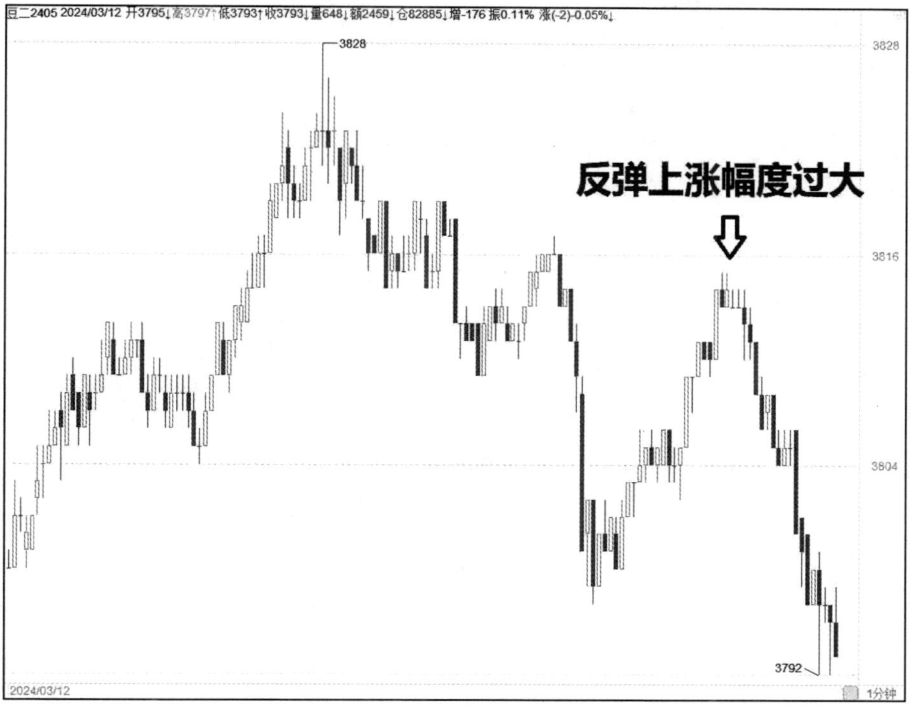

图 4-27 豆二 2405 合约 2024 年 3 月 12 日 1 分钟 K 线走势图

在图 4-28 中，价格出现了一波持续性较长的下跌行情。价格下跌的时间越长，便越是能见到各种经典的技术形态。在下跌的初期阶段，价格形成了两次小反弹的走势，由于技术形态比较窄，进行突破操作时造成的亏损将会是比较小的，故小亏损的技术形态都是值得去操作的。未来的盈利空间虽然是未知的，但已知的是这一次交易的代价非常小，哪怕连亏几次也不会有任何的心理压力，自然就可以用小亏去赌一赌有没有可能赚到一波行情。

而下跌的中期阶段，价格出现了一波上涨幅度较大的反弹走势，虽然高点有机会进行做空操作，但于突破操作来讲，这种大幅度反弹的走势却是必须主动放弃的，因为如果在突破点进行做空操作，在反弹高点进行止损，一旦突破失败，造成的亏损将会是比较大的。赚没赚到大钱先放一边，上来就亏了一大笔钱，这显然是一个非常糟糕的操作决定。

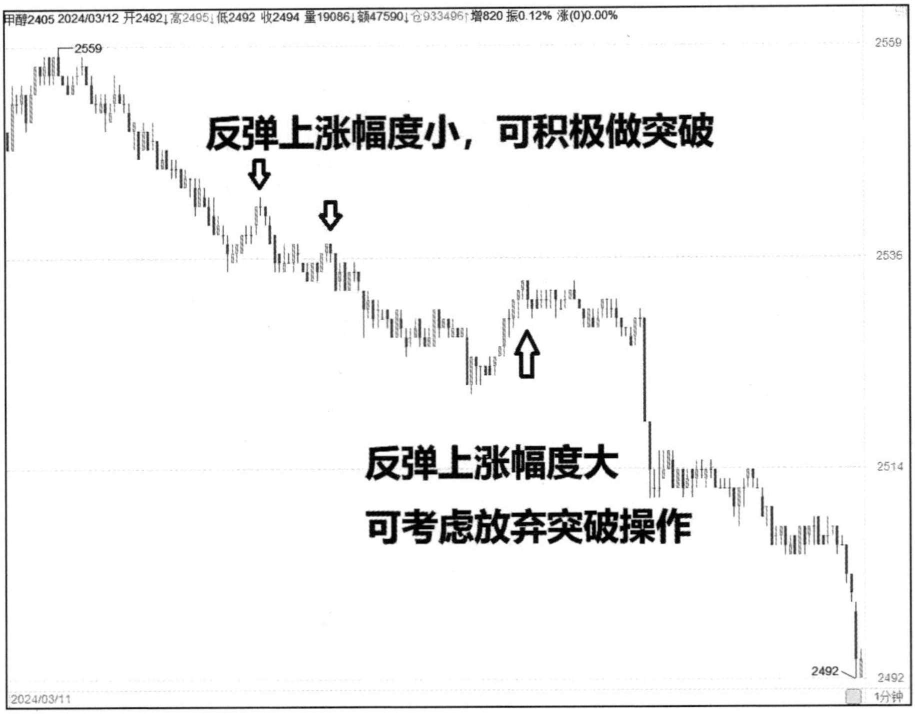

图 4-28　甲醇 2405 合约 2024 年 3 月 11—12 日 1 分钟 K 线走势图

反弹幅度大除了加大了亏损的程度，还反映出多方力量较为强大。进行做空操作，一定要在多方力量小的情况下进行，绝对不能在多方力量较大的时候入场。而小幅度的反弹才可以体现出多方力量较小，同时，小幅度反弹造成的亏损也比较小，在这种形态下进行操作，投资者才更容易实现稳定的收益。

行情没有形成之前，要考虑的事情必须是如何减小亏损的额度，只要亏得足够小，就可以积极地下注。而当行情展开时，则要想办法不断扩大收益。少亏一些，多赚一些，这就是成功之路。而少亏的核心就在于一定要放弃大止损的技术形态，始终在小止损的技术形态上进行操作。

4.6　如何防范假突破风险

任何可供交易的技术形态都有成功的走势，也必然有失败的走势，而且成交技术形态的次数与失败技术形态的次数是基本一样的，不存在较大比例的偏差，就好像是抛硬币，正面与背面出现的概率一样。不管你接受不接受，这就是客观存在的事情。一个技术形态只可能在某些特定的时期才会有所谓的高成功率，拉长时间线来看，任何技术形态成功与失败的次数都将是高度一致的。

因为突破走势成功的次数与失败的次数是基本一致的，所以，完全回避假突破走势是根本无法实现的，这一点已经过笔者二十几年的实战论证。各位读者朋友不要抱有杜绝假突破的想法，更不要再去走笔者曾走过的弯路。虽然完全杜绝假突破是不可能实现的事情，但尽量回避一些很明显的或是大概率形成假突破的走势，这还是能够实现的。

最容易出现假突破的点位便是连续几波上涨的高位或连续几波下跌后的低位，之所以这些点位不好，是因为此时主力资金早已实现了丰厚的收益，只想着出货变现。突破点总会有大量投资者入场操作，这就是主力资金用以出货最好的手段，许多高位的突破出现时都会有明显的放量，这就是主力资金出货最直接的证据。投资者在主力想要出货的区间依然积极地使用成本较高的突破手法操作，自然就容易碰上假突破。

假突破还容易出现在多方力量或空方力量小的区间，最容易识别的方式便是看一下布林线指标中轨的运行角度，若是布林线指标中轨向上或向下的角度非常平缓，则最好采取逢调整低点做多或逢反弹高点做空的操盘手法，不宜使用突破手法进行操作。因为上涨或下跌力度小，价格涨跌延续性差，可能刚刚形成突破，价格便出现了反方向的波动，持仓成本低的操作方法可以在此时实现小收益或至少能保证不亏，但突破操作则是大概率要止损出局的。

市场多空环境不配合也是常见的假突破出现的情况。若当前是空头市场，却要进行多单突破，或当前是多头市场，却一直进行空单突破，这非常容易碰到假突破。但只要投资者养成了顺应市场多空状态进行操作的良好习惯，就可以尽量避免这种性质的假突破了。

在图 4-29 中，价格出现好几轮上涨的走势，而后在一波上升浪出现的情况下，价格于高位再度形成了突破走势。之前价格强势上涨过程中，必然有一些投资者因为种种原因未能及时在初期上涨的低位入场操作，并无法在高位处保持克制，从而见到价格再创出新高时，便再也按捺不住冲进场中。只要于高位处的突破点入场做多，就会被价格的下跌打掉止损。

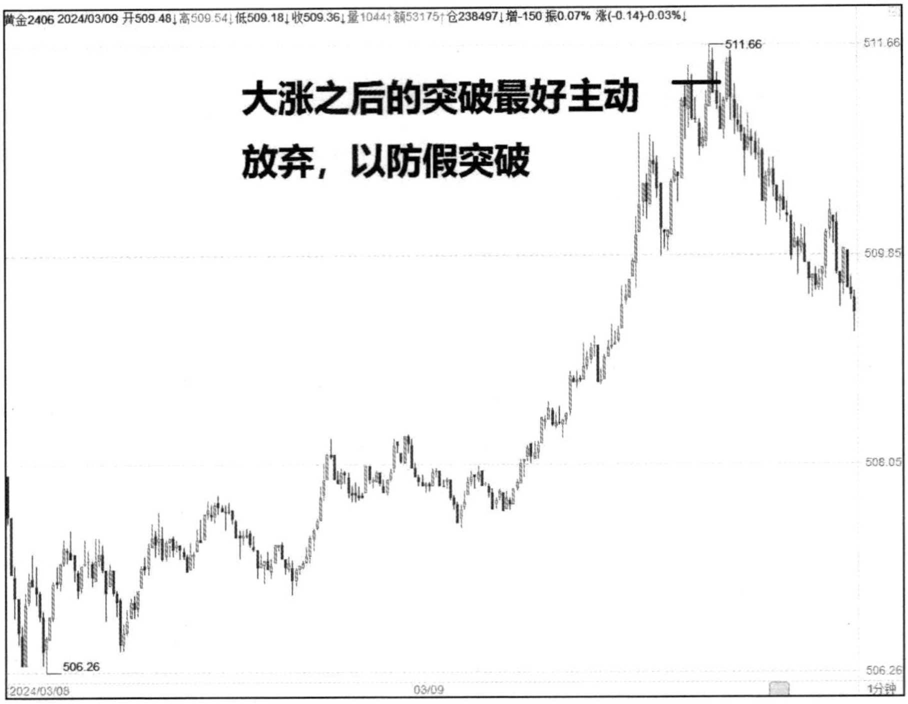

图 4-29　黄金 2406 合约 2024 年 3 月 8—9 日 1 分钟 K 线走势图

为什么高位的突破这么容易形成假突破走势呢？这是因为当价格经过连续上涨到达高位后，主力以及所有低成本的投资者都已实现了不菲的收益，换作是你赚了这么多钱会怎么想？肯定都是想着赶紧出货变现收益。你冲动地想要入场的点位，正是其他资金想要拼命平仓出局的位置，而冲动入场的买盘毕竟是少数，想要出局的抛盘却数量巨大，这种情况下，价格又怎么可能出现大幅上涨？

任何顺势性质的操盘方法在价格连续上涨后的高位运用，都容易碰到失败的技术形态，其中最核心的原因就是资金持仓成本过高而造成持仓心态不稳定。在上涨初期真实的突破容易形成，因为资金们都没怎么赚钱，自然都会坚定持仓积极做多，所以成功形态较多，而持续上涨之后资金们都获得了不菲的收益，自然各种各样的想法也就多了，资金们的持仓态度不再统一，上涨走势也就容易出现波折。

在图 4-30 中，价格出现了长时间大幅度的下跌，下跌过程中出现了多次反弹的走势，在标注处，投资者要进行的决策应当是：择机平仓空单，而后再根据市场的多空状态寻找抄底做多的机会。在价格持续下跌之后，市场中的资金都已实现了不菲的做空收益，此时就算多单不入场抄底，仅凭空单平仓也可以让价格轻松地涨起来。所以，在主力资金已赚到不少钱的情况下，投资者不宜再继续入场做空。

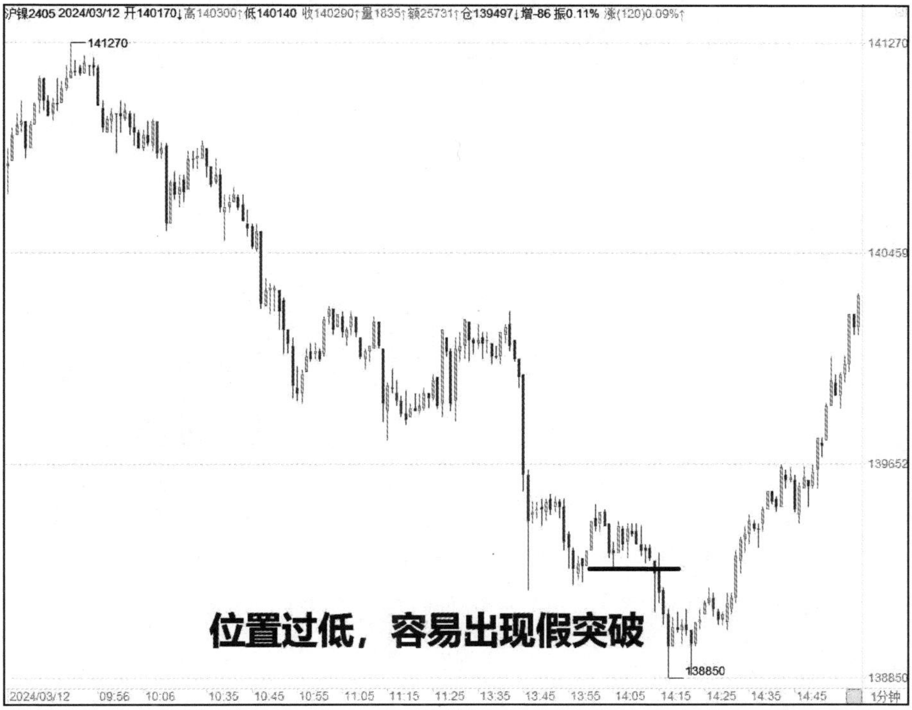

图 4-30　沪镍 2405 合约 2024 年 3 月 12 日 1 分钟 K 线走势图

价格在不好的位置处有可能还会继续下跌，但未来下跌的空间势必会大大地缩小，此时入场虽然有得赚，但只能赚到很小的利润，在亏损既定的情况下，盈亏比将会非常小。做交易其实就是做生意，讲究的就是低买高卖，如果在不好的位置去做就变成了低卖，违背了自古以来赚钱的基本要求，与别人的空单持仓成本差距巨大，偶尔一次这样操作情有可原，长此以往绝无能赚钱的可能。

在常态操作时，只要价格出现了两次反弹，便可以把价格的位置定义为不好的位置，虽然可能仍然存在机会，但却是必须主动放弃的，这是一个良好的交易习惯，不抱有侥幸心理，不强求操作，对自己的资金负责，力争每次操作都在好的位置入场，这将会回避掉大部分的假突破。

在图 4-31 中，价格大幅的低开使得布林线指标暂时处在了失真的状态，经过一段时间的震荡，在指标度过了失真期后，随价格波动重心的上移，布林线指标中轨形成了上升趋势。实战操作时，投资者应先确定实战操作方向，这是重中之重，方向判断正确了，获利的事情也就解决了一大半。

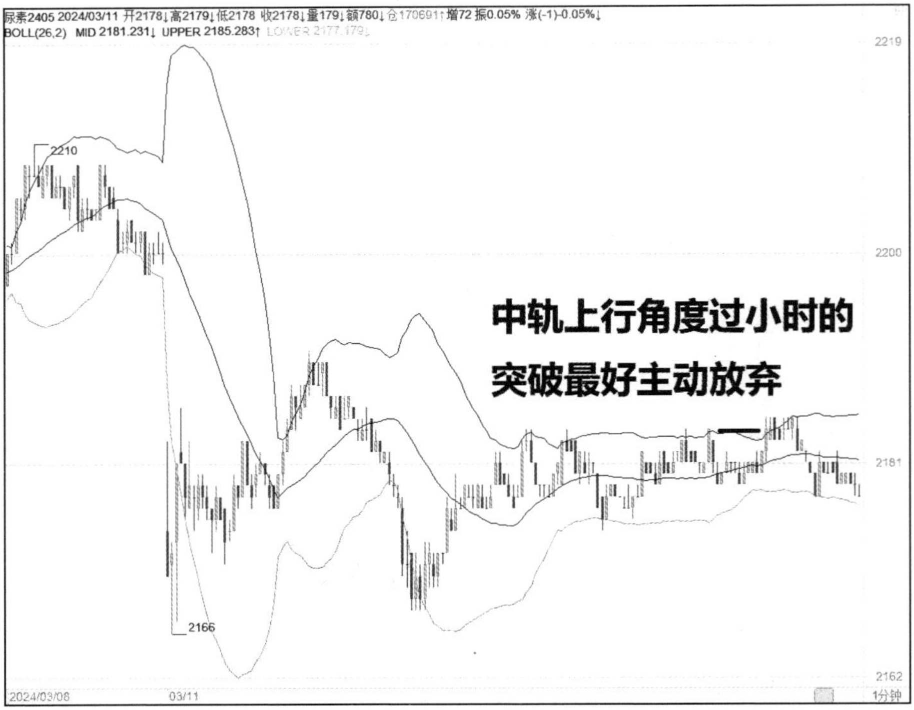

图 4-31　尿素 2405 合约 2024 年 3 月 8—11 日 1 分钟 K 线走势图

交易的方向一定要跟着趋势类指标走，笔者喜欢使用布林线指标，所以就以布林线指标中轨方向为操作方向。并不是说只要布林线指标中轨向上便可以进行做多操作，中轨的方向确定之后，还要再看一下价格上涨的力度，上涨力度则可以以布林线指标中轨向上的运行角度为基准来确定，若中轨向上的角度大于45度，则意味着多头力量较强，此时形成的突破是可以积极进行操作的。若中轨向上的角度远小于45度，则说明多方力量非常弱，这一区间形成的突破走势不宜进行操作。

图4-31中布林线指标中轨形成上升趋势时，向上的运行角度非常小，这说明多方的力量很弱，多方力量弱则价格上涨时的涨幅就会比较小，如果此时介入点位又比较高，便很容易买在小波段的高点，一旦价格上涨结束产生回调又必然会打掉止损。图4-31中标注处的突破正是如此，价格的确创出了新高，但一入场做多便买在了波段的高点，这正是中轨角度过于平缓，多方力量过小造成的技术现象。

在图4-32中，价格经过多波上涨以后到达了相对的高位，说它是高位是因为之前价格曾出现了三次较大规模的调整，只要价格之前有过两次较大规模的调整就可以定义为不好的位置，在这个区间顺势操作是不宜再新开仓的，多单只能在此时继续持仓。

上涨结束后价格出现了下跌，随着布林线指标中轨拐头向下，投资者也应当以抓机会的角度看待中轨此时的转向，积极寻找做空的入场点。方向确定之后接下来便要再看一下空方下跌的力量，从中轨较小的下行角度可以看到，空方的力量非常弱。中轨向下的角度小就会导致价格下跌的幅度非常有限，跌一小波便会出现反弹，如果使用逢反弹高点做空的手法进行操作还是可以赚到一些小利润的，但若使用高成本的突破手法操作，很容易做空在下跌的低点处，止损在反弹的高点处。

从图4-32中标注处可以看到，价格的确形成了一次突破的走势，但还没怎么下跌便马上涨了回去，之所以形成假突破并不是因为位置不好，而是因为价格整体并未出现将要大幅下跌的迹象。不足之处在于空方力量很弱，不足以导致价格大幅度的回落，无法大幅下跌再加上入场点位较低，开仓后价格的确也跌了一点儿，但这点儿利润根本无法进行盈利保护，所以，一旦碰到价格下跌结束形成反弹便很容易打掉止损。

下跌力度大能够保障价格有较大幅度的波动，从而使得持仓成本可以马上被利润覆盖掉，杜绝了亏损。而如果价格波动力度小，形成突破后它也会有所表现，但并不会在突破之后有大幅度的波动，象征性有一些波动后便会马上反方向运行。行情无法很好地延续的根本原因就是中轨角度过小而导致的价格宽幅波动能力很小。

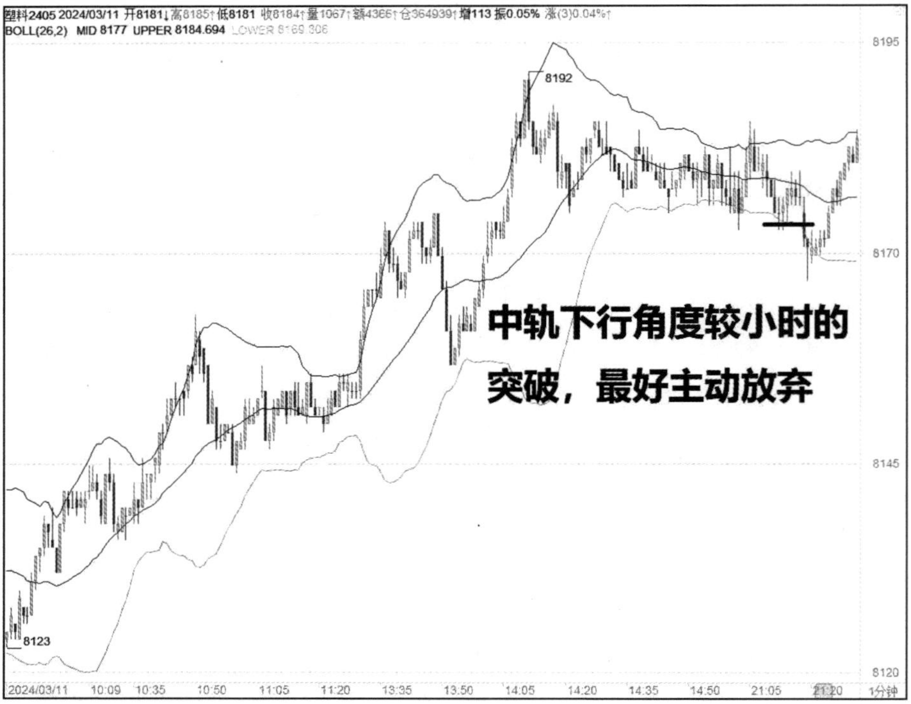

图 4-32 塑料 2405 合约 2024 年 3 月 11 日 1 分钟 K 线走势图

只要不再出现两次反弹或调整之后再去做突破操作，以及不在中轨角度较小时进行突破操作，便可以避免很多假突破的干扰，虽然不能杜绝所有的假突破，但也能让投资者在进行突破操作时的损失降低很多，整体损失降低了，在好的位置正确地去操作，投资者自然赚的就比亏的多。

4.7 放弃不易识别的突破点形态

期货交易的过程中，标准的技术形态往往让人看一眼便可以做出正确的判断，这些走势都是值得投资者关注及操作的，因为它们可以节省大量的精力，并可以提高投资者的分析效率。标准的技术形态往往意味着资金们达成了共识，大家心往一处想劲往一处使，非常容易爆发出大行情，而从主力运作的角度来讲，只要把 K 线走势做得让人都能看懂，就会有更多的场外资金参与其中，只有资金愿意入场，主力才能更好地从中渔利。

对于突破操作而言，不易识别的技术形态有两种：第一种是价格在某区间极窄幅波动并且有影线频繁出现的走势，可能是横盘形态，也可能是复杂的调整形态；第二种是波动呆滞状态下的不规则形态，价格波动呆滞就是资金没有兴趣进行操作的直接体现，若对短周期 K 线的成交量进行同步查看便可以看到，此区间成交量也往往处于非常低迷的状态。

在图 4-33 中，价格见底之后的第一波上涨过程中，由于 K 线出现了一定幅度的回落，从而使得高点被清晰地暴露出来，这对于突破操作来说没有任何难度。突破操作的一大核心就是入场点是否可以清晰地做出判断，新高取值点必须只看一眼就能做出判断，违背这个基本原则的走势是不能入场操作的，否则将会导致入场标准的混乱。

图 4-33　豆二 2405 合约 2024 年 3 月 8 日 1 分钟 K 线走势图

价格创出新高后不久便再度出现调整，但这一次的调整形态非常不好，因为并未形成回落式的调整，而是形成了横盘式的调整，这就使得上涨的高点很难一眼就辨认出来，虽然仔细看也能找到突破操作的参照点，但等想明白的时候，价格早已涨上去了。好的技术形态只有一个标准，只看一眼就能准确地做出判断，不符合这个要求的，都可以归为不规则形态。

不规则技术形态会耗费投资者大量的精力，若这是长周期 K 线倒也无妨，收盘后有足够的时间进行细细的琢磨，但在短周期 K 线图中，入场点一闪即逝，根本不会给投资者留出较长的时间去思考，能否入场操作必须马上做出判断，不然轻则错过赚钱的大好时机，重则判断出错造成损失。

在图 4-34 中，价格于上涨初期形成了一次调整的走势，第一个箭头标注处价格虽然有调整的性质，但并未出现实质性的回落，K 线不回落便无法把高点清晰地暴露出来，因此，这个区间是没有办法进行突破操作的。虽然通过横盘走势可以很确定地说价格将要上涨，但却没有好的入场形态。

图 4-34　沪锡 2404 合约 2024 年 3 月 13 日 1 分钟 K 线走势图

第二个箭头标注处同样也形成了几根连续的星 K 线形态，连续出现的五根星 K 线使得突破点很难确定，若价格直接涨上去，又要主动放弃对该点位的操作。面对这种形态，只能继续持有多单，而无法新入场开仓，虽然明知价格还是可以继续上涨，但在高点不清晰，低点也不给机会的情况下，投资者一定要意识到这并不是符合要求的操作形态。

还好价格后期连续收出了两根阴线，只凭这两根阴线就知道该在哪个具体点位进行突破操作，阴线将反弹的高点清晰无比地暴露了出来，这也是笔者一直强调想要做多单反弹，价格必须调整下来的原因。

在图 4-35 中，价格虽然形成了明确的下降趋势，但整体下跌形态并不顺畅，没有波浪式起伏的美感，小实体的 K 线数量过多，这就使得整体走势显得磕磕绊绊。而这种走势是波动呆滞品种最常见的现象，它可以保持某种趋势波动，但又难以给投资者带来较为可观的收益。

图 4-35　花生 2404 合约 2024 年 3 月 12—13 日 1 分钟 K 线走势图

图 4-35 中标注处价格形成了一次反弹，由于 K 线频繁在同一个点位

收出阳线与阴线，使得下跌的低点根本无法清晰地暴露出来，投资者只看一眼根本无法做出正确的判断，就算仔细进行一番研究，也很难指出具体的突破点位。凡是无法一眼识别的技术形态，都意味着价格的波动不规范，在有持仓的情况下，投资者可以继续持有，但空仓的状态下，投资者便可以切换成其他品种进行关注了。

对于这种根本涨不起来的反弹走势来说，虽然价格处于相对的低位，但是，它的出现体现了多方的虚弱。在这种情况下，价格继续下跌的概率将会是非常大的，但操作时却有很多无奈，明知价格要继续下跌，却因为技术形态的不规则很难找到一眼便可识别出来的入场点。

在图 4-36 中，价格虽然出现相对幅度大一些的下跌与反弹的波动，但是，小实体且带有影线的 K 线数量过多。这种波动模式下，就算下降趋势很明确，也很难从中赚到大钱，因为 K 线较差的表现形态恰是资金做空态度并不积极的体现。

图 4-36　尿素 2405 合约 2024 年 3 月 13 日 1 分钟 K 线走势图

在图 4-36 中的标注处，价格形成了一次小区间的波动，这种走势既有横盘的技术特征，又波动呆滞，从而导致价格仅在两三个最小变动跳数的范围内窄幅震荡。因为价格无法顺利地涨上去，所以，突破的低点自然也就无法清晰地暴露出来。涨又涨不上去，无法提供反弹高点的做空机会，低点又很不标准也不能顺利地进行突破操作，可见，对于这种一眼无法做出判断的波动形态，投资者只能放弃操作。

正常表现的横盘走势虽然无法进行突破操作，但却可以准确地推断出未来价格的波动状态。而对于波动呆滞的横盘形态，虽然能够知道价格后期下跌的概率较大，但能跌成什么样子却很难做出判断，当前技术形态无法一眼做出识别，未来波动状态无法提前做出判断，此时，切换其他可以一眼做出判断的走势进行关注与操作才是正确的选择。

4.8 重见突破价格可否入场

无论是谁进行期货交易，都必然面对错过机会的情况。有的是没有及时发现技术形态的形成，有的是发现了技术形态正在形成，但价格形成入场点的速度过快，虽然有开仓动作，但赶不上价格的变化，由于没有使用市价指令，而是使用指定价或是对手价指令，因此在价格快速波动的过程中无法顺利开仓。

对于逢低做多操作而言，入场点是一个小区间的概念，因此，只要价格在这个区间范围内便可以进行操作，不管价格是下跌后涨上来的，还是涨起来又重新跌回来的，只要在这个小区间之内，不管价格怎么波动都可以进行操作，对于一些调整低点或反弹高点形态复杂的走势，可能会有多次入场的机会。但对于突破操作而言，入场的机会只有一次，入场的价格也只有一个，在突破点不可能存在多个入场的机会。

以多单为例，假设前高点的突破价位是 5000 元，那么，在价格上涨越过前高点时，只有达到 5000 元时才可以开仓，突破开仓的价格只有一个，并且只有价格上涨达到 5000 元这一次开仓机会。若事先布防在 5000 元处，进行画线或设置条件单，则可以顺利地开仓，由于使用的是市价指令，可能最终成交价是5001元或是5002元等，但因为在5000元处进行了设置，不管最终是以哪个价格成交的，都视为5000元进行了开仓，开仓的偏差称为滑点，这是采取市价指令开仓必然要付出的代价。

若手工进行操作，在5000元处因为价格上涨过快而没有开仓成功，就必须及时撤单放弃这一次的操作，千万别想着突破后价格回落一下完成成交。突破走势就像火箭升空，发射成功的火箭直冲天际，而发射失败的火箭无一例外全都返回了地面。突破操作也是如此，成功的多单突破价格必须连续收出大阳线，一旦价格重新回到突破位，很多时候都会演变为假突破。突破操作碰上价格回头时，千万不能再入场开仓。

在图4-37中，价格上涨之后形成了一次有规模的调整走势，但这一次调整其实走势较差，因为出现了一根大实体的阴线。运用逢调整低点进行做多的手法进行操作，这种调整走势自然可以轻松地把握住机会。但对于突破操作来说，当深幅调整出现时则需要放弃操作，这是因为突破点距离调整低点过远，将会加大止损的幅度。

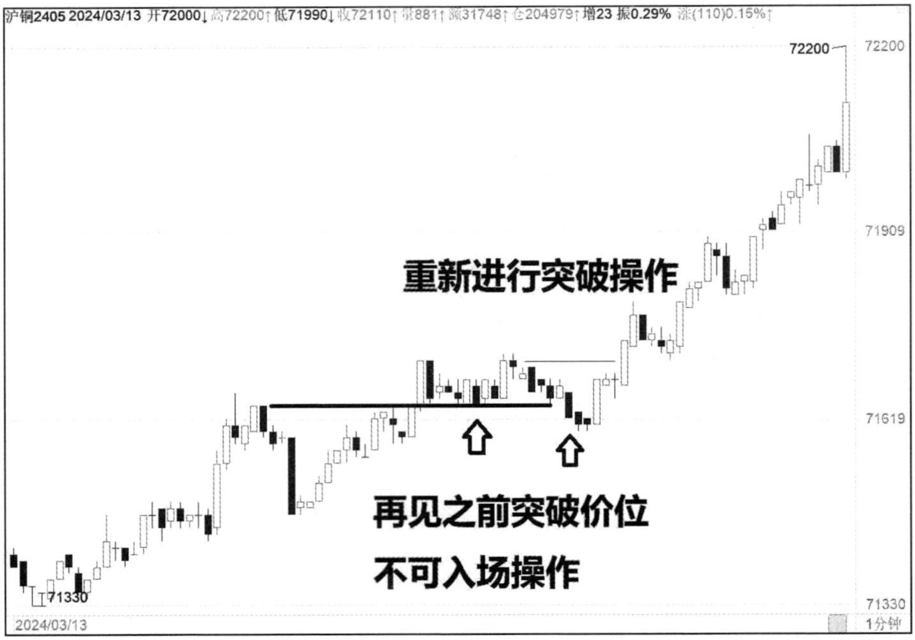

图4-37　沪铜2405合约2024年3月13日1分钟K线走势图

当突破走势形成之后，价格并未马上出现连续的上涨，而是形成小幅度的震荡回落走势，由于之前的突破点一闪即逝，若进行手工开仓则往往无法顺利成交，当价格再度震荡回落重新给出突破价格的操作机会时，投资者可否再入场操作呢？若进行的是逢调整低点做多的方式操作，也可以再次入场做多，因为调整低点本身就是一个小区间的概念，只要价格在这个区间范围内，不管给出几次机会都可以入场。但对于突破操作来说，再次给出突破价位的入场机会，不仅不是机会，而且还非常容易引发风险。

突破走势要求价格必须是创出新高后一去不回头，绝对不能再跌回来，一旦价格重新跌回到突破价附近，往往表示突破失败，价格无法顺利地上攻，这多是抛盘数量过多造成的。突破的确吸引来了买盘，但无奈价格上涨过程中抛盘过于沉重，因此将价格打落了下来。从资金博弈的角度来说，一旦突破之后价格再回头，投资者一定要放弃操作。

在图 4-38 中，价格调整之后将高点清晰地暴露了出来，对于这种前高点形态结构简单的走势，只要价格出现回落就一定要养成事先布防的习惯。如果价格调整有合适的低点，就在调整低点处做多，如果形成短时间小幅度的调整，事先的画线便可以省去手工开仓的麻烦。

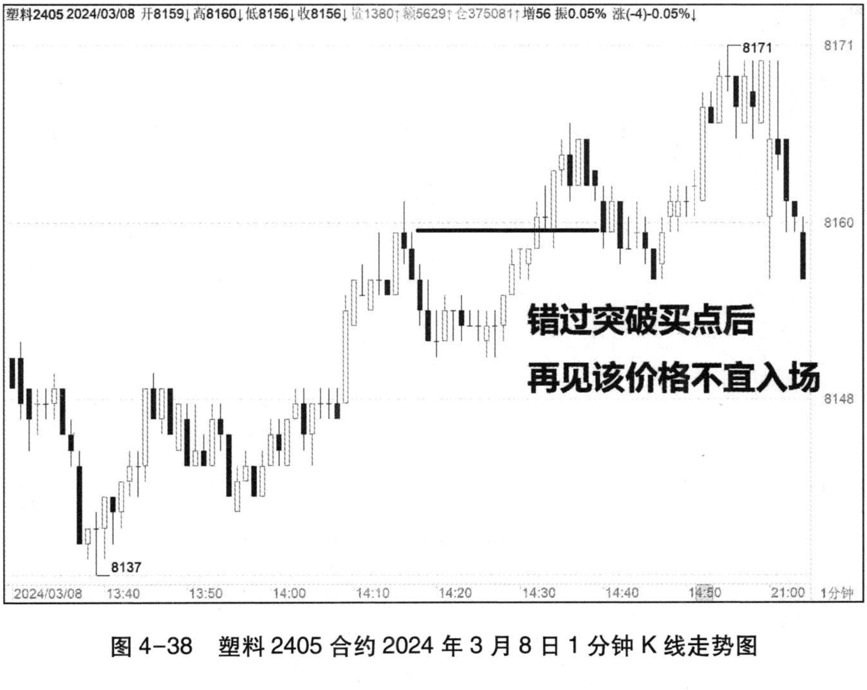

图 4-38　塑料 2405 合约 2024 年 3 月 8 日 1 分钟 K 线走势图

突破走势形成之后价格也形成了短线的上涨，但很快便出现了回落，并重新跌到了之前的突破点位上。突破走势要求价格创出新高后，必须形成连续向上的走势，成功的突破都是一飞冲天的。若价格冲不上去，形成震荡，那就表示资金持续做多的热情并不高，这将会使得价格后期的形态变得复杂不利于操作，或形成假突破而就此回落，或再经过一番震荡之后才有可能延续之前的行情。

由于突破点会有许多资金入场，因此，成功突破后价格将会在主力积极做多、场外资金积极追捧的情况下快速向上，这是价格良性的运行状态，也是进行突破操作的投资者所追求的走势效果。而突破之后价格一旦回头，这就说明买盘的推动力度不足，只要有高点空方就容易出手干预，创出新高打下了这么扎实的趋势延续的基础，但价格却涨不上去，这本身就是最大的问题。所以，投资者一旦错过了突破买入的机会，价格重新跌回来时绝对不能再进行突破操作。当然，突破点虽然不能再继续做多，但逢调整低点做多还是可以进行的，因为失败的只是突破走势，而价格整体向上的格局并未改变，所以，调整低点可以做多与突破点不能做多并不矛盾。

在图 4-39 中，标注处价格形成了一次小反弹的走势，这种技术形态说明空方力量较为强大，多方无法组织起强有力的上涨，此时所形成的突破走势非常值得积极操作。

价格向下创出新低时的走势较为顺畅，对于事先布防画线下单的投资者来说百分百可以开仓成功，但对于手工开仓投资者来说，在价格快速下跌的过程中，能否开仓成功就不太好说了。突破点位一旦错过，投资者便不宜再去交易，否则就会使突破操作变成追涨杀跌式的操作，容易打乱操作的节奏。突破操作机会只有一次，入场的价格也只有一个，错过就是错过，没有补救之说。

短线下跌之后价格很快反弹并重新回到突破点处，有一些投资者有这样的坏习惯，一看刚才的价格没有开仓成功，现在又到了这个价格，便会入场交易，这样一来，随着后期价格的上涨必然要进行止损。先前这个价格是标准的突破入场点，而现在虽然是同样的价格，但波动形态却发生了改变，入场的理由已经不复存在，不能仅凭价格就入场开仓。

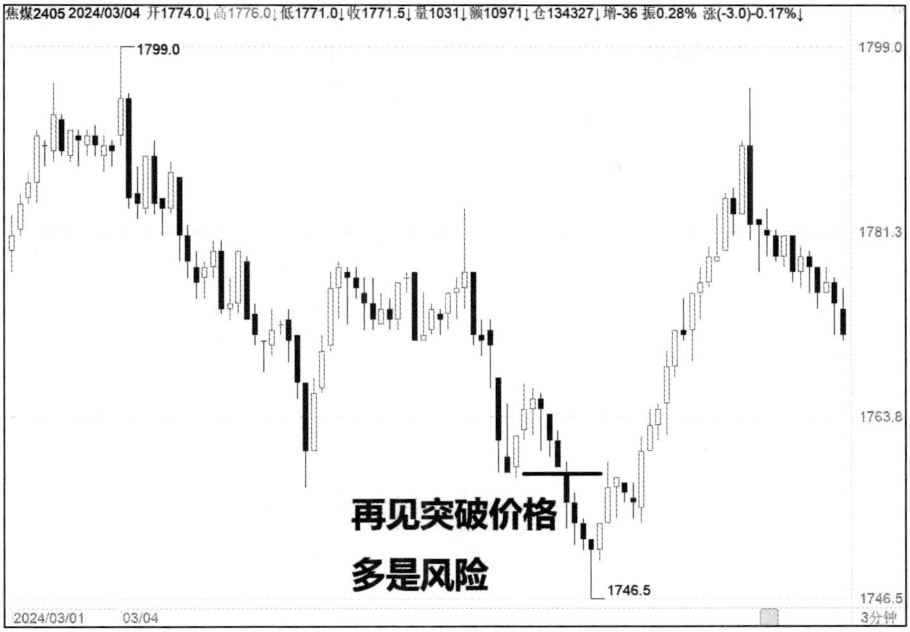

图 4-39　焦煤 2405 合约 2024 年 3 月 1—4 日 3 分钟 K 线走势图

在图 4-40 中，价格反弹结束后形成了快速下跌的走势，一根大实体的阴线快速向下完成了突破的走势，对于这种快速完成的突破形态，若没有提前画线布防，手工下单成交效率往往非常低。由此也可以看出，进行突破操作提前布防是多么重要。

由于价格下行速度较快，因此，必然有一些投资者因为没有开仓成功而产生情绪上的波动，当下跌结束价格反弹重新到达刚才的开仓价格时，必定会有人想着趁机入场操作，但只要在原来突破点的价格处进行了开仓操作，必然会使这笔交易亏损出局。

突破走势形成后价格重新回来，这是假突破最常见的特征，虽然此时还没有打掉反弹高点的止损位，可以继续浮亏式持仓，但绝对不能再去加仓或是新开仓。突破做的就是价格向下冲的那一刻，现在冲不下去而是形成了上涨的走势，空单突破的操作理由便不存在了。在价格重新涨回到突破点时入场做空，既不满足逢高做空的操作要求，更不满足空单突破的要求，不符合一致性标准的交易行为都必须禁止。

图 4-40 PVC2405 合约 2024 年 2 月 7 日—3 月 12 日 30 分钟 K 线走势图

附录　突破实战测试题

进行期货交易的第一步便是学习，先掌握基础知识，再学习各种K线形态、技术指标用法、各种日常必备的操盘方法等，学习只是进行期货交易的第一步。在把书中或课程中的知识学会之后，投资者一定要进行一番测试，去验证自己是否真的学会了。就好像学生一样，学完一个单元的课程后，必须进行一下单元测试，以此检验学习的效果。

本附录为读者朋友们列出了许多关于突破操作的测试题，希望读者朋友们在阅读完本书的内容后，都可以认真地测试一下，以此检验自己学习的效果。若您的得分较高，那说明您的学习是很有成效的，您可以进行到下一个环节的学习与提高中去。若您的得分较低，建议您再加强学习，多阅读书中的内容，多体会笔者的思路与技术方法的细节。毕竟每个投资者的情况是不一样的，有进步快的读者朋友，也必然有进步慢一些的朋友，只要大家坚持学习，就算进步慢一些也必定有成功的那一天！

当您通过测试后，就可以进行模拟操作验证了，之所以一定要先做模拟操作，就是因为学习阶段读者朋友们赔钱的概率是极大的，也根本不要想着在学习阶段可以赚到钱，这是不可能的事情，就好像一个高中生，他可以找到年薪百万的工作吗？肯定是不行的，因为他只是一个学生，本领还没有学到家，此时先进行模拟操作，可以以零成本的代价熟悉操盘方法的细节，可以以零成本的代价经历各种各样的行情变化，可以以零成本的代价亲身体验赚钱的快乐与赔钱的沮丧，以及体验其他各种令人开心与绝望的情感经历。当模拟操作可以取得收益以后，才可以用小资金进行操作，小资金再次取得收益后，才可以逐步加大资金投入。

在期货市场中生存，学习是永远不能停止的事情，犹如科技的进步一样，必须不断地学习、不断地创新思维，不学习或停止学习，必然会被市场所淘汰。愿读者朋友们永远拥有一颗积极学习向上的进取之心。

本附录共计 50 道题目，每题 2 分，90 分以上视为合格，方可进行模拟或小手数实战操作。测试题形式均为判断题，在正确表述后的括号内画“√”；在错误表述后的括号中画“×”，并写出错误的原因。

1. 上涨家数 38 家，下跌家数 18 家的市场环境为多头市场。（ ）

2. 大多数品种处于上涨状态，涨幅第一名的品种上涨 3%，跌幅第一名的品种下跌 6%，此时应放弃做多，要积极进行做空操作，因为空头力量更大。（ ）

3. 大多数品种处于上涨状态，涨幅第一名的品种上涨 1.7%，因此时多方龙头上涨幅度不大，后市可能出现进一步更大的上涨，此时预期存在赚大钱的机会。（ ）

4. 上涨家数和下跌家数都是 28 家，涨幅第一品种上涨 2%，跌幅第一品种下跌 2.3%，因空头龙头跌幅大于多方龙头，因此，要放弃做多坚定做空。（ ）

5. 大多数品种处于上涨状态，涨幅第一名的品种上涨 1.7%，这是典型的弱多市场。（ ）

6. 大多数品种处于下跌状态，跌幅前五名的品种平均跌幅低于 2%，其他下跌品种平均跌幅低于 1%，这是弱空市场的典型技术特征。（ ）

7. 在弱多市场中，虽然大多数品种上涨，但由于多方力量较弱，有品种形成标准空头技术形态时，也可酌情考虑进行做空操作。（ ）

8. 在弱空市场中，无论少数上涨的品种形成何种技术形态、何种幅度的上涨，都应主动放弃做多的操作。（ ）

9. 弱多市场环境中，可积极地进行做多操作，可使用逢低做多、突破做多、追涨的手法进行操作。（ ）

10. 涨幅第五名的品种涨幅超过 3%则是强多市场；跌幅第五名的品种跌幅超过 3%则是强空市场。查看第五名品种的涨跌幅是否大于 3%可以直接确定出市场的强度。（ ）

11. 强多市场中，投资者可积极地入场做多，可采取逢低做多、突破做

多、追涨，以及在价格连续调整后的低点附近使用抄底方法做多。(　　)

12. 强多市场中，若涨幅前五名的品种涨幅过大或临近涨停，可放弃对它们的操作，因为日内的获利空间随着临近涨停已所剩不多。(　　)

13. 强空市场中，仍然要对跌幅前五名的品种进行关注及操作。(　　)

14. 强空市场的定义为：跌幅居前的品种平均跌幅超过5%，甚至出现更大幅度的下跌。(　　)

15. 强多市场与强空市场较为多见，为投资者带来了多次赚大钱的机会。(　　)

16. 上涨家数和下跌家数都是28家，涨幅第一品种上涨5%，跌幅第一品种下跌2%，因多方龙头涨幅大于空方龙头跌幅，因此，要优先选择做多。(　　)

17. 分化市场中，操作目标应锁定为涨幅前五名和跌幅前五名的品种。(　　)

18. 分化市场中，涨幅居前的品种种类较为杂乱，跌幅居前的品种构成了明显的板块效应，此时应当重点关注做空的机会。(　　)

19. 分化市场随着多头力量的不断增强，会先转变为弱多市场，而后进一步转变为强多市场。(　　)

20. 分化市场中，由于做多与做空都可以进行，因此投资者应当积极地进行操作，逢低做多、突破做多、追涨操作都可进行。(　　)

21. 上升趋势中第4次形成的突破走势也可以积极操作。(　　)

22. 形成突破之前，布林线指标中轨向上的角度较大，应积极留意突破机会。(　　)

23. 突破走势形成前，阳线实体普遍较小，调整时阴线实体较大，之后形成的突破应放弃操作。(　　)

24. 突破走势若形成横盘形态，在价格跌不下来的情况下，应当积极进行突破操作，这说明价格多头力量很强大。(　　)

25. 因为价格波动形态多变，所以，在进行突破操作时，可以灵活地选择上涨后最高阳线的收盘价或上影线作为突破的参照点。(　　)

26. 调整出现时，要求价格既要出现一定幅度的下跌，暴露出突破参

照点，又不要跌得太多，使多方力量变弱。（   ）

27. 价格下跌见底之后出现第一波上涨，无论第一波上涨的幅度是大是小，之后形成的第一次突破走势都值得积极操作。（   ）

28. 若价格形成有一定时间和一定幅度的调整，最佳操作方案并不是突破，而是逢调整低点做多。（   ）

29. 突破操作因为介入成本较高，若市场多空力度较弱，则不建议进行突破操作。（   ）

30. 短时间、小幅度调整走势出现时，就是突破操作的最佳时机。（   ）

31. 多单中最有利的突破形态为下端突破。对这种形态进行操作入场便可盈利。（   ）

32. 空单突破形成时表现为下端突破，则应当积极进行空单突破操作。（   ）

33. 腰部突破形成时，无论做多还是做空，开仓后盈利幅度适中，止损幅度适中，均值得积极入场操作。（   ）

34. 螺纹前高点上涨时最后一根阳线收盘价 3500 元，当价格达到 3500 元时便可开仓进行突破操作。（   ）

35. 突破形成时，放量突破的成功率会更高一些。（   ）

36. 突破形成之前以及突破形成时出现明显放量，说明资金入场操作积极，相比无量突破，未来的波动幅度可能会大一些。（   ）

37. 布林线指标中轨呈走平状态时所形成的突破不宜操作，因假突破次数较多。（   ）

38. 第一次突破失败后，在同一位置区间再度形成突破时，只要中轨方向明确，还可以进行第二次或第三次的突破操作。（   ）

39. 第一次突破失败后，若形成的第二次突破是高点抬高形态的，则不宜进行操作，因为这种技术形态止损幅度较大。（   ）

40. 宽口突破形态形成时，价格的调整或反弹多会形成短时间小幅度的状态，此时只适合进行突破操作。（   ）

41. 窄口形态只能在突破形成时才可以发现其窄口的性质，无法提前预判。（   ）

42. 为防止假突破出现，应在 K 线定型后再开仓，这样就可以防范风险。(　　)

43. 一旦调整走势出现便应提前画线下单，以及画线时同步设置止损跳数。(　　)

44. 进行突破操作，要优先选择调整或反弹幅度小的形态，这样可以降低亏损。(　　)

45. 价格所处位置很好，但调整幅度过深，若想进行突破操作时，也可以自设固定跳数进行止损。(　　)

46. 弱多市场中因为多头占上风，可以积极地对任意品种进行突破操作。(　　)

47. 强空市场中，因价格跌幅已大，突破操作要谨慎进行。(　　)

48. 突破形成时没有开仓成功，随后调整再见到突破价格时不能进行操作。(　　)

49. 日线级别临近突破形态，应重点关注，哪怕短线冲一下也能带来可观收益。(　　)

50. 处于临近突破历史新高的品种，应当回避，因此时价格涨幅过大。(　　)

实战测试题答案敬请通过本书中前言的联系方式向作者团队领取。

一本书的内容是有限的，无法记录下突破操作的所有细节，关于更多突破操作的核心技术细节还未能与大家进行分享，但学习需要一步步来，先把本书所有的知识点掌握牢靠，并多多地运用于实战，在取得了稳定收益之后，再进一步去提高自己、进一步完善突破操作的全部细节。那些还未曾分享的内容就留待大家的操作水平进一步提升之后，待我们有了更多交流时，再一一呈现给大家。但笔者也深信，仅是本书中的内容就能帮助大家在未来进行突破操作时无往不利，成功地捉住一次又一次获利的良机，主要的上升浪行情与主要的下跌浪行情都不会再轻易地错过！

各位读者朋友在阅读本书时，若对书中的内容有疑问，可随时与笔者团队联系，有关书中的技术问题我们都将会为您做出解答，以便让读者朋友们可以获得更好的学习效果。多阅读、多提问、多反思，这是学习过程中必须进行的事情。

本书内容疑难问题的询问联系方式：

电话及微信：18832021888

领取随书赠送的视频课件（QQ）：2892429300（孙助教）。

微信公众号：一阳聊财经，扫描下方二维码订阅。

一阳聊财经

2024 年 5 月 8 日